ここから始める
政治理論

INTRODUCTION TO POLITICAL THEORY

著・田村哲樹
　　松元雅和
　　乙部延剛
　　山崎　望

有斐閣ストゥディア

はじめに

　この本は，政治学の中で「政治理論」と呼ばれる分野についての教科書である。本書の意味での「政治理論」が政治学の一つの分野として確立したのは，比較的最近のことである。政治理論とは何かについては，第1章で詳しく説明する。ここでは，政治理論とは，政治学の中の「思想」や「哲学」に関する分野のことであるとだけいっておきたい。つまりそれは，「政治学の思想系」(森政稔)である。「政治学の思想系」と聞いて，早速本を閉じようとする人も多いことを，筆者たちは知っている。筆者たちにとって，「政治学の思想系」はそれなりに面白いものであるが，政治学あるいは広く社会科学を学ぼうとする読者のみなさんにとって，そうである保証はない。「『思想系』は難しそうで苦手だ」という感覚は，一定程度（かなりの程度？）共有されているに違いない。「政治学の思想系」に対して，そのような苦手意識がそれなりに存在することを意識しつつ，この本は書かれている。

　だから，この本を書くときの目的の一つは，「できるだけやさしく」だった。この本を刊行している出版社には，川崎修・杉田敦編『現代政治理論』（初版2006年，新版2012年）という教科書がある。『現代政治理論』は，本書と同じく政治理論についての教科書であり，学界最先端の議論を意識しつつも叙述は平易であり，とても評判の高い本である。本書は，その『現代政治理論』よりも，より基礎的なレベルから始めようとした。つまり，「政治学の思想系」に苦手意識のある人にも気楽に手に取ってもらえるような，そして，読み進めることで「政治理論的な」考え方を身につけてもらえるような，そんな教科書を作ろうとしたのである。

　そのために，本書では，各章のINTRODUCTIONを，できるだけ読者のみなさんにとって身近と感じられるような話題を組み込む形で始めることにした。ストゥディアの政治学関係の他の本と比べると，本書の各章のINTRODUCTIONは少し長めである。それには，「政治学の思想系」を身近なものにしたいという，私たちの願いが込められている。

　しかし，同時に筆者たちは少々欲張りでもあった。学界を振り返ってみると，

「政治学の思想系」の中にも，大きく分けて「政治思想史」と，「政治理論」あるいは「政治哲学」と呼ばれる分野との違いが，次第にはっきりしつつある。この違いの明確化をどう見るかについては，色々な意見がある。とはいえ，ある分野の中でさらに個別の専門性の高い下位分野が発展していくことは，学問の発展にとって望ましいことである（各下位分野をどう架橋していくのかが，課題であるとしても）。筆者たちは，教科書として『現代政治理論』が先鞭をつけた，政治理論という下位分野の発展にさらに寄与したいとも考えた。だから，本書のもう一つの目的は，政治理論という下位分野の，現時点での到達地点を示すことである。そのため，結果的に本書は，『現代政治理論』よりも，難易度も含めてより専門的で発展的なレベルになっているかもしれない。

　こうして，「基礎的なレベル」と「発展的なレベル」とをどのように両立させるのかが，筆者たちに課せられた難しい課題となった。身近な話題から始めるINTRODUCTIONは，両立のための工夫の一つでもある。Columnの話題には，本文で書くことができなかったがぜひ知っておいてもらいたいテーマとともに，学界の最先端のトピックも取り上げた。本書では，理論や概念の歴史的展開を詳しく書くことはできるだけ避けた。それは，特に歴史を苦手と感じる読者がこの本を「とにかく暗記する」ための本として受け止めることを避けるとともに，「政治学の思想系」の中での政治思想史分野との違いを『現代政治理論』以上に明確にするためでもある。もちろん，叙述そのものは，できるだけ平易を心がけることで，高度な内容を簡単に紹介するよう努めた。

　本書は，政治理論を現在学ぶときに「これだけはぜひ」と筆者たちが考えたテーマやトピックから成っている。「ここから始める」という本書のタイトルには，「身近な話題から始める」という意味と，「これだけは知っておいてほしい」という意味の，両方の意味が込められている。基本的には，どの章から読んでも「政治理論」に接近できるような作りになっている。それでも，まずは第1章，第2章を読んでいただきたい。そこでは，政治理論とは何か，政治とは何かを説明しており，この2つの章を読むことで，政治学の中で政治理論がどのような下位分野なのかが，わかるはずだからである。

　第3～8章では，今日の政治理論あるいは政治秩序を考えるときに基礎となる2つの理論潮流を扱っている。まず，第3章，第4章，第5章では，リベ

ラリズムや正義論と呼ばれる理論を説明し，続く第6章，第7章，第8章では，民主主義についての諸理論を扱う。これらの章では，リベラリズムや正義論，民主主義についての基本的な考え方を示すとともに，グローバルな次元も含めて，それぞれに多様な考え方があることも示される。政治学の教科書では，「国際」や「グローバル」に関する章は，国内政治に関する章とは別個に配置されることが多い。しかし，本書では，グローバル正義論の第5章を他のリベラリズムや正義論の章に続けて配置し，同じく，グローバル民主主義論の第8章も他の民主主義の章に続けて配置した。少なくとも政治理論においては，国内と国際，ナショナルとグローバルといった区別そのものも再検討されるべきと考えたからである。

　第9～11章では，私あるいは個人を基点としながら，政治理論の重要なトピックを説明していく。第9章では，まさに「私とは？」「個人とは？」という問題を，政治理論ではどのように取り扱うのかを示す。第10章では，政治を考えるときに不可欠の要素である権力について，私あるいは個人との関係に注目しながら説明する。第11章では，フェミニズムの考え方について，私あるいは個人と政治との関係という観点から紹介していく。第11章は，続く第12～15章へのつなぎの章となっている。というのも，第11章では，フェミニズムの「個人的なことは政治的である」というスローガンを引き継ぎつつ，第1章で説明する「政治」概念も意識しながら，「政治」を純粋に個人的なものではなく，複数の人々にかかわるものとしてとらえなおすことを提案しているからである。

　こうして最後に，第12～15章では，複数の人々つまり「私たち」にかかわる問題が取り上げられる。具体的には，第12章ではナショナリズム，第13章では多文化主義，第14章では公共性，第15章ではシティズンシップについての，政治理論における考え方・論じ方が説明される。いずれの章においても，単一の考え方，単一の擁護論や批判論のみが紹介されているわけではないことに注意してほしい。第1章で述べるように，政治理論は「あるべきこと」「望ましいこと」について考える分野である。しかし，だからといって，十分な学問的検討を行わずに特定の「べき論」を打ち出すわけではない。上記の各テーマについて，政治理論がどのような考え方・論じ方を用意しているのかに

注意しながら，読んでいただきたい。

　本書を読んで，「もっと勉強しなければならないことがある」と感じる人も，「この程度の内容はわかっている」と思う人もいるだろう。どちらの場合でも，各章の **Bookguide** や **Reference**（引用・参考文献）に挙げられている文献をさらに読み進めることで，政治理論の世界をさらに探究していただければと願っている。

　筆者の一人が有斐閣から本書についての相談を初めて受けたのは，今から4年近く前のことである。毎回4〜5時間に及ぶ編集会議にお付き合いいただき，本書の完成を見守り続けてくださったのは，岩田拓也氏と岡山義信氏である。なかなか仕事の進まない筆者たちに対して，いつも柔らかな物腰とにこやかな笑顔で接しつつ，内心では「いつ完成するのか？」と思われていたことだろう。そんなお二人の寛容と忍耐のおかげで，本書は時間をかけただけのものになったと，筆者たちは信じている。

　2017年2月

著 者 一 同

著者紹介 (執筆順)

田村　哲樹（たむら　てつき）
　1970 年，高知県に生まれる（広島県で育つ）。
　1994 年，名古屋大学法学部政治学科卒業。1996 年，名古屋大学大学院法学研究科博士課程前期課程修了。1999 年，名古屋大学大学院法学研究科博士課程後期課程修了，博士（法学）。
　現　在，名古屋大学大学院法学研究科教授。
　専門は，政治学，政治理論。
　主な著作に，『熟議民主主義の困難――その乗り越え方の政治理論的考察』（ナカニシヤ出版，2017 年），『日常生活と政治――国家中心的政治像の再検討』（編著，岩波書店，2019 年），ほか。

松元　雅和（まつもと　まさかず）
　1978 年，東京都に生まれる。
　2001 年，慶應義塾大学法学部卒業。2003 年，慶應義塾大学大学院法学研究科修士課程修了。2006 年，英国ヨーク大学大学院政治学研究科修士課程修了。2007 年，慶應義塾大学大学院法学研究科博士課程修了，博士（法学）。
　現　在，日本大学法学部教授。
　専門は，政治哲学，政治理論。
　主な著作に，『正義論――ベーシックスからフロンティアまで』（共著，法律文化社，2019 年），『公共の利益とは何か――公と私をつなぐ政治学』（日本経済評論社，2021 年），ほか。

乙部　延剛（おとべ　のぶたか）
　1976 年，三重県に生まれる。
　1999 年，京都大学法学部卒業。2001 年，京都大学大学院法学研究科修士課程修了。2013 年，ジョンズ・ホプキンス大学人文科学大学院政治学部博士課程修了，Ph. D.（政治学）。
　現　在，大阪大学大学院法学研究科教授。
　専門は，政治理論，政治思想史。
　主な著作に，「政治理論にとって現実とはなにか――政治的リアリズムをめぐって」『年報政治学 2015-II』（2015 年），*Stupidity in Politics: Its Unavoidability and Potential* (Routledge, 2020)，ほか。

山　崎　　望（やまざき　のぞむ）

1974 年，東京都に生まれる。

1998 年，東京大学法学部卒業。2000 年，東京大学大学院法学政治学研究科修士課程修了。2006 年，東京大学大学院法学政治学研究科博士課程単位取得退学。

現　在，駒澤大学法学部教授。

専門は，現代政治理論。

主な著作に，『来たるべきデモクラシー——暴力と排除に抗して』（有信堂高文社，2012 年），『民主主義に未来はあるのか？』（編著，法政大学出版局，2022 年），ほか。

目 次

はじめに ──────────────────── i

CHAPTER 1 政治理論の始め方　　　　　　　　　　　　1

1 政治学の中の政治理論 ·································· 2
どうして「政治理論とは何か」から始めるのか（2）　政治学の下位分野としての政治理論（3）

2 政治理論とは何かⅠ──政治理論と政治の経験的分析との違い ·· 4
規範と経験の区別（4）　経験的分析における理論との違い（5）　規範と経験の絡まり合い（6）

3 政治理論とは何かⅡ──その2つのタイプ ················ 7
政治理論の2つのタイプ（7）　規範的政治哲学としての政治理論（8）　政治の政治理論としての政治理論（10）

4 ルールを知ってからゲームは始まる ···················· 14
政治理論という「ゲームのルール」（14）　政治理論の「曖昧さ」と政治の特徴（14）

CHAPTER 2 政治とは何か？　　　　　　　　　　　　19

1 政治とは何か？ ····································· 20
集合的意思決定としての政治（20）　「集合的」を考察する（21）　「拘束する」を考察する（21）　「正統性」を考察する（22）　政治と国家（23）

2 政治に伴うもの ····································· 24
紛争，権力，偶然性（24）　政治理論は紛争のない世界を考えるのか？（25）　政治は強者による支配か？（26）　偶然性と政治の意義（27）

3 政治と「政治的なるもの」 ···························· 29

「政治的なるもの」とは何か？（29）　政治的なるものと価値・規範（31）

4　政治は魅力的か？ ··· 32

CHAPTER 3　「私の勝手」で済むか？　37
リベラリズム

1　自由の制約条件Ⅰ——同意理論 ······················· 38
政治的権威（38）　権威と同意（39）

2　自由の制約条件Ⅱ——危害原理 ······················· 40
ミルの自由論（40）　自由と進歩（41）

3　自由の制約条件Ⅲ——完成主義 ······················· 42
政府の中立性（42）　リベラル-コミュニタリアン論争（43）

4　リベラリズムの現代的展開 ···························· 46
リバタリアニズム（46）　完成主義的リベラリズム（47）　信頼と懐疑の間（48）

CHAPTER 4　どうして助け合わなければいけないのか？　51
分配的正義論

1　各人に各人のものを ···································· 52
4つの分配原理（52）　4つの分配原理の内実（53）　誰が何に「値する」か（54）

2　ロールズの分配的正義論 ······························· 55
格差原理の含意（55）　格差原理の正当化（58）

3　運の平等主義とその批判 ······························· 59
運の平等主義（60）　運の平等主義批判（61）　「分配のパラダイム」を超えて？（62）

CHAPTER 5　あなたも「不正義」に加担している？　65
グローバル正義論

1 積極的義務からの議論 ･････････････････････････････ 66
功利主義的議論（67）　ケイパビリティ論（68）

2 グローバルな分配的正義は成立するか？ ･･････････････ 69
ロールズの批判者と擁護者（69）　分配的正義とグローバル正義（70）　関係説的アプローチの行方（71）

3 消極的義務からの議論 ･････････････････････････････ 72
危害原理とグローバル正義（72）　グローバルな不平等と国家的責任（74）

CHAPTER 6　みんなで決めたほうがよい？　79
民主主義／自由民主主義

1 民主主義とは何か？ ････････････････････････････････ 80
直接民主制と間接民主制（80）　どうやって決定するか？（83）

2 民主主義はよいしくみなのか？ ･･････････････････････ 86
民主主義の道具的価値（88）　民主主義の内在的価値（91）

3 民主主義は決め方の問題だけか？ ････････････････････ 92

CHAPTER 7　多数決で決めればよい？　97
熟議民主主義とラディカル・デモクラシー

1 熟議民主主義 ････････････････････････････････････ 98
熟議民主主義とは何か？（98）　多数決の民主主義の何が問題なのか？（99）　熟議民主主義の多層性（100）

2 熟議民主主義への批判と応答 ･･･････････････････････ 102
批判（102）　応答（103）

3 闘技民主主義 ･･･････････････････････････････････ 105
闘技民主主義の概要（105）　ポイント①──合意の不可能性あるいは「同一性／差異」の論理（106）　ポイント②──「自立的個人」に基づかない民主主義（107）　ポイント③──「政治」とは何か？（108）

4 闘技民主主義の難問 ･･･････････････････････････････ 109

CHAPTER 8　民主主義は国境を越えるか？　115
グローバル民主主義

1 民主主義の空間 ……………………………………………… 116
2 グローバリゼーション・パラドクス ………………………… 117
　　グローバル・リスク社会の到来（117）　「ナショナルな代表制民主主義」の機能不全（118）　トリレンマからの選択（119）
3 グローバル民主主義論の展開 ……………………………… 120
　　リベラルな国際主義（121）　コスモポリタン民主主義（121）
　　熟議民主主義（123）　絶対的民主主義（125）
4 グローバル民主主義の価値的擁護 ………………………… 127

CHAPTER 9　「私」とは誰か？　131
政治理論における個人

1 抽象的個人 ………………………………………………… 132
　　抽象的個人とは誰か？（132）　社会契約説とリベラリズム（133）
2 個性としての個人 ………………………………………… 134
　　個性とアイデンティティ（134）　個性の発展とコミュニタリアニズム（136）
3 規律化した個人 …………………………………………… 137
　　フーコーの規律論——主体化＝臣従化（137）　個人化の時代（140）　個人への処方箋——政治・社会の構想（141）
4 「個人」とどう折り合いをつけていくか ……………………… 143

CHAPTER 10　私は何をどこまでできるのか？／できないのか？　147
権力論

1 「私」に対する強制としての／「私」が誰かを強制するものとしての権力 ‥ 148
　　ルークスによる権力の3類型（149）　アクターによらない権力は

存在するか？（150）

2 「私」をつくる権力 ・・・・・・・・・・・・・・・・・・・・・・・・・・・・・・・・・ 151
主体をつくる権力（151）　フーコーの権力観の特徴（152）　フーコー権力論のインパクト①——政治の領域の拡大（154）　フーコー権力論のインパクト②——正統性や自由が問えなくなる？（156）

3 権力のさらなる進化？——監視社会とリバタリアン・パターナリズム　157

CHAPTER 11　「私のこと」も政治か？　161
政治理論としてのフェミニズム

1 フェミニズムから政治を考える ・・・・・・・・・・・・・・・・・・・・・ 162
フェミニズムとは何か？（162）　「政治」に注目すること（163）

2 「私のこと」は政治ではない
——政治理論における公私二元論とフェミニズムによる批判 ・・ 164
政治理論における公私二元論（164）　公私二元論への批判（164）

3 「私のこと」も政治である
——ラディカル・フェミニズムと公私二元論の問い直し ・・・・・・・ 166
「個人的なことは政治的である」（166）　私的な領域における政治（167）　国家によって形成される私的領域（169）　ラディカル・フェミニズムのまとめ（169）

4 政治における人間像の見直し——ケアを通した共同性の構成 ・・ 170
ケアの共同性論（170）　ケアの共同性論における政治（171）

5 私的領域における「政治」・・・・・・・・・・・・・・・・・・・・・・・・・・・ 172
ラディカル・フェミニズムにおける「政治」への疑問（172）　フェミニズムと集合的意思決定としての政治（173）　望ましさの問題（173）

CHAPTER 12　「国民である」とはどういうことか？　177
ナショナリズム

1 国民は「実在」するか？ ・・・・・・・・・・・・・・・・・・・・・・・・・・・ 178
ナショナリズムと国民（178）　国民はいかにしてつくられてきた

か？（180） ナショナリズムの普及と変容（182）

2 ナショナリズムは必要か？ ･･･････････････････････････ 182
内在的擁護（183） 外在的擁護（184） 内在的批判論（185）
外在的批判論（186）

CHAPTER 13 異文化体験でわかりあえるか？　　191
多文化主義

1 多文化主義をめぐる問題状況 ･･･････････････････････ 192
政策としての多文化主義（192） バックラッシュ（193）

2 多文化主義の理論的根拠 ･･･････････････････････････ 195
道具的価値からの正当化（195） 内在的価値からの正当化（197）

3 文化的寛容とその限界 ･････････････････････････････ 198
良い権利と悪い権利（199） 寛容の政治か，承認の政治か（200）

CHAPTER 14 公共性はどこにある？　　205
市民社会論，コミュニティ論

1 公共性の諸類型 ･･････････････････････････････････････ 206
古代における公共性（206） 近代における公共性（207）

2 公共性の衰退 ･･ 208
公的領域からの視点（208） 私的領域からの視点――社会的連帯（209） 公共性の衰退がもたらす問題（211）

3 公共性の模索 ･･ 212
公共性の模索①――公共性の縮小（212） 公共性の模索②――市民社会論とコミュニタリアニズム（214） 公共性の模索③――公共性の脱国民国家化（217）

CHAPTER 15 「市民である」とはどういうことか？ 221
シティズンシップ

1 古代型と近代型のシティズンシップ ……………………… 222
　古代のシティズンシップ（222）　近代のシティズンシップ——リベラリズムとナショナリズム（222）

2 近代のシティズンシップにおける排除と解体 …………… 224
　外部の創出——私的領域と国際社会（224）　解体の原因①——新自由主義（225）　解体の原因②——排外主義（227）

3 現代のシティズンシップ論の課題 ………………………… 227
　政治を再興する市民①——リベラリズムと新自由主義に抗して（228）　政治を再興する市民②——ナショナリズムと排外主義に抗して（231）

4 シティズンシップの価値的な擁護 ………………………… 233

事項索引 —————————————————————— 237
人名索引 —————————————————————— 241

Column●一覧

❶ 政治理論と政治思想史 ……………………………………… 10
❷ 政治的リアリズム論争 ……………………………………… 30
❸ 消極的自由と積極的自由 …………………………………… 44
❹ 平等主義，優先主義，十分主義 …………………………… 57
❺ 理想理論と非理想理論 ……………………………………… 75
❻ 代表制論的転回 ……………………………………………… 86
❼ 熟議システム ………………………………………………… 101
❽ 民主主義と空間，民主主義と時間 ………………………… 124
❾ 分人 …………………………………………………………… 142
❿ アーレントの権力論 ………………………………………… 154
⓫ クオータ制 …………………………………………………… 168
⓬ ナショナリズムの両義性 …………………………………… 183
⓭ リベラルな多文化主義の誕生背景 ………………………… 196

- ⓴ 親密圏をめぐって···210
- ⓯ シティズンシップ教育について···231

図表一覧

- 図 1.1　本書における政治理論の位置づけ ·······························9
- 図 4.1　分配的正義の種類 ···53
- 図 5.1　関係説的アプローチの論理構成 ·································71
- 図 6.1　コンドルセの陪審定理 ···89
- 図 9.1　ベンサムの構想したパノプティコン ···························139

- 表 4.1　格差原理における各人の取り分 ································56
- 表 13.1　多文化主義政策とその概要 ···································193

---

*　執筆に際し，直接引用したり参考にしたりした文献を，各章末に一覧にして掲げた。
本文中では，著作者の姓と刊行年のみを，（　）に入れて記した。
　　例　（川崎・杉田 2012）
　　　　　川崎修・杉田敦編 2012『現代政治理論〔新版〕』有斐閣。
　　　（Waldron 2013）
　　　　　Waldron, Jeremy 2013, "Political Political Theory: An Inaugural Lecture,"
　　　　　Journal of Political Philosophy, 21(1): 1-23.
*　本文中に登場する重要な概念・人名については，初出時もしくは特に説明を加えている箇所を，太字にして表記した。

CHAPTER

第 1 章

政治理論の始め方

INTRODUCTION

　この本は「政治理論」の教科書である。しかし，政治理論という用語が入ったタイトルを見た瞬間，気が引けた人も多いかもしれない。そもそも，「政治」というものがまずよくわからない。そのうえ，「理論」とくればなおさらである。何となく抽象的で小難しそうで，できれば勉強したくない。このように感じた人も多いのではないだろうか。

　しかし，心配はいらない（つもりである）。この本は，そんなあなたのように気が引けた人のための本である。「政治理論」は確かに簡単ではない。もっとも，だからといって，政治学の他の分野と比べて特段に難しいわけでもない。そのことを知ってもらうために，各章では，政治理論における重要なテーマを一つずつ取り上げ，そのテーマを，政治理論がどのように取り扱うのかを説明していく。それらは確かに政治理論の問題である。しかし，同時にそのどれもが，私たちが生活しているこの社会に密接にかかわる問題でもある。だから，一章ずつ読んでいけば，政治理論が，私たちに密接なかかわりあいをもつ，その意味で身近な問題を扱う学問分野であることがわかるはず，と本書の著者たちは期待している。

1 政治学の中の政治理論

どうして「政治理論とは何か」から始めるのか

　INTRODUCTION を読んで、「なるほど、それならば政治理論もわかりやすいかも」と思ったとしたら、残念ながらまだちょっと気が早い。なぜなら、「私たちが生活しているこの社会」にかかわる問題は、別に「政治理論」という学問分野でなくても扱っているはずだからである。学問の世界には、人文社会科学に限っても、歴史学、社会学、経済学、法学、教育学などの分野がある。名称は違うけれども、これらの学問分野は、何らかの意味で「私たちの社会」にかかわる問題を扱っている。また、政治理論は政治学の一分野であるが、後で述べるように、政治学の中にもさまざまな分野がある。「政治理論」と他の分野とは、いったい何が異なるのだろうか。

　そこで、この本ではまず、「政治理論とは何か」という話から始めたい。「○○学」とか「××論」の違いなどどうでもよい、大事なのは中身だ、と思う人もいるかもしれない。しかし、本書ではそのように考えない。むしろ、「○○学」とか「××論」についてある程度のイメージをつかむことができていなければ、肝心の「中身」をどのように扱ってよいかもよくわからないはず、と考えるのである。実は、大学での勉強の目的とは、単に「中身（知識）」を知ることだけではなく、その「中身」の取り扱い方（についての知識）を知ることでもある。そして、できることならば、その取り扱い方についての知識を使って、自分で「中身」を扱うことができるようになることである。「○○学」や「××論」は、そのような「中身」の取り扱い方のバリエーションである。

　「○○学」とか「××論」について知っておくことは、たとえていえば、スポーツにおいて攻め方（オフェンス）や守り方（ディフェンス）の基本を知っておくことに似ている。どんなスポーツでも、攻め方や守り方の基本的な約束や形（かたち）というものがある。もちろん、それらの約束や形を知らなくても、ある程度まではそのスポーツを楽しむことはできるかもしれない。しかし、攻め方や守り方の約束や形を知っていれば、もっと本格的にそのスポーツを楽しむことが

できるようになるだろう。

　この比喩(ひゆ)を使えば,「政治理論」とは,「政治学」という「スポーツ」における,あるタイプの「攻め方」(または「守り方」)である。それを知っておけば,「私たちの社会にかかわる問題」について,どのように「攻めれば」よいか(または「守れば」よいか)についての一つの方針を知ることができる(ということは,政治理論以外の「攻め方」または「守り方」もあるということである)。「攻め方」をうまく理解できれば,きっと多くの得点を重ねることができる(その結果,試合に勝つことができる)。政治理論という分野をよく知れば,政治理論の観点から「私たちの社会にかかわる問題」について,より理解を深めることができる(その結果,学問の意義や面白さがわかってくる)。

　「政治理論とは何か」について,もっと知ってみたくなっただろうか。

政治学の下位分野としての政治理論

　どのような学問分野でもそうだが,ひとくちに「政治学」といっても,その中にはさまざまな下位分野が含まれている。その分野の分け方は必ずしも確定したものではなく,実際,大学によっても科目名はまちまちである。

　それでも,現在では政治学者たちの間には,政治学には以下のような下位分野があるということについて,ある程度共通理解が存在する。すなわち,その政治学を勉強する国の国内政治を扱う分野(日本ならば「日本政治論」,アメリカならば「アメリカ政治論」),複数の国や地域を比較する「比較政治」,政治・立法府と区別された行政・執行府について研究する「行政学」,政治についての歴史を研究する「政治史」,政治に関する思想(の歴史)を扱う「政治思想(史)」,国際的な政治現象を扱う「国際政治学(国際関係論)」などの分野である。

　「政治理論」も,そのような政治学の下位分野の一つである。もっとも,大学の科目としては,必ずしも「政治理論」という科目名になっていない場合もある。「政治学原論」や「政治学」という科目の中で「政治理論」に相当する内容が扱われている場合もある。また,本書で述べるような内容は,「(現代)政治思想」「(現代)政治哲学」「公共哲学」といった名称の科目の中で教えられていることもあるだろう。

政治理論とは何か I

▶ 政治理論と政治の経験的分析との違い

規範と経験の区別

 それでは、政治理論とは何だろうか。この政治理論について、これから2段階で説明していく。ここではまず、政治理論を「政治の経験的分析」との違いという観点から説明する。

 先ほど政治学の中のさまざまな分野を挙げた。これらの分野の多くは、現実に起こった政治現象について、どのように取り扱うかということにかかわっている。ここで「現実に起こった」と限定する理由は、現実には必ずしも起こっていないが「あるべきこと／望ましいこと」もある、ということを示したいからだ。政治学の中で、現実に起こったことを取り扱うことは、政治についての経験的分析あるいは実証分析と呼ばれる。これに対して、「あるべきこと」あるいは「望ましいこと」、要するに規範的な事柄について取り扱う分野が、本書でいうところの「政治理論」である。そのため、この意味での政治理論は、政治についての規範理論と呼ばれることもある。

 社会問題を考えようとする場合、私たちはしばしば、「現実に起こったこと」と「どうあるべきか」を同時に、あるいは、混ぜ合わせて考えている。たとえば、私たちは、大学卒業者の企業などによる採用という「問題」を考えるとき、一方で「現在の採用のしくみはどのようになっているのか」とか、「なぜこのような採用のしくみになっているのか」について考えつつ、他方で「どのような採用のしくみが望ましいのか」を考えているかもしれない。あるいは、選挙制度という「問題」を考える場合にも、一方で「現在の選挙制度の特徴はどのようなものか」を考えつつ、他方で、その問題点とより「望ましい」選挙制度を考えているかもしれない。

 しかし、今日の政治学においては、一般に「現実に起こったこと（であること）」と「どうあるべきか（あるべきこと）」とを区別して考えることが求められる。そこで、「政治理論」という分野がどのような分野なのかを理解するため

に，まずは「であること」と「あるべきこと」とをきちんと区別して考えることが重要である。先ほどの就職と選挙制度の例に戻るならば，「なぜ現在のような採用のしくみになっているのか」とか，「現在の選挙制度の特徴はどのようなものか」といった問いは，「であること」に関する問いである。経験的分析は，このような問いを扱う。これに対して，「どのような採用のしくみが望ましいのか」とか，「より望ましい選挙制度とは何か」と問う場合には，「あるべきこと」について考えていることになる。政治理論が扱うのは，このような問いである。

厳密にいうと，経験的分析における「なぜ」と「どのような（何）」は，異なるタイプの問いである。前者は，生じた出来事の原因を明らかにするための研究にかかわっており，そのような研究の目的は「説明（explanation）」の提供とか**因果的推論**などといわれる。後者は，生じた出来事そのものの特徴を把握しようとするための研究にかかわっており，そのような研究の目的は「記述（description）」の提供とか記述的推論などといわれる（キング゠コヘイン゠ヴァーバ 2004）。ただし，すでに起こっている現象について解明しようとするという点では，両者は共通している。経験的研究とは，このようなタイプの問題を扱う研究のことである。

経験的分析における理論との違い

経験的分析にも理論は存在する。その場合の「理論」とは，政治現象の発生をうまく説明するある種の法則性や，政治現象の特徴や違いを一般化・抽象化したものを指す。たとえば，福祉国家という政治現象について見てみよう。福祉国家がなぜ発展したのかを説明する理論としては，労働者階級の影響力と政治戦略によって説明できるとする権力資源動員論，福祉政策の拡大に熱心な官僚制の存在によって説明できるとするステイティズム論，過去のある時点で特定の社会保障制度が導入されたことがその後の福祉国家の発展を説明するとする歴史的制度論などがある。また，福祉国家がどのようなものであるかについての記述を提供する理論としては，福祉（国家）レジーム論がある。その代表的論者である**イェスタ・エスピン゠アンデルセン**によれば，一般に「福祉国家」と呼ばれてきたものは，北欧諸国の「社会民主主義レジーム」，ドイツなどヨ

ーロッパ大陸諸国の「保守主義レジーム」、そしてアメリカやイギリスなどアングロサクソン諸国の「自由主義レジーム」という3つの異なるタイプ（類型）として理解することができる（エスピン-アンデルセン 2001）。この場合の「理論」は、個別に見れば無数の違いがある福祉国家を、いくつかの指標（エスピン-アンデルセンの場合は「脱商品化」と「階層化」、のちに「脱家族化」指標が加わる）に基づいて、いくつかのタイプに抽象化して整理したものである。

　これに対して、本書がいうところの政治理論は、全体としては「あるべきもの」「望ましいもの」、つまり規範的な事柄を取り扱う（ただし、「政治」との関係で考えるべきことがあり、それについては後述する）。「あるべきもの」「望ましいもの」について考えることは、経験的研究とは異なる。なぜなら、「あるべきもの」「望ましいもの」は、「現在あるもの」によっては必ずしも拘束されないからである。たとえば、「平和は大事である」という場合、「平和」とは「あるべきもの」「望ましいもの」である。これに対して、しばしば「そうはいっても、現実には平和など達成されず、世界のあちこちで戦争や内戦が起こっているではないか」といった批判がなされる。このような批判は、一見説得力があるように見える。しかし、実は「望ましいもの」「あるべきもの」を考える場合に、このような「現実には」論法は、必ずしも有効ではない。なぜならば、「望ましいもの」「あるべきもの」は、そのようになっていない「現実」を問題にし、「そのような現実は望ましい状態ではない」ことを指摘するために必要なものだからである。あえていえば、「望ましいもの」「あるべきもの」は、それが「現実的ではない」ことにこそ意味があるのである。

規範と経験の絡まり合い

　ただし、「であること」と「あるべきこと」を厳然と区別することには重要な異論も存在するということも、あわせて覚えておこう。この異論によれば、「であること」と「あるべきこと」とは実際には密接に絡まり合っているのであり、それにもかかわらず両者を区別してしまうことは、私たちの政治理解をかえって歪めてしまうのである。

　そこまでいわなくても、「であること」についての優れた研究を読めば、それがしばしば「あるべきこと」を念頭に置いてなされた研究であることに気づ

く。そのような研究として，ここでは2つの例を挙げておこう。たとえば，先に紹介した福祉（国家）レジームに関するエスピン＝アンデルセンの研究は，類型化だけを目的としたものではない。彼にとって，「脱商品化」の程度が高く，「階層化」の程度が低い社会民主主義レジームこそが，広く国民の連帯を達成する「望ましい」福祉国家のあり方を示すものだったのである。

　もう一つの例として，**ダロン・アセモグルとジェイムズ・A. ロビンソン**の『国家はなぜ衰退するのか』を取り上げてみたい（アセモグル＝ロビンソン 2013）。この本は，世界にはなぜ豊かな国・地域と貧しい国・地域とが存在するのかという問題に取り組んでいる。この問題への答えとして，彼らは，政治制度のあり方の違いを挙げる。すなわち，特定の人々による権力の乱用を許さないような政治制度を確立した国ほど，自由な経済制度が確立し，その結果として経済的繁栄がもたらされる，というのである。アセモグルとロビンソンは，第一義的には，豊かな国と貧しい国とが存在するという「現実」について，そのような現実の差異がなぜ生じるのかを説明しようとする。その意味で，彼らの本は，経験的分析の本である。しかし，同時にこの本は，規範的な関心を有している。なぜなら，この本では，特定の人々に権力が集中するような政治制度は経済的発展を妨げるがゆえに「望ましくない」，と想定しているからである。

　このように，政治学の優れた研究において，しばしば経験的側面と規範的側面とは密接に関連している（Lichbach 2013）。このことを確認したうえで，以下ではあらためて，経験的研究と区別された政治理論に的を絞り，その内実について詳しく見てみよう。

政治理論とは何かⅡ

▶その2つのタイプ

政治理論の2つのタイプ

　本書で扱う政治理論は，政治学における経験的な諸研究と区別される分野である。この区別を，これまで「規範的」と呼んできた。しかし，経験的な政治学との区別で「政治理論」と呼ばれるものも，さらに2つのタイプに分けるこ

とができる(井上・田村編 2014；Estlund 2012；Dryzek et al. 2006)。一つは，政治における「正しさ」や「望ましさ」を考察対象とする政治理論である。このタイプの政治理論は，次に述べるもう一つの「政治理論」との区別で，**分析的政治哲学**ないし**規範的政治哲学**と呼ばれることもある(井上 2014；松元 2015)。本書の以下の叙述では，規範的政治哲学という用語を用いる。もう一つは，政治そのものを考察対象とする政治理論である。先ほどの意味での「政治哲学」との対比で，このタイプの政治理論が「政治理論」と呼ばれることもある。規範的政治哲学としての政治理論との違いを明確にするために，この種の政治理論を，**政治の政治理論**と呼ぶことにしよう(田村 2014；Waldron 2013)。以下，順に説明する。

規範的政治哲学としての政治理論

　まず，規範的政治哲学としての政治理論は，社会における価値や当為(あるべきこと)の中で政治にかかわるものについて考察する(川崎 2010)。この意味での政治理論が扱う問題は，たとえば，「国家はどのように行動すべきなのか」「国家は市民をどのように取り扱うべきなのか」「国家はどのような種類の社会秩序を創るべきなのか」などである(スウィフト 2011：13)。これらの問題は，いずれも「べきこと(ought)」にかかわっていることがわかるだろう。

　これらの「べきこと」に関する問題に答えようとすれば，その答えには何らかの価値が含まれることになる。たとえば，「国家は市民をどのように取り扱うべきなのか」という問題に対する答えとしては，「平等に」「公平に」「尊厳を尊重して」「自由な存在として」などが考えられるだろう。「国家はどのような種類の社会秩序を創るべきなのか」という問題についても，その答えとして，「自由な社会」「平等な社会」「平和な社会」「人権が保障された社会」「正義に適った社会」などが思い浮かぶだろう。これらの答えに見られる「平等」「公平」「自由」「尊厳」「平和」「人権」などは，いずれも，実現されるべき価値である。

　規範的政治哲学としての政治理論は，このような価値について考察する。たとえば，「平等」という価値について，規範的政治哲学は，なぜ平等であることが望ましいのか，どのような状態であれば平等といえるのか，あるいは，ど

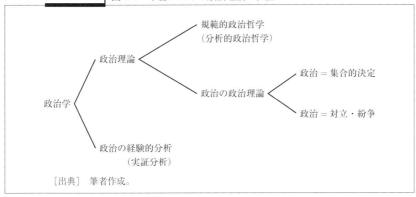

図1.1 本書における政治理論の位置づけ

[出典] 筆者作成。

の範囲の人々が平等に取り扱われるべきなのか，といった問題について考察を重ねてきた。ここでは「平等」という価値について述べたが，同じことは他の価値についても当てはまる。

　ここで強調しておきたいことは，規範的政治哲学としての政治理論の考察は，「唯一の答え」に行き着くわけではない，ということである。私たちは，「自由」「平等」「正義」と聞くと，唯一の正しい「the 自由」「the 平等」「the 正義」というものがあるかのように考えがちである。その結果，これらの価値について考察する政治理論も，「唯一の答え」を知るためのものだと想像してしまうかもしれない。しかし，政治理論が行うのは，「唯一の答え」を見つけることではない。それが行うのは，たとえば「平等」について，より説得力のある平等の根拠づけの論理を構築すること（しばしば正当化と呼ばれる）を通じて，より妥当と思われる平等の考え方を探求することである。これらの作業においては，研究者によって異なる「平等」の理解やその根拠づけが提示され，それらの説得力や妥当性が吟味される。要するに，平等に関するさまざまな政治理論が存在するのである。規範的政治哲学としての政治理論の学習において私たちに求められるのは，ある平等の考え方がどのような論理によって根拠づけられているのかを，それとは別の平等の考え方の存在を念頭に置いて理解することである。

Column ❶ 政治理論と政治思想史

「専門分野は政治理論です」というと,「ああ,政治思想史ですね」といわれるときがある。こういうとき,このコラムを書いている筆者自身は,「いえ,違うんです」と答える。でも,何が違うのだろうか。

問題は,「歴史」と,「思想」ないし「理論」との関係である。政治思想史における歴史と思想(ないし理論)との関係をどのように理解するか次第で,政治理論と政治思想史との距離は,近くも遠くもなりうる。しかし,たとえ「近く」なったとしても,両者の間にはなおも違いがある。

政治思想史が政治理論と最も遠くなるのは,政治思想史研究が歴史研究として認識される場合である。この場合,政治思想史研究が行うことは,過去の思想家やその著作を,その人物が実際に活躍し,その著作が書かれた当時の歴史的な状況(コンテクスト)の中に適切に位置づけることである。未公刊の草稿や手紙なども,歴史的な「史料」として使用される。つまり,政治思想史とは,政治に関する思想家やその著作について歴史学として研究することである。この場合,政治理論研究との違いは大きくなる。

これに対して,政治思想史研究が,理論的・哲学的研究として認識される場合には,政治理論との距離は近くなる。この場合,政治思想史研究は,過去のある思想家の著作を,理論的・哲学的に再解釈する。その作業は,現代的な関心に基づいて行われることもある。たとえば,「自由」についての理論的・哲

政治の政治理論としての政治理論

次に,政治の政治理論(規範的政治哲学と区別される場合の狭義の政治理論)についてである。先に述べたように,規範的政治哲学としての政治理論は,政治のあるべき像とそのような政治によって実現されるあるべき社会像とに関心をもち,そのあるべき政治において実現されるべき価値の考察を中心とするものであった。これに対して,政治の政治理論は,そのような意味での「よき政治像」と「よき社会像」の構想を断念するところから出発する。すなわち,政治の政治理論は,しばしば,現実の社会は,人々の間での意見や利害の相違,それゆえの紛争と対立に満ちていると考える。そのような考えの根底には,社会はそもそも不確実であり,特定の価値や原理によって支えられるものではない,

学的な思想史研究は，今日においてどのような自由が望ましいかという問題関心に基づいて行われるかもしれない。

　現在の政治思想史研究の主流は，歴史研究としての思想史研究だといわれる。だからこそ，「政治思想史と政治理論は異なる」という考え方も強まり，本書のような政治理論専門の教科書も書かれている。それでは，理論的・哲学的研究として思想史研究を理解した場合には，政治思想史と政治理論とを同じものとみなすべきだろうか。

　これは論争的な問題であるが，ここでは，両者を区別すべきとする場合の理由を3つ挙げておこう。第1に，政治理論は，その論証において，過去の思想家の著作や過去の歴史的事実だけでなく，あるいは場合によってはそれ以上に，現在についての経験的分析も参照する。この場合，政治理論研究は，歴史研究よりも経験的な政治学と接点をもつ。第2に，政治理論にはそれ独自の分析方法があると考えられる。それは，主に論証の方法にかかわっている（井上 2014；河野 2014；松元 2015）。第3に，政治理論研究は，著作の解釈にとどまらず，新たな理論や概念の創造にも従事する（岡崎 2008）。このように考えるならば，政治理論は政治思想史とは異なる独自の分野ということになる。

という社会認識がある。

　政治の政治理論は，このような不確実な社会における政治とは何かについて考察する。その際，大きく分けて2つのタイプが存在する。政治とは何かについては，詳しくは第**2**章で扱うので，ここでは簡単に述べておこう。一つは，政治を人々の間に発生する紛争や対立を調停するための集合的決定を行うこととらえたうえで，どのような集合的決定の方法があるのかを考える，というタイプの政治理論である。たとえば，ある種の強制力をもって人々を統治する政府に集合的決定を委ねる，という方法があるだろう。17世紀に活躍した政治理論家の**トマス・ホッブズ**が『リヴァイアサン』（1982・85・92）で描いたのは，このような形で「万人の万人に対する闘争」の状態にある人々の間に平和的な秩序をもたらすことであった。あるいは，投票による多数決によって決め

るという方法もありうる。今日の政治において，多数決による集合的決定という考えは，私たちに最も馴染み深いものであろう。さらには，人々の話し合いを通じて得られる合意によって決めるという方法もありうる。今日の民主主義論において「熟議民主主義」と呼ばれる理論潮流は，この種の政治のあり方を支持している（→**7**章）。

　もう一つのタイプは，対立や紛争そのものが政治なのだと考えるものである。このタイプの政治理論によれば，紛争の調停や合意形成などを容易には許さないという事実こそが政治の特徴なのである。たとえば，政治とは友と敵との間の和解不可能な敵対的関係であるとする**カール・シュミット**の政治観は，その代表である（シュミット 1970）。より最近の政治理論としては，シュミットの影響を受けつつ提起されている「闘技民主主義」と呼ばれる理論潮流がある（→**7**章）。その提唱者の一人である**シャンタル・ムフ**によれば，和解不可能な敵対性の存在は認めつつ，それを，敬意を払った対抗者間の対立としての「闘技（agon）」に変換していくことこそ，民主主義論の課題である（ムフ 1998）。

　以上のように，経験的な政治学と区別された「政治理論」の中にも，規範的政治哲学としての政治理論と政治の政治理論という2つのタイプが存在する。本書では，リベラリズムを扱う第**3**章，分配的正義論を扱う第**4**章，グローバル正義論を扱う第**5**章において，規範的政治哲学の特徴がよく出ている。これに対して，政治を扱う第**2**章や第**11**章，個人を扱う第**9**章，公共性を扱う第**14**章などは，政治の政治理論の色彩が強い。

　もっとも，本書のすべての章を，どちらかの政治理論にきれいに分類できるわけではない。たとえば，民主主義を扱う第**6**章の場合，民主主義の道具的価値（民主主義は良い帰結をもたらすがゆえに望ましい）と内在的価値（民主主義そのものに価値がある）とを区別して説明している部分は，規範的政治哲学の論じ方に則っている。しかし，同章の最後に述べられている，民主主義を決め方の問題に限定しないで考えていこうとするところは，政治の政治理論らしい部分である。また，ナショナリズムを扱う第**12**章も，現実の社会におけるナショナリズムをどのように理解することができるかについて説明している前半部分は政治の政治理論的であるが，ナショナリズムを擁護する論拠を内在的擁護と外在的擁護とに区別して述べる後半は，規範的政治哲学的である。

これは，本書の「欠陥」を意味するのだろうか。もちろんそうではない。政治理論を学ぶときには，その2つのタイプとしての規範的政治哲学と政治の政治理論を必ずしも明確に区別できるわけではない，ということに注意することも必要なのである。たとえば，正義について論じる場合を見てみよう。一方で正義は，追求されるべき価値であり，したがって規範的政治哲学としての政治理論において，「どのような正義の考え方が望ましいのか」が論じられる。しかし他方で，今日の政治理論における正義とは，大きく異なる意見や利害をもった人々が，それにもかかわらず，各自の違いを保持したまま共存することができるようにするための原理として構想されている。このような正義の役割の考え方は，紛争や対立を解決するための集合的決定のあり方を構想する政治の政治理論と共通するところがある。

　あるいは，別の例として熟議民主主義を見てみよう。熟議民主主義は，一方で，異なる意見・利害をもった人々の間に，話し合い（熟議）を通じた合意を作り出すことで社会を安定させるための方策として考えられる。これは政治の政治理論的な考え方である。しかし，他方で熟議民主主義の研究は，話し合いによる問題解決が多数決型の問題解決よりも望ましいことの根拠を考え，どのような話し合いの仕方，合意形成の仕方がいかなる理由でより望ましいのかについて検討するものでもある。この点では，規範的政治哲学としての政治理論の立場から熟議民主主義論を考えていくこともできるのである。

　本章の以上の叙述をまとめると，次のようになる。第1に，政治理論とは，政治学における，現実に生じた政治現象を研究する経験的分析から区別された，必ずしも現実に拘束されないという意味で規範的な問題を考える下位分野である。第2に，政治理論においては，①あるべき社会・政治とそこで実現されるべき価値（規範的政治哲学としての政治理論），あるいは，②政治とは何か（政治の政治理論），が研究される。第3に，しかし①と②の両者はしばしば切り離すことができず，それゆえ，③両者の関係について考えることや，価値と現実との関係について考えることも，政治理論の課題となる。

4. ルールを知ってからゲームは始まる

政治理論という「ゲームのルール」

　本章ではここまで，「政治理論」という分野がどういう分野であるのか，それは何を扱う分野であるのかについて説明してきた。政治理論を始めることができそうだろうか。入門的な教科書の冒頭でこのような説明をされると，かえってわからなくなる，と思った人もいるかもしれない。そのような人には，たとえ最初は面倒に感じても，その分野が何をする分野なのかをよく知っておくことで，その後の学習が容易になる，と伝えておきたい。本書のこれ以降の章では，「政治」（→2章），「自由」（→3章），「正義」（→4, 5章），「民主主義」（→6, 7, 8章），「個人」（→9章），「権力」（→10章），「フェミニズム」（→11章），「ナショナリズム」（→12章），「多文化主義」（→13章），「公共性」（→14章）などの概念やそれにかかわる「理論」が扱われる。しかし，そうした概念や理論がどのようなタイプのもので，それらを通じて「政治理論」なるものが一体何を考えようとしているのかをわかっていなければ，政治理論の学習は，とにかくひたすらさまざまな概念や理論を「覚える」ことに終始してしまうだろう。本書は，そのような「覚える」勉強を避けるためには，まず政治理論という分野の「ゲームのルール」を理解してもらうことが必要であると考えた。「ゲームのルール」を知っておけば，そのルールをふまえたうえで，各自の想像力を働かせることもできるようになるだろう。私たちは，ルールをふまえたうえで想像力を働かせることが結構楽しいことであることを，日ごろの経験で知っているはずである。サッカーしかり，将棋しかり，楽器の演奏しかり。政治理論の「ゲームのルール」を知れば，きっとこの分野を楽しく勉強することができるようになるに違いない。

政治理論の「曖昧さ」と政治の特徴

　それにしても，政治理論の「ゲームのルール」は曖昧すぎる，と思っている人もいるかもしれない。とりわけ，「規範的政治哲学としての政治理論」と

「政治の政治理論」とはしばしば切り離せないなどといわれると，そこをはっきりさせてくれないと勉強できない，という声も聞こえてきそうである。

　しかし，実はこの点にこそ，「政治」というものの最も根本的な性質がかかわっている。それぞれの「○○論」や「××主義」ごとに，どちらの政治理論に属するのかを明確に区別できないとすれば，その理由は，その理論や議論が悪いのではなく，政治という人間の活動の性質に由来すると考えられる。政治は，人々の間の対立や紛争を解決することによって社会をつくっていく営みである。そうである以上，それは何らかの意味で「望ましい」社会をめざしている。しかし，そのような「望ましい」社会を創るのは，私たち人間である。人間一人一人が抱いている意見や利害，あるいは「望ましい社会」のイメージは異なっている。そのため，「私」の社会ではなく「私たち」の社会をつくろうとすれば，その社会が私にとってのみ望ましいものであるわけにはいかない。「私」はどこかで「あなた」に妥協しなければならないかもしれない。いや，そもそも妥協すらできないかもしれないような「あいつら」とも何とかしていく方策を考えなければならないかもしれない。そのようにして何とかしていくことが「政治」である（クリック 1969）。このように，私たちの社会をつくっていこうとする場合には，「望ましさ」を考えることと，それが一筋縄では実現できないことを認識することとの，両方の作業が求められる。政治理論が規範的政治哲学としての側面と政治の政治理論の側面とをもつのは，私たちの社会をつくっていくという政治の目的そのものがこのような両面性をもっているからなのである。

　政治理論の「曖昧さ」について理解していただけただろうか。しかし，もう一度逆説的にいうと，この「曖昧さ」を理解することも政治理論の「ゲームのルール」に含まれている。だから，「曖昧にならざるをえないのはよくわかったが，それでも困ったな」と思った方は，すでに「ゲームのルール」の基本もわかっているはずである。引き続き，以下の章で政治理論の世界を探究してほしい。

SUMMARY ●まとめ

- □ 1 政治理論とは，政治学の一分野である。
- □ 2 政治理論は，政治における規範的な事柄を扱い，政治の経験的分析とは区別される。
- □ 3 政治理論の中にもいくつかのタイプがあり，大まかに「規範的政治哲学」と「政治の政治理論」に区別できる。
- □ 4 「政治理論とは何か」について細かく説明したのは，学問において「ゲームのルール」を身につけることが重要だからである。政治理論のゲームのルールは，ある種の「曖昧さ」を含んでいるが，その一因は「政治」というものの性質にある。

EXERCISE ●演習問題

1. 政治学は他の学問分野と何が違うのかを，考えてみよう。
2. 何か具体的な問題・事例を取り上げ，その問題・事例を規範的に考えることと経験的に考えることとがどのように異なるのかを，説明してみよう。
3. 「政治の政治理論」のように政治を考えることと，規範的政治哲学のように価値を考えることとは，どのようなときに対立するだろうか。具体的な事例を挙げて考えてみよう。

さらに学びたい人のために　　　　　　　　　　　　　　　　　Bookguide ●

松元雅和『応用政治哲学――方法論の探究』風行社，2015 年。
　本書でいう「規範的政治哲学」が何をどのように行うのかについて検討した著作。規範的政治哲学についてさらに勉強を深めるために最適の一冊。

シャンタル・ムフ／千葉眞・土井美徳・田中智彦・山田竜作訳『政治的なるものの再興』日本経済評論社，1998 年。
　政治理論が「政治的なるもの」に注目することがなぜ大事なのかを，さまざまな理論の検討を通じて主張する本。「政治的なるもの」に注目する意味を知るのに最適。

井上彰・田村哲樹編『政治理論とは何か』風行社，2014 年。
　政治理論とは何か，また，政治理論にはどのようなタイプがあるのかについて，政治学における他分野および政治学に隣接する他分野（法学，経済学，

社会学）との異同を通じて，明らかにしようとする本。「政治理論」についてさらに理解を深めたい方へ。

引用・参考文献　　　　　　　　　　　　　　　　　　　　Reference

アセモグル，ダロン＝ジェイムズ・A. ロビンソン／鬼澤忍訳 2013『国家はなぜ衰退するのか』上・下，早川書房（原著 2012 年）。
井上彰 2014「分析的政治哲学の方法とその擁護」井上彰・田村哲樹編『政治理論とは何か』風行社。
井上彰・田村哲樹編 2014『政治理論とは何か』風行社。
エスピン-アンデルセン，イェスタ／岡沢憲芙・宮本太郎監訳 2001『福祉資本主義の三つの世界』ミネルヴァ書房（原著 1990 年）。
岡崎晴輝 2008「政治理論の方法について」『政治思想学会会報』26 号。
川崎修 2010『「政治的なるもの」の行方』岩波書店。
キング，ゲイリー＝ロバート・コヘイン＝シドニー・ヴァーバ／真渕勝監訳 2004『社会科学のリサーチ・デザイン——定性的研究における科学的推論』勁草書房（原著 1994 年）。
クリック，バーナード／前田康博訳 1969『政治の弁証』岩波書店（原著 1962 年）。
河野勝 2014「『政治理論』と政治学——規範分析の方法論のために」井上彰・田村哲樹編『政治理論とは何か』風行社。
シュミット，カール／田中浩・原田武雄訳 1970『政治的なものの概念』未來社（原著 1932 年）。
スウィフト，アダム／有賀誠・武藤功訳 2011『政治哲学への招待——自由や平等のいったい何が問題なのか？』風行社（原著 2006 年。初版は 2001 年）。
田村哲樹 2014「政治／政治的なるものの政治理論」井上彰・田村哲樹編『政治理論とは何か』風行社。
ホッブズ，トマス／水田洋訳 1982・85・92『リヴァイアサン』全 4 巻，岩波文庫（原著 1651 年）。
松元雅和 2015『応用政治哲学——方法論の探究』風行社。
ムフ，シャンタル／千葉眞・土井美徳・田中智彦・山田竜作訳 1998『政治的なるものの再興』日本経済評論社（原著 1993 年）。
Dryzek, John S., Bonnie Honig and Anne Phillips eds. 2006, *The Oxford Handbook of Political Theory*, Oxford University Press.
Estlund, David ed. 2012, *The Oxford Handbook of Political Philosophy*, Oxford University Press.
Lichbach, Mark I. 2013, *Democratic Theory and Causal Methodology in Comparative Politics*, Cambridge University Press.
Waldron, Jeremy 2013, "Political Political Theory: An Inaugural Lecture," *Journal of Political Philosophy*, 21(1): 1-23.

CHAPTER 第2章

政治とは何か？

INTRODUCTION

　ある学生は，大学教員に「どのようなことに関心がありますか？」と尋ねられて，次のように答えた。「私は日本の社会保障のあり方に関心があります。少子高齢化や男女の就労パターンの変化の中で，高齢者介護，子育て支援，ワーク・ライフ・バランスなどの現状が，どのようになっているのか。また，将来はどのようであるべきか。このようなことを考えてみたいと思っています」。さて，この学生は「政治」に関心があるといえるだろうか。

　残念ながら，この答えだけでは，この学生が「政治」に関心があるとはいえない。この学生が「関心がある」として語っているのは，（社会保障に関する）「政策」であって「政治」ではないからである。もし，「政治」に関心があるならば，社会保障の「政策」ではなく，それをめぐる「政治」に関心があるはずである。このように，政治学を教えていると，「政治に興味がある」とか「政治を学びたい」という学生がいても，よく話を聞くと，実は「政治」ではなくて「政策」に興味があることが判明するということを，しばしば体験する。

　それにしても，「政治」と「政策」が異なるとは，どういうことだろうか。確かに，「政策」は「政治」によってつくられる。しかし，「政策」そのものが「政治」であるわけではない。さらにいえば，しばしば両者は緊張関係にある。ある立場から見てどれほど「望ましい」政策も，「政治」においては実現しないかもしれない。なぜなら，その政策を「望ましくない」と思う人々も存在するのが政治の世界だからである。そのため，「望ましい」政策を「政治」で実現しようと

した結果，「政治」に幻滅する人も出てくるかもしれない。望ましい「政策」を実現するためには，「政治」などないほうがよいのだ，と考える人も出てくるかもしれない。

　このような政策と政治の違いを理解することが，「政治とは何か」を考えるための第一歩となる。それでは，「政策」と区別される「政治」とは一体何なのか。

　本章で扱うのは，「政治とは何か」という問題である。政治理論の教科書が最初のテーマを「政治」に据えるのは，もっともなことのように思えるかもしれない。しかし，実際には，「政治とは何か」は，古代ギリシア以来，政治学者にとっても永遠の問題であり，それほど容易な「答え」を許すものではない。言い換えると，本章で書かれている「政治」の理解に対しては疑問や反論も多く寄せられうる。政治理論が「政治」理論である以上，このことはある意味で当然かもしれない。ともあれ，本章を読む際には，まずこのことをよく肝に銘じておこう。

1 政治とは何か？

集合的意思決定としての政治

　政策と区別された政治とは何だろうか。本章では，**集合的に拘束する正統な決定の作成**（あるいは単純に**集合的意思決定**）という政治の定義を採用したい（ストーカー 2013）。この定義には，「政治」を特徴づける以下の重要な要素が詰め込まれている。

　第1に，「集合的」とは，当該決定が複数の人々にかかわるという意味である。逆にいえば，自分だけにしかかかわらない決定は，「集合的」な決定ではなく，したがって「政治」でもない。なお，決定を行う人は，複数であることも，そうでないこともありうる。民主政（民主主義）や貴族政の場合は，決定は複数の人々によって行われるが，君主政の場合はそうではない。第2に，「拘束する（binding）」とは，当該決定に従うことを人々は強いられるということである。「強いられる（強制）」とは，従わない場合には制裁（サンクション）が待っているということである。国家が制定した法に違反したときに処罰されるのは，そのわかりやすい例である。第3に，「正統な（legitimate）」あるいは

「正統性（legitimacy）」とは，集合的意思決定は「拘束的」であることも含めて人々が納得して受け容れるものでなければならない，ということを指す。言い換えれば，単に一方的に押し付けるだけの「決定」は「政治」ではない。

「集合的」を考察する

このように書くと，当たり前のことを書いているように思われるかもしれない。あるいは，第1章で政治理論から区別した政治の経験的分析を学ぶ場合には，以上のことは経験的分析の前提として「覚えて」おけばよい。しかし，政治理論を学ぶ場合には，これらの政治を特徴づける「集合的」「拘束する」「正統な」の3つの要素のそれぞれが，考察の対象ともなりうることを知っておく必要がある。

たとえば，最初の「集合的」について，どのような決定ならば集合的ではない，つまり，本当に「自分だけ」にしか，かかわらないといえるのかは，実はそれ自体難問である。「私」だけにしか関係がないと自分では思っていることも，他者にもかかわっているかもしれない。あるいは，そもそも「私」が複数のアイデンティティから構成される「私」であるとすれば，そのような「私たち」が行う決定は，集合的な決定ではないのだろうか。政治理論では，このように「集合的」や「私（たち）」について問いを掘り下げ，考察する場合もある。

「拘束する」を考察する

また，2番目の「拘束する」についても，どの程度ならば「拘束する」といえるのかは，やはり難問となりうる。先に述べたように，近代以降の政治学では，国家による決定に，他とは質的に異なる拘束性を認めることが一般的であった。政治学は国家の学であるとされてきたが，その主たる理由は，国家で行われる意思決定が他とは異なる拘束性を有していることに求められてきた。しかし，少し考えてみると，国家以外のレベルにおける決定は拘束性を全く欠いているのだろうか，という疑問が浮かんでくるだろう。欧州連合（EU）など，国家を超えるレベルで行われる決定も，一定程度の拘束性を有しているように見える。他方，よりミクロなレベルを見た場合，たとえば「家族」において行

われる決定に，拘束性が全くないといえるだろうか。これらのレベルでの意思決定の拘束性は，確かに国家レベルでのそれよりも弱いかもしれない。しかし，そのことは国家以外のレベルでの意思決定には全く拘束性がないということを意味しない。つまり，「拘束的な意思決定」は，拘束性の程度の差こそあれ，国家の内外のさまざまな場所で行われていると考えたほうがよいのではないだろうか。そして，そうだとすれば，政治＝国家で行われるものと考える根拠も，疑わしくなるのではないだろうか。

「正統性」を考察する

　最後に，**正統性**も，政治理論においては論争的である。正統性に関して政治理論で考察の対象となる問題として，少なくとも次の2点を挙げることができる。

　一つは，正統性と**正当性**の異同をどう考えるかという問題である。これには，いくつかの立場が考えられる。第1に，正統性と正当性は異なるという立場がある。INTRODUCTIONで挙げた「政治」と「政策」の違いを思い出してもらいたい。この違いは，人々が納得すること（正統性）と「正しい」こと（正当性）は異なる，ということを意味している。たとえば，子育て政策について，ある多国間比較調査の結果，保育所が整備されている国ほど女性の就労率が高いことが明らかになったとする。この場合，保育所の整備はデータ分析の観点から「正しい」＝正当性のある政策である。しかし，だからといってこの政策が正統性をも獲得するかどうかはわからない。「子育ては家庭で」という考え方のほうが相対的に多くの人に受け容れられる＝正統性があるかもしれないからである。しかし，第2に，正統性と正当性は重なるという立場もある。この立場によれば，人々が「正統」として受け容れる場合には，何らかの意味での「正しさ」が含まれているはずである。先に述べた子育て政策の例を用いれば，人々が「子育ては家庭で」という考え方を受け容れるのは，そのほうが「正しい」という直観に基づいてのことだ，ということになる。

　この2つの立場の違いはそのまま，政治理論が行うべき作業の違いにつながっている。第1の立場の場合，政治理論が行うべきことは，何が「正しい」かを考えることと，何が人々に受け容れられるかを考えることとは異なる作業で

あることを明らかにしていくことである。これに対して，第2の立場の場合，政治理論が行うべきことは，人々があるアイデアを支持するときの基礎にある「正しさ」はなぜ，どのような意味で正しいのかを明らかにしていくことである。

　正統性に関するもう一つの問題は，正統性の条件は何かということである。これは，どのような集合的決定の仕方であれば受け容れられる＝正統でありうるのか，と言い換えることができる。正統性の条件に関して有名な議論は，マックス・ヴェーバーによるものである。彼は，正統性の3つのタイプとして，「伝統」「カリスマ（的指導者）」「法」を挙げた（ヴェーバー 1980）。人々は，ある集合的決定が，①伝統に則っているか，②カリスマ的な指導者によってなされているか，③法に則っているか，のいずれかの場合に，それを受け容れるというのである。ヴェーバーの議論は重要であるが，正統性の条件がこれらですべてというわけではない。特に，政治における「集合的」の要素を真剣に考えるならば，他の条件も考えられる。たとえば，政治における決定では，「コミュニケーション」が重要だとする見解がある（ストーカー 2013：第4章）。なぜなら，政治では，人々の間の多様な意見や利害を互いに考慮に入れることが必要だからである。そのような場合には，コミュニケーションを通じて人々が納得していくプロセスが重要となるはずだ，というわけである。

政治と国家

　以上の説明で，政治を「集合的に拘束する正統な意思決定」だとする本章での政治の定義の意味と，この定義の各要素に関して意見が分かれる可能性があること（＝学問的に検討の余地があること）をわかってもらえたと思う。このような「政治」と国家との関係について，本節の最後に説明しておこう。

　政治理論（あるいは政治学全般）において，伝統的には，国家こそが集合的決定の場とみなされてきた。つまり，政治学とは国家の学であった。だからといって，政治学が国家のみを研究してきたわけではない。「社会」にかかわる事柄も，政治学は扱ってきた。その典型は，**利益団体**（interest group）の役割に関する研究である。ただし，その場合でも，最終的な集合的決定は国家においてなされることが前提であった。その限りで，利益団体も研究対象となるので

ある。

　しかしながら，本書では，集合的意思決定を国家において／によって行われるもののみとして理解する必要はない，という考え方を採用したい。つまり，本節で定義した「政治」は，たとえその決定にかかわり影響を受ける人の範囲や，拘束性の程度に違いがあったとしても，社会のあらゆる場所において現れうると考えるのである。「社会のあらゆる場所」とは，市民社会（→**15**章）はもとより，家族などの親密圏（→**11**章）や国家を超える単位（→**8**章）を含む。標準的な考え方では，これらの場においてたとえ何らかの集合的決定がなされていたとしても，その拘束力において，国家レベルにおける決定とは質的な違いがあると考える。これに対して本書では，さまざまな場所における集合的決定の拘束力の違いは，質的なものではなく程度の差であると考える。たとえば，私たちは家族との間でも，何らかの集合的決定を行うことができるし，いったんされた決定は，一定程度の拘束性をもつはずである。

 ## 政治に伴うもの

| 紛争，権力，偶然性 |

　本節では，前節で示した「政治」に伴うものとして，**紛争**（conflict），**権力**（power），**偶然性**（contingency）の 3 つを挙げ，政治がなぜそれらを伴うのかについて説明する。

　まず，紛争に関していえば，政治には紛争がつきものである。その理由は，そもそもなぜ「拘束的な集合的意思決定」が必要なのかを考えてみるとわかる。そのような決定が必要なのは，人々の間に意見・立場・利害の違いがあるからである。そして，そのような違いゆえに，人々の間には，対立と争い，つまり紛争が起こりうるからである。逆にいえば，もし誰もが同じ意見・立場・利害をもっていたならば，紛争は生じず，したがって政治も必要がない。

　次に，権力についてである。その最もシンプルな定義は，「A が B の意志に反して B に影響を及ぼす場合，A は権力を行使している」というものである（→**10**章）。これは最もシンプルな定義であり，権力概念の多様性と奥深さにつ

いては第10章で取り扱う。本章では，なぜ政治において権力が必要となるのかについて述べておきたい。

　政治に権力が伴う理由は，紛争の解決＝集合的意思決定は，拘束的でなければならないからである。集合的意思決定を行う場合には，たとえどれほど意見・立場・利害が異なっていても，最終的にはその決定に従ってもらわなければならない。その場合には，人々が納得して従うだけではなく，「従わせる」という契機も必要となる。そうでなければ，簡単に決定を反故にすることもできるからである。典型的には，政治によって作成された法律に違反条項がついている場合を思い浮かべてみるとよい。これは，「当該法律に違反した場合は，（公的に）『制裁』を受けることになるから，違反せず従いなさい」というメッセージである。政治による集合的決定は，「従わせる」ことも必要とするがゆえに権力を伴うのである。

　最後に，偶然性についてである。政治における紛争と権力の存在は，私たちに何を教えるだろうか。いろいろな答えが考えられるだろうが，ここでは，それらが教えるのは，社会を「必ずこうなる」とは見ないことだと答えておきたい。つまり，紛争と権力の存在は，社会が必然的ではなく偶然的なものであることを私たちに伝えるのである。逆にいえば，もし社会に起こることのすべてが何かによってあらかじめ「こうなる」と定められたもの，つまり必然的なものであるならば，「紛争」は起こらないし，「権力」も必要ないだろう。だから，紛争と権力を伴う以上，政治には偶然性も伴うと考えるべきなのである。

　ただし，政治を紛争，権力，偶然性との関係で特徴づけることは，実は多くの疑問をもたらしかねないことでもある。そこで，以下では，これらの要素のそれぞれについて生じうる疑問を取り上げ，説明しておきたい。そのことを通じて，紛争，権力，偶然性についての理解を深めてもらうことが狙いである。

政治理論は紛争のない世界を考えるのか？

　第1に，紛争に関する疑問として，ここでは，「政治に紛争が伴うものだとすれば，政治を必要としない世界のほうが望ましい世界なのではないか」という疑問を取り上げよう。多くの人にとって，紛争の発生は望ましい事態ではないだろう。紛争のない世界こそ，望ましい世界のはずである。ところで，政治

が紛争を伴うということは，紛争のない世界とは政治を必要としない世界でもある。そうだとすれば，政治が必要ない世界こそが，望ましい世界なのではないだろうか。第1章では，政治理論が「あるべきもの」「望ましいもの」を考える学問だと述べた。もしそうだとすれば，政治理論は政治がない世界としての「望ましい」世界を考えるべきではないだろうか。

この問題，つまり「望ましいもの」を考える政治理論は政治のない世界を考えるべきではないかという問題は，政治理論とは何かという根本問題とかかわっている。それゆえに厄介な問題であるが，少なくとも2つの答えがある。一つは，紛争のない「望ましい」状態を考えることを政治理論の役割とする考え方である。この場合，政治理論は最も直接的に「望ましいもの」を考えていることになる。しかし，そのような政治理論は「政治」理論であるにもかかわらず「政治」を考えていない，という批判を受けるかもしれない。もう一つは，政治理論は紛争を解決する「政治」について，その「望ましい」あり方を考えるのだ，という見解である。この場合，紛争が存在する現実の世界を見据えたうえで，どのような「政治」がなぜ「望ましいか」を考えることになる。どちらの答えに説得力を感じるかは，政治理論は「現実」をどの程度ふまえるべきかという問題に，どのように答えるかによって異なるだろう。

政治は強者による支配か？

第2の疑問として，権力にかかわるものを取り上げよう。その疑問は，「政治が権力にかかわるものだとすると，集合的決定といっても，政治とは結局のところ『強者による支配』だということにならないだろうか」というものである。

この問題については，次のように答えることができる。確かに，政治において「権力」の要素が突出すると，そのような状態が発生しうる。暴君や独裁者による支配はその典型である。また，学問的にも，政治を権力によって特徴づけることは，政治＝強者による支配という理解と結び付きやすい。第11章で取り上げるフェミニズム，とりわけラディカル・フェミニズムによる家父長制（男性による女性の支配）への批判は，そのような理解の一例である。そこでは，通常は政治が行われるとは考えられていない「私的領域」における，男性によ

る女性の支配・服従をもって「政治」と呼ぶことが見られる。

　しかし，政治＝権力という理解は，政治における他の諸要素の存在を軽視している。本章で説明してきたように，政治とは，異なる人々の間での「紛争」の存在を前提として，「偶然性」の下で，「正統な」集合的意思決定を行うことである。政治をもっぱら権力の側面から理解すると，紛争や偶然性の要素を，また，当該決定が人々にそれなりに「正統」なものとして受け容れられている可能性を，考慮することができなくなる。そして最終的に，社会には変化可能性があるということを考慮に入れることができなくなってしまう。

　政治が単なる「強者による支配」ではないことをより理解するために，ジェリー・ストーカーの議論を見ておこう（ストーカー 2013）。ストーカーは，集合的決定としての政治とは，「紛争を表現するために構成され，異なった利益の追求を通して私たちの集団としての努力を形作る活動」であるとする。これが意味するのは，次のようなことである。政治を通じて，私たちは，社会を成り立たせるルールをつくっていく。私たちがそこで直面するのは，私たち一人一人が他者と意見を異にしており，異なったものを追求する存在だということである。そこで，誰か一人の意見を押し付けるべきだろうか。ストーカーは，そのようには考えない。彼が重視するのは，「意見の異なる人間がどうにかこうにか共存する道を見つける作業」である。そのような作業こそが，まさに「政治」なのである。「相違を表現するためだけでなく，相違を不必要に深刻なものにしないようにして，できれば協力の道を見つけるためにも，私たちは政治を必要とするのである」（ストーカー 2013：7）。

　以上をまとめると，こういうことになる。政治＝権力のみならば，「強者による支配」もありうる。しかし，政治は他の要素も含むものであり，だからこそ，単純に「強者による支配」になるとは限らないものである。むしろ，政治について真剣に考えれば考えるほど，「人々の間の違い」，決定の「正統性」，社会の偶然性などを真剣に受け止めることになるはずなのである。

偶然性と政治の意義

　最後に，偶然性に関する疑問を取り上げよう。それは，「もしも政治に偶然性が伴っており，それゆえに社会のあり方を『必ずこうなる』とはいえないと

すれば，集合的決定としての政治に一体どのような意義があるのだろうか」というものである。

この疑問に対しては，偶然性は「社会は変わりうる」ということをも意味しているとこたえておこう。政治理論において偶然性を認識することは，社会は人間によってつくられた作為的なものであり，そうであるがゆえに，どちらに転ぶかわからず，現状からの変化の可能性に開かれているということの認識と結び付いている。

政治理論では，しばしば政治の**作為性**が強調されてきた。その狙いは，人間の力ではどうにもならないものとの対比で，政治を人間の力で社会をつくっていく営みとしてとらえることにある。たとえば，**丸山眞男**は，自然と作為を対置し，後者を政治と重ねようとした（丸山 1983）。**コリン・ヘイ**は，政治と運命を対比して，「政治は偶発性の領域にあるが，その反対に運命は不可避性と必要性の領域にある」と述べるが（ヘイ 2012：92），この場合には，政治は偶然性を伴うがゆえに，現状とは異なる他可能性に開かれていることが含意されている。また，**エルネスト・ラクラウ**による**社会的なるもの**と**政治的なるもの**との対比も，政治と偶然性の結び付きとともにそれが他の可能性を見出すことであることを強調するものである（ラクラウ 2014）。彼によれば，「社会的なるもの」とは，物事の起源が忘れ去られて，元々はありえたはずの他の選択肢が見えなくなってしまうことである。それは，偶然性の痕跡が消え去ってしまうということである。その結果，現在の状態は，別の選択肢・可能性を排除して成立したはずであるにもかかわらず，これしかありえない当たり前のものに見えてくる。これに対して，「政治的なるもの」とは，そのように客観的に見える現状が当たり前ではなく偶然のものであることを，紛争・対立の発生を通じて再発見することである。このように，政治に偶然性が伴うことは，現状が自明ではなく，政治によって別の状態へと作り直すことができることを意味しているのである。

3 政治と「政治的なるもの」

「政治的なるもの」とは何か？

　ここまで「政治」とは何かについて述べてきた。しかし，先ほど取り上げたラクラウの議論のように，政治理論では，「政治」と区別された「政治的なるもの（the political）」という言葉が用いられることもある。ここでは，この「政治的なるもの」について説明しよう。「政治的なるもの」とは何だろうか。それは，「政治」と何が異なるのだろうか。

　「政治的なるもの」は，論者によってかなり異なる意味で語られている。一方には，「政治的なるもの」を敵対や対立によって特徴づけようとする試みがある。たとえば，**カール・シュミット**は，「政治的なるもの」を「友」と「敵」との根本的な対立関係，すなわち敵対性として理解している。シュミットによれば，「政治的なるもの」とは，議会での議員たちの「おしゃべり」のことではない。そうではなく，自己の存在を否定するような「敵」と，それに対抗する「友」との区別，両者の和解困難な対立こそが，「政治的なるもの」の本質である（シュミット 1970）。他方には，「政治的なるもの」を自由なコミュニケーションや議論の空間として理解しようとする試みもある。たとえば，**ハンナ・アーレント**の場合は，「政治的なるもの」は，人々の複数性やそれを前提とした言葉による自由なコミュニケーションによって特徴づけられる（アレント 1994）。

　このように，さまざまな，しばしば相反するとさえ思える理解があるとはいえ，「政治的なるもの」についての共通点ないし最大公約数的な要素を指摘することはできる（森 2014：24）。それは，「政治的なるもの」は，通常の意味での「政治」とは明確に異なるものとして考えられているという点である。敵対性であれ複数性であれ，「政治的なるもの」は，通常の意味での「政治」が成立する背景に存在し，「政治」を成り立たせるのに不可欠なものとして考えられている。それは，「政治」を，ひいては「政治」によって実現される「社会」そのものを可能にする条件なのである（ムフ 2008）。

> **Column ❷ 政治的リアリズム論争**
>
> 　近年の政治理論における論争の一つに,「政治的リアリズム」をめぐるものがある(乙部 2015；田村 2014；松元 2016)。この論争の火付け役は,レイモンド・ゴイスとバーナード・ウィリアムズといわれている。政治的リアリズムは,政治の独自性・自立性を主張し,本書でいう規範的政治哲学を,「倫理学第一主義」とか「応用倫理学」と呼び,批判する。規範的政治哲学では,正義,公正,平等などの規範的・価値的な概念が政治を定義すると考えられており,ゆえにそれは「政治」理論・哲学ではなく「倫理学」なのだ,というわけである(だから,「倫理学」の呼称は,批判のために用いられている)。もちろん,「応用倫理学」と名指された側からは,政治的リアリズムに対する多くの反批判もなされている。たとえば,政治的リアリズムの「応用倫理学」理解は不正確であるとする批判や,政治的リアリズム自体も何らかの規範的・価値的な要素を前提としているとする批判などがある。どちらの側が正しいにせよ,ここで争われているのは,政治と価値・規範との関係をどのように理解するかという問題である。

　それにしても,なぜ政治理論はわざわざ「政治」と区別された「政治的なるもの」の存在を主張し,そこに関心を向けるのだろうか。これには2つの理由がある(森 2014)。一つは,歴史的なものである。「政治的なるもの」が特に注目されるようになった背景には,20世紀の全体主義と世界大戦の経験があった。つまり,それまでのどのような「政治」も越えなかった一線が越えられてしまったという認識から,「政治が政治でありつづけるための前提」が問い直されなければならないという関心が浮上した(森 2014：38)。それが「政治的なるもの」の考察に向かったのである。

　もう一つの理由は,「政治的なるもの」の考察こそが政治理論の独自性を示すことに貢献すると考えられたことである(森 2014)。「政治的なるもの」は,現実の政治においてはしばしば覆い隠されており,それゆえに,第1章で述べたような政治の経験的分析によっては把握されにくいものである。したがって,「政治的なるもの」の探究は,政治理論の重要な課題となった。つまり,政治理論は,①「政治」とは何か,に加えて,②「政治的なるもの」とは何か,そして,③「政治的なるもの」と「政治」との関係はどのようなものか,とい

う問いにも取り組むのである（田村 2014）。

政治的なるものと価値・規範

　このようにして政治理論が「政治的なるもの」に取り組む際に論点となるのが、「政治的なるもの」は「望ましい」ものなのか、という問題である。言い換えれば、はたして「政治的なるもの」それ自体に何らかの価値や規範を見出せるのかという問題である（Marchart 2007）。一方には、「政治的なるもの」それ自体に、価値的・規範的に擁護できる要素を見出そうとする試みがある。「政治的なるもの」を、私的なものに還元されない公共的なもの・全体的なものによって、あるいは、複数性やコミュニケーションによって把握しようとするのが、このような試みに当たる。他方には、「政治的なるもの」を、「敵対性」によって、あるいは、既存の政治における決定や既存の社会の自明性と区別して「不確実性」や「偶然性」によって特徴づけようとする試みがある。本章②では、「政治」に伴う要素として、「紛争」や「偶然性」を挙げたが、これらはまさに「政治的なるもの」として把握されるべきものである。この場合、「政治的なるもの」の指摘は、人々がすでに正統なものとして受け入れている、あるいは「正しい」と思っている決定や制度を、自明のものではないとして、もう一度揺るがすことにつながりうる。

　しかし、価値・規範との関係では、いずれの試みも問題を抱えている。まず、「政治的なるもの」を公共性、複数性、コミュニケーションなどによって把握しようとする試みの場合、なぜこれらの要素が価値的・規範的に望ましいといえるのかについての、もう一段上位の根拠を見出すことが求められるだろう。つまり、「公共性」「複数性」「コミュニケーション」はなぜ望ましいのかといわれると、多くの場合に「自由」「平等」「正義」といった、より上位の価値・規範に訴えることになる。この場合、擁護されているのは、はたして「政治的なるもの」なのか、それともこれらの上位の規範なのかが、わからなくなってくる。

　この問題は、「政治的なるもの」を「不確実性」や「偶然性」によって把握しようとするもう一つの試みの場合に、より明確になる。この場合には、「政治的なるもの」それ自体に実質的な価値的・規範的要素が含まれていないこと

は明らかである。「政治的なるもの」とは、「いかようでもありうること」を表現するための概念であり、どのような方向に社会が進むのが望ましいのかは、わからないのである。

このように、「政治的なるもの」の考察は確かに政治理論の重要な課題の一つであるが、「政治」との関係に加えて、価値・規範との関係でも、なお検討すべき課題を残している。第1章で、政治理論の中には、「規範的政治哲学」と「政治の政治理論」という2つのタイプがあると述べた。価値・規範と「政治的なるもの」との緊張関係は、そのまま政治理論の中のこの2つのタイプの間の緊張関係を表現している。

4 政治は魅力的か？

「政治的なるもの」から、「政治」の話に戻ろう。本章②で見たように、政治とは必ずしも強者による支配がまかりとおる世界のことではない。それは、現状の社会を自明視せず、別の可能性を模索することと結び付いている。そうだとすれば、政治とはとても魅力的な活動のように見える。

しかし、実際に人々が政治をどう見ているかというと、必ずしもそれを魅力的なものと見ているようには思われない。政党や政治家への不信感は、国家の他の諸機関やアクター（たとえば司法）に関するそれよりも高い。今では多くの人々が、「政治家は信頼できない」と考えているようである。また、「政治に関心をもつことができない」とする人々の数も増加している。

では、政治家ではなく、自分自身で政治を行うとすればどうだろうか。第6章で見るように、政治理論においては、代表制民主主義（間接民主主義）だけではなく、直接民主主義、参加民主主義の重要性も説かれている。そして、参加民主主義論では、政治参加を通じた人格的発展が説かれることも多い（マクファーソン 1978）。人格的発展を疑問に思う人でも、本章③で述べたように政治とは運命に抗い別の可能性を模索する営みだとすると、政治へのネガティブなイメージを改めることができるのではないだろうか。

しかし、残念ながら政治を考えるとき、私たちは政治の「魅力のなさ」を認

める必要がある（杉田 2013；ストーカー 2013；Warren 1996）。政治は魅力的な活動とは限らない。なぜなら，政治は，異なる意見・利害・立場をもった他者とともに行わなければならないものだからである。異なる意見・利害・立場の他者とともに集合的決定を行うということは，そのプロセスがストレスの多いものである可能性が高いということである。そして，その結果も，自分の望む結果であるとは限らないということである。このことは，経済における消費活動と対照的である。私たちは，個人としての消費・購買活動では，（お金さえあれば）自分の望むものを手に入れることができる。しかし，集合的な活動である政治では，そのようにはいかない（ストーカー 2013）。つまり，政治においては満足できない可能性が高いし，政治にかかわることで幻滅する可能性も高い。

それでは，政治は魅力的ではないから必要ない，ということになるのだろうか。本書は政治理論の教科書であり，もちろん，「そうではない」と答える。たとえ魅力がなくとも，本章で定義したような「政治」は，私たちの生活のさまざまな場面において必要なものだからである。なぜそうなのかといえば，私たちは自分とは異なる他者とともに生きていかざるをえないからである（逆にいえば，完全に独りだけで生きていくことができるのであれば，政治は必要ないかもしれない）。また，忘れてはならないのは，政治は確かに魅力的ではないかもしれないが，紛争の中で別の可能性を見出し，人々に受け容れられる集合的決定を行っていくことで，政治が行われないよりはより良い結果がもたらされると期待することはできる，ということである。このように，政治理論を学ぶ場合には，政治の「魅力のなさ」とその必要性ないし可能性の両方を認識することが大切なのである。

SUMMARY ●まとめ

- □ 1 政治とは，集合的に拘束する正統な意思決定のことである。
- □ 2 このように定義される政治には，紛争，権力，偶然性という要素が伴う。
- □ 3 政治理論は，紛争なき世界を構想する場合もあるが，紛争解決のためにどのような政治のあり方が望ましいかを考える場合もある。政治には権力が伴うが，政治を権力と同一視するのは妥当ではない。偶然性を認めることは，社

会を政治によって別の状態へと変化させることができることを意味する。
- ☐ 4 政治理論では,「政治」と区別された「政治的なるもの」の次元に注目することがある。そのことは,政治理論の独自性を示すことに役立つが,価値や規範を論じる規範的政治哲学との間には緊張関係も見出される。
- ☐ 5 政治は必ずしも魅力的なものではないが,私たちが異なる他者と生きていくために必要なものである。

EXERCISE ●演習問題

1. 政治について,集合的意思決定以外にどのような考え方があるのかを,調べてみよう。
2. 偶然性,すなわち現在とは別の選択肢があるとはどういうことだろうか。現代社会の具体的なテーマを取り上げて,現在とは別の選択肢としてどのようなものがありうるかを,考えてみよう。
3. 必ずしも魅力的ではない政治に人々がかかわるためにはどうすればよいかを,議論してみよう。

さらに学びたい人のために　　　　　　　　　　　　　　　　Bookguide ●

杉田敦『政治的思考』岩波新書, 2013 年。
　政治というものの難しさと,それゆえの独自性について,いくつかのテーマに即してわかりやすく述べた本。

ジェリー・ストーカー/山口二郎訳『政治をあきらめない理由――民主主義で世の中を変えるいくつかの方法』岩波書店, 2013 年。
　本章で述べた集合的意思決定としての政治の重要性を,現在の政治の状況をふまえながら論じた著作。

川崎修『「政治的なるもの」の行方』岩波書店, 2010 年。
　アーレント研究を専門とする著者の,政治理論に関する論文を集めた本。特に第 I 部に収められた諸論文は,政治に焦点を当てて考えるとはどういうことかを,明確に伝えてくれる。

引用・参考文献　　　　　　　　　　　　　　　　　　　　　Reference ●

アレント,ハンナ/志水速雄訳 1994『人間の条件』ちくま学芸文庫（原著 1958 年）。

ヴェーバー, マックス／脇圭平訳 1980『職業としての政治』岩波文庫（原著1919年）。
乙部延剛 2015「政治理論にとって現実とは何か――政治的リアリズムをめぐって」日本政治学会編『年報政治学 2015-II　代表と統合の政治変容』木鐸社, 236-256頁。
川崎修・杉田敦編 2012『現代政治理論〔新版〕』有斐閣。
シュミット, カール／田中浩・原田武雄訳 1970『政治的なものの概念』未來社（原著1932年）。
杉田敦 2013『政治的思考』岩波新書。
ストーカー, ジェリー／山口二郎訳 2013『政治をあきらめない理由――民主主義で世の中を変えるいくつかの方法』岩波書店（原著2006年）。
田村哲樹 2014「政治／政治的なるものの政治理論」井上彰・田村哲樹編『政治理論とは何か』風行社。
ヘイ, コリン／吉田徹訳 2012『政治はなぜ嫌われるのか――民主主義の取り戻し方』岩波書店（原著2007年）。
マクファーソン, クロフォード・B.／田口富久治訳 1978『自由民主主義は生き残れるか』岩波新書（原著1977年）。
松元雅和 2016「政治的悪の規範理論的分析――政治的リアリズムを中心に」『関西大学法学論集』66巻1号, 98-119頁。
丸山眞男 1983『日本政治思想史研究〔新装版〕』東京大学出版会（初版は1952年）。
ムフ, シャンタル／酒井隆史監訳・篠原雅武訳 2008『政治的なものについて――闘技的民主主義と多元主義的グローバル秩序の構築』明石書店（原著2005年）。
森政稔 2014『〈政治的なもの〉の遍歴と帰結――新自由主義以後の「政治理論」のために』青土社。
ラクラウ, エルネスト／山本圭訳 2014『現代革命の新たな考察』法政大学出版局（原著1990年）。
Marchart, Oliver 2007, *Post-Foundational Political Thought: Political Difference in Nancy, Lefort, Badiou and Laclau*, Edinburgh University Press.
Warren, Mark E. 1996, "What Should We Expect from More Democracy? Radically Democratic Responses to Politics," *Political Theory*, 24(2): 241-270.

CHAPTER

第 **3** 章

「私の勝手」で済むか？
リベラリズム

INTRODUCTION

　今の私たちは自由主義社会に生きている。自由主義社会とは，政府や社会に指図されることなく，個人が自分の人生を自分の思う通りに生きられるような社会のことである。こうしたリベラリズム（自由主義）の思想は，近代の市民革命や人権思想において花開き，革命や思想の伝播とともに着実に世界に波及し，定着していった。たとえば，フランス人権宣言（1789 年）第 1 条では，「人は，自由かつ権利において平等なものとして出生し，かつ生存する」と謳われている。現在では，国連人権規約 B 規約で基本的諸自由が権利として規定され，日本の憲法にも同様の権利が規定されている。

　しかし，本当に生き方のすべてが私たち個々人に任されているかといえば，実はそうでもない。たとえば現在の日本社会を見てみよう。未成年者の飲酒・喫煙は法律で禁止されている。車・オートバイに乗る際にはシートベルト・ヘルメットの着用が義務づけられ，違反すれば罰せられる。大麻取締法，覚せい剤取締法などのいわゆる麻薬五法により麻薬が規制されるほか，近年では，これらでは規制されない危険ドラッグの規制が強化されている。自由主義社会においてさえ，さまざまな点で私たちの生き方の幅には制約が課せられているのである。

　なぜ「私の勝手」では済まないのだろうか。自由をめぐる政治理論的問いは，第 1 に人が自由であるとはどういう意味か，第 2 に自由の限界はどこにあるか，という 2 点に分かれる（ミラー 2005：77）。紙幅の都合から，第 1 の問いについては他の文献（山岡 2003，2014）や **Column** ③に譲り，本章では第 2 の

問いに集中しよう。もし私たちが生まれながらに自由の権利を有しているのだとしたら，この自由を制約しようとするとき，説明責任は制約される側ではなく，制約を課す側にある。一体その理由はどのようなものだろうか。

1 自由の制約条件 I

▶ 同意理論

　はたして誰が，何の権威で，私たち個人の自由を制約しようというのだろうか。自分の親か，学校の先生か，職場の上司か。いや，世の中にはさらに広く深く，私たちの自由に介入しようとする主体がいる。それは強大な立法・行政・司法権力を備えた，私たちの住む政治社会の政府である。ここに，近代政治の根源的なパラドクスがある。私たちは自らの自由を制約しうる存在として政府を恐れながらも，同時に同じ自由を保全するために，当の政府を必要とせざるをえないのである。

政治的権威

　そこで，政治理論にとっての最初の問いは，どのような政府をもつかではなく，そもそも政府をもつかどうかということである（ノージック 1992：4）。世の中の人々全員が無制約の絶対的自由を謳歌するとしてみよう。一体どのようなことが起きるだろうか。この思考実験は，17世紀イギリスの哲学者トマス・ホッブズの社会契約説の中で示された。各人が各自の絶対的自由を思うがままに謳歌すれば，殺人も強盗も許されるような弱肉強食の世界になってしまうかもしれない。こうした前政治的状態を，ホッブズは「自然状態」と呼んだ。そこで生じるのは「万人の万人に対する闘争」であり，その生活は「孤独でまずしく，つらく残忍でみじかい」（ホッブズ 1992：211）。

　ホッブズはここから，自然状態から脱するために，無制約な自由を拘束する政府を設立することに万人が同意するという論理で，政府の正統性を論証した。

たとえ個人の自由の一部あるいは大半が制約されるとしても，殺人や強盗が互いに許される自然状態にとどまるよりはましだというのである。政府があればこそ，殺人や強盗を禁止する法律が生まれ，それを犯す者は警察に拘束され，裁判にかけられる。このように，政府はそもそも個人の自由を制約しうる存在であり，にもかかわらずその権威は国民に受け入れられている。

権威と同意

　ここから，政府が個人の自由を制約しうる第１の理由が見えてくる。それは各人の自発的同意である。同じく，17世紀イギリスの哲学者ジョン・ロックがいったように，「人間はすべて，生来的に自由で平等で独立した存在であるから，誰も，自分自身の同意なしに，この状態を脱して，他者のもつ政治権力に服することはできない」（ロック 2010：406）。政府が個人の自由を制約しうるのは，もとをたどれば，私たちが自然状態を脱するため，そうした権限を政府に認めたからである。これを政治的権威に関する同意理論と呼んでおこう。

　同意理論には明白な問題点が一つある。一体いつどこで，今の私たちは今の政府の権威に同意したのだろうか。私たちは，出生国を選択したこともないし，政治権力の設立に同意したこともない。政府による自由の拘束は自分自身の決断に遡（さかのぼ）るという説明は，（あるとしても）政府設立時の第１世代でない限り，フィクション（虚構）でしかない。この社会のルールを現に受け入れているという事実が，今の政府に対する黙示的同意になっているといえるかもしれない。しかし，雇用契約や取引契約のような身近な事例でもしばしば問題になるように，黙示的同意論も往々にして正当ではない。

　もし自発的同意が，政府が個人の自由を制約しうる決定的な理由にはならないのだとすれば，他の理由があるだろうか。第２の理由は，他人に迷惑をかけるような自由の行使は禁止されるというものであり（危害原理），第３の理由は，ある種の生き方は別の種の生き方よりも価値があり，それゆえ政府によって強制されうるというものである（完成主義）。現代リベラリズムの多くは，それぞれ異なった観点から，第２，第３の理由に訴えている。

自由の制約条件 II

▶ 危害原理

　第2の理由は直観的にわかりやすい。自由の行使が、他人に迷惑や危害を加えるとき、その自由は制約されるということである。たとえば、先に引用したフランス人権宣言には以下の但し書きがある。「自由は、他人を害しないすべてをなしうることに存する」「法は、社会に有害な行為でなければ、禁止する権利をもたない」(第4・5条，傍点は筆者)。他者への危害の有無が、ある個人の自由を妨げるだけの理由になる。それゆえもちろん、自由主義社会においても、殺人の自由や強盗の自由は存在しない。このように他者への危害に自由の範囲と干渉の根拠を定める見方は、**危害原理**と呼ばれている。

ミルの自由論

　危害原理を定式化したのは19世紀の哲学者ジョン・スチュアート・ミルである。ミルが生きた時代のイギリスは、産業革命から続く過去数十年間にわたる急激な社会変化のただ中にあった。人口が急激に増大する一方、大量生産・大量消費の時代が幕を開け、人々の嗜好やスタイルの画一化が進み、逆に個性が蝕まれていることに、ミルは危機感を覚えた。そこで彼は、危害原理に基づいて自由の正当な範囲を明確化し、政府や社会一般による干渉から、個人の市民的自由を擁護しようとしたのである。

　危害原理は次のように定式化される。

> 文明社会のどの成員に対してにせよ、彼の意志に反して権力を行使しても正当とされるための唯一の目的は、他の成員に及ぶ害の防止にある……単に彼自身だけに関する部分においては、彼の独立は、当然絶対的である。
>
> (ミル 1971：24-25)

　一例を挙げよう。ミルが『自由論』(1859年)を書いた時代では、とりわけ労働者の生活を堕落させるものだとして、飲酒の習慣に対して社会的に厳しい

目が向けられていた。ところがミルは，他人に危害を加えない純粋に自己関連的な行為である限り，酩酊（めいてい）の自由をも積極的に保護しようとしたのである。とはいえ，酩酊の結果，他人に暴行を加えたことのあるような人物は，その自由を制約されても仕方がない。そうした場合にはじめて，飲酒の問題は自由の領域から道徳や法律の領域に移るのである（ミル 1971：165, 196）。

　もちろんミルも，飲酒の習慣がそれ自体好ましいものだと考えているわけではない。しかしそれ以上に，人々が自分の思うように生きられる自由の範囲を維持することが，ミルにとっての優先事項であった。そのためには，政府や社会一般の視点から見て馬鹿げている，無価値であると思われる行為でさえ，寛大に扱う必要がある。「それは，われわれのなすことが，われわれの同胞たちを害しないかぎり，たとえ彼らがわれわれの行為を愚かである……と考えようとも，彼らから邪魔されることのない自由である」（ミル 1971：29）。

自由と進歩

　ミルはなぜここまで個人の自由を重んじるのだろうか。もちろん，その結果がどうであれ，自由を行使できることそれ自体に**内在的価値**があるのだという考えもあるだろう。しかしミルの場合，ことはそう単純ではない。なぜならミルにとって，自由の尊重は，彼の先達ジェレミー・ベンサムが掲げた「最大多数の最大幸福」を旨とする**功利主義**の思想を，究極的には支えるものであったからである（ミル 1971：26）。それゆえ，少なくとも論理的には，ミルは自由に対して**道具的価値**――すなわち，快楽や幸福といった別の何かを達成するための手段としての価値――しか認めていなかったといえる。

　具体的に，ミルが想定したシナリオは以下のようなものである。人々の自由を最大限に保障することで，個性と生き方の多様性はいっそう花開くだろう。もちろんその中には優れたものも劣ったものもある。しかし，政府や社会一般によって一概に否定されることなく，それらのさまざまな生き方を実際に試すならば，両方を試した人間は自ずと優れた生き方を選ぶようになる（ミル 2010：267-269）。それらが結果的に普及することにより，社会は長期的に進歩を遂げるだろう。自由こそが人格と文明の発展の鍵になるというのである。

　実はミルは，あらゆる人々に危害原理が適用されるとは想定していなかった。

たとえば，子どもや未成年，文明化の遅れた社会の人々は，健全な物事の分別がつくほど十分に成熟しておらず，したがって前述のような自発的進歩のシナリオ通りに進まない。その場合，本人の自由を制約して，政府がその生き方に介入することも許される（ミル 1971 : 25）。この点で，ミルは本人の意思に反して本人の利益を促進する**パターナリズム**（父権主義，温情主義）を許容している。

3 自由の制約条件 III

▶ 完成主義

　ミルの自由論には，「良貨が悪貨を駆逐する」式の楽観論が見られる。しかし，現実にそううまくことが運ぶだろうか。あるいは，自由な生き方を認めれば認めるほど，一見して堕落した，反道徳的な生き方が広がってしまうということにもならないだろうか。こうした当然の懸念は，危害原理とは別種の，政府が市民の自由を制約するもう一つの理由になりうる。要するに，人々はただ生きるのではなく，善く生きるべきであって，そのためには政府が市民の生を何らかのかたちで先導する必要があるというのである。

　ここからは，**完成主義**（卓越主義とも表記される）と呼ばれる考え方まであともう一歩である。完成主義とは，私たちの生き方には価値の序列があり，したがって本人の意思に反しても共通の価値を促進する必要があるという考え方である。完成主義者は，ミルがそうしたほどに，大人の判断能力に全幅の信頼を置いていない。そこで，ミルの想定とは裏腹に，場合によっては大人に対してすらも，自由を制約せざるをえないかもしれない。この問題は，現代政治理論において**リベラル-コミュニタリアン論争**として主題化された。

政府の中立性

　そもそも，生き方の価値は人々の間で共通なのだろうか。自由主義社会の歴史を振り返ると，この問題に対して，リベラルはこれまで非常に慎重な姿勢を示してきた。それは，近代リベラリズムの出発点である 16～17 世紀の時代経験に遡る。当時のヨーロッパでは，宗教戦争の惨禍を経て，個人の思想・良心

の自由を尊重することの重大さが擁護された。たとえば，ジョン・ミルトン『言論・出版の自由』(1644年)，ロック『寛容についての書簡』(1689年) など，自由主義社会の礎となるような古典的著作が書かれている。

　この思想は，今日一般に**政府の中立性**と呼ばれている。政府の中立性とは，競合する多様な意見や好みを抱く人々の間で，政府はそのどれにも肩入れせず，第三者的立場を貫くべきだという考えである。もし政府が特定の生き方を善いもの（悪いもの）として促進（阻害）するなら，再び宗教戦争のような混乱を引き起こしてしまうかもしれない。ならば，国民に対して生き方を指図するのは政府の役割ではない。現代では，**ジョン・ロールズ**や**ロナルド・ドゥオーキン**などのリベラルな理論家が，政府の中立性に関して精緻な哲学的議論を組み立てている（Rawls 1999：ch. 21，ドゥオーキン 2012：第9章）。

　政府の中立性が重要となる理由は，それが文明を競争的に発展させたり，価値多元的社会で平和共存をもたらしたりする以外にも，本人の反省的選択それ自体に，選択内容とは別個の意義があるとする**自律**(オートノミー)の観点から説明できる。自律的人格とは，生の目的を自らに与える存在であり，与えられる存在ではない。ロールズの印象的な表現を借りれば，「自我は自我が確証・肯定する諸目的に先立つ存在」であり，「有力な人生目的でさえ，無数の可能性の中から選択されなければならない」のだ（ロールズ 2010：736）。

　それゆえ，各人の自律的選択を保障するために，自由主義社会の政府はその能力と機会に手出しすべきではない。この意味で，リベラルは少なくとも自律の一点に関しては，各人に共通の価値を見出しているといえる。ここで重要なことは，選択する能力である自律の価値と，その能力を行使して選択される対象の価値との間に，明確な一線を引くことである（スウィフト 2011：217）（付け加えると，ロールズはその後，政治的転回を経て，自律の価値を放棄したといわれることもある）。

リベラル-コミュニタリアン論争

　しかし，ロールズ『正義論』の出版（1971年）以降，リベラルの陣営が独自の発展を遂げる一方で，1980年代に入ると，コミュニタリアン（共同体論者）と呼ばれるリベラルに批判的な一団の思想家が注目されるようになる。それは

Column ❸ 消極的自由と積極的自由

　イギリスの政治思想史家アイザイア・バーリンは，「自由」概念の内実を消極的自由と積極的自由に区別した（バーリン 2000）。消極的自由とは非干渉としての自由のことであり，「〜からの自由」として定式化される。すなわち，国家や多数派の専制を廃し，個人が行いたいと思う選択を行うことのできる自由の「範囲」を問題にするものである。それに対して，積極的自由とは自己支配としての自由のことであり，「〜への自由」として定式化される。すなわち，個人の決定事項を最終的に司る源泉が何かという自由の「源泉」を問題にするものである。多くの政治理論家が自由について論じているが，その際彼らの念頭にあった自由概念は大きく異なることがありうるのである。

　これら2種類の自由概念は一見両立可能なように見える。しかしバーリンによれば，積極的自由はともすれば，消極的自由を否定さえするような意味内容に転化する場合があるという。積極的自由が理想とするところの自己支配という観念は，自由を実現する高次の自己と自由を阻害する低次の自己という序列関係を生み出してしまう。バーリンにとってこれが問題なのは，自由を実現

同時に，人々の道徳意識の低下や地域共同体の崩壊，核家族化やミーイズム（自己中心主義）の進行といった，諸々の社会問題に直面する当時の北米の時代状況を反映していた。コミュニタリアンは，こうした社会問題の背景の一端にはリベラリズムの思想があると考え，代わって「共同体」の意義を今一度再評価すべきであると訴えた。**マイケル・サンデル**，アラスデア・マッキンタイア，**チャールズ・テイラー**などが代表的論者である。

　リベラルは，人々の個々の生き方の善し悪しに関しては，本人が最善の判定者であると想定している。しかし，コミュニタリアンにいわせれば，人々がたまたまある生き方を選好したからといって，その生き方が善い生になるわけではない。一方で，芸術家の人生と農業者の人生のどちらに価値があるかは容易に判断しえないかもしれないが，他方で，酒に溺れる人生と溺れない人生のどちらに価値があるかは客観的に判断しうる。しかもそのことは，当のリベラル自身も実は受け入れているのである。

　一例を挙げよう。最近日本では，大麻や覚せい剤以外にも，いわゆる麻薬五

する高次の自己が，実際には国民や階級のような集合的実体へと容易にからめとられてしまうからである。こうなってしまうと，積極的自由の概念は，集合的実体に従うことこそが自由なのだという逆説を生み出し，個人や価値の多様性を否定する全体主義的傾向をもたらすことになってしまう。

　バーリンの自由論は，その後さまざまな吟味の対象となった。たとえばテイラーは，消極的自由に固執するバーリンを「マジノ線メンタリティ」に陥っていると批判し，代わりに自己実現や真正性といったロマン主義由来の観念に基づいて積極的自由を再評価する（Taylor 1979）。またクエンティン・スキナーは，バーリンの2つの自由概念において見落とされていた第3の自由概念を思想史的に発掘し，それを人の支配に代わる法の支配を意味する「ネオ・ローマ的理論」として提示する（スキナー 2001）。このように，おそらくバーリン自身の意図を超えて，2つの自由概念の区別は政治理論の論戦の拡大に多大な影響を与えている。

法によって規制されない危険ドラッグの規制が強化されている。しかしそもそも，こうした薬物使用を政府が規制する根拠は何だろうか。使い方次第で，他人を危険に巻き込むということなら，自動車や包丁の使用も同様である。少なくとも本人には何らかの効用がある以上，薬物使用が本人の利益に反するとも断言できないだろう。薬物使用は本人の健康を害するかもしれないが，健康第一が至上目的なら，同様に危険を伴う趣味やスポーツも法律で禁止すべきである。

　これらの理由を差し置いても，リベラルの観点では，薬物を法律で規制すべき明確な理由がある。それは，規制薬物が中毒性をもち，持続的使用によって自律的選択という共通の価値を蝕む可能性が高いことだ。だからこそ，自由主義社会の政府は，薬物規制はもちろんのこと，飲酒や煙草，ギャンブルのような中毒性の高い娯楽に対しては，特別な課税を設けるなど，負のインセンティブを通じて実質的に一定の方向づけを行っている。この意味で，政府が人々の生き方に中立的であるというリベラルの想定は，端的に事実に反しているとコ

ミュニタリアンは主張する。

4 リベラリズムの現代的展開

　こうして見てくると，リベラルの言い分に潜む根本的な疑問点が見えてくる。コミュニタリアンが主張するのは，結局のところ自由主義社会もまた，何らかの時点で共通の価値を認識し，その促進をめざしているのだから，政府はその共通の価値が何なのかを率直に示し，その是非を公共の場で討議すべきであるということだ（サンデル 2011：第10章）。こうした批判に対して，リベラルに残された選択肢は2つある。あくまでも政府の中立性を貫徹して完成主義を退(しりぞ)けるか，それとも完成主義を受け入れて政府の中立性を手放すか，である。

▎リバタリアニズム ▎

　第1に，可能な限り政府の役割を小さくすることで，個人の自由を最大限尊重しようとする**リバタリアニズム**の立場がある。リバタリアニズムは経済活動の側面や権利尊重の側面など，さまざまに定義できるが，ここでは単純に政府の中立性と反完成主義を極限まで徹底させる立場であるととらえておこう。要するに，政府はいつ何時も，たとえ本人の利益や共通の価値に反したとしても，個人の自由に干渉すべきではないとする。実際，一部のリバタリアンの提案は，個人の自由を至上価値とみなすがゆえに，薬物規制の撤廃にまで踏み込んでいる（ブロック 2011：106-112）。

　だからといって，殺人や強盗も含めて，本当に何でもかんでも自由になるわけではない。しかし，殺人や強盗を法律によって禁止することは，他者危害の防止という❷で述べた別の理由によって，説明することができる。リバタリアンにとって，犯罪が禁止されるのは犯罪が**不正**だからであって，それは生き方の**善し悪し**の価値判断とは別問題である。その限りで，法律による禁止それ自体は政府の中立性とは矛盾(むじゅん)しない（ノージック 1992：443-447）。

　とはいえ，原則的に無制約の自由を認めることは，個人にとって逆に過大な負担となるかもしれない。実際，薬物使用のような極端な場面に限らず，日常

生活の実に多くの場面で，個人は必ずしも自分の最善の利益をめざして行動しているとは限らないことが，行動経済学の知見などから明らかになっている。すると，個人の自由を最重視しつつも，何らかの方法で本人の利益に適うよう間接的に導く余地を認めてもよいだろう。この立場はリバタリアニズムとパターナリズムの中間に位置するもので，**リバタリアン・パターナリズム**と呼ばれている。

　たとえば，近年ではナッジと呼ばれる考え方が注目されている。「ナッジ」とは「肘(ひじ)でつつく」ことで，必ずしも合理的に行動するとは限らない人々の環境に間接的に手を加えることで（選択アーキテクチャー），特定の選択肢を自発的に選ばせようとする考え方である。たとえば，カフェテリアの食品陳列の工夫として，目線の高さや最初の並びなど，手にとりやすい場所にフライドポテトではなくサラダを置くことで，人々の食生活を自然とより健康的にすることができる（セイラー＝サンスティーン 2009：10-11）。選択の余地を残しつつも特定の選択肢に導こうとすることが，ナッジ戦略の肝である（→**10**章③）。

完成主義的リベラリズム

　第2に，リベラルの間でも，コミュニタリアンと問題意識を共有し，政府の中立性という伝統的原則を再考しようとする**ジョセフ・ラズ**のような立場がある（完成主義的リベラリズム）。もし自律的生に「私の勝手」を超えた共通の価値を見出すのであれば，自律を保障するためには，人々に対して選択の機会を保障したうえで，選択の能力をも保障する必要がある。それこそ自由主義社会にふさわしい政府の仕事である。その意味で，政府は中立的立場を超えて，正当な「権威」の立場を引き受けるべきなのである（ラズ 1996：第5章）。

　完成主義的リベラリズムはコミュニタリアニズムと何が違うのだろうか。一方で，コミュニタリアンは選択する能力の価値に加えて，選択される対象の価値に踏み込む。コミュニタリアンによれば，リベラルが想定する善い生は本質的に個人主義的であるが，それは狭隘(きょうあい)であり真の人間本性を反映するものではない。政治からの逃避は自由主義社会一般に見られる病理である。率直にいえば，自分自身に閉じた生き方よりも，共同体に参加し，その課題に協働して対処するような，公民的徳性を備えた生き方のほうが望ましいという（サンデ

ル 2010・11)。

　他方で，完成主義的リベラルが奉じるのは，自律といった個人主義的価値にとどまる。その自律を用いて各人が選択する生き方には，依然として多種多様な善い生が含まれる。個々の選択の中身に関して，政府がとやかくいう必要はない。この点でラズの完成主義は，同時に価値多元論とも結び付いている。ちなみにラズは，多数派の同化圧力に直面する文化的少数派に対して，自律に必要な本人の生き方の選択肢を保障するという観点から，第 **13** 章で取り上げる**多文化主義**を擁護している（ラズ 2000）。

信頼と懐疑の間

　どうやら，現代リベラリズム（の一部）は，宗教戦争の時代から遠く離れてしまったようだ。完成主義的リベラルがコミュニタリアンと一部共有するような，個人の価値判断への懐疑論は，転じて政府の価値判断への楽観論に転じやすい。とはいえ，近代リベラリズムの発想の原点は，個人と同様かそれ以上に，政府の価値判断にもまた疑問が付きまとうということであった。だからこそ，人格発展のような希望ではなく宗教戦争のような恐怖にその始源を見るジュディス・シュクラーは，「リベラリズムはまさに教育者＝国家に反対するためにはじまったのである」と強調するのだ（シュクラー 2001：132）。

　ところで，最近の日本政治では，国民投票法改正による投票年齢の引き下げにあわせて，成人年齢を 18 歳に引き下げることが政治の争点になっている。その場合，議論の方向によっては飲酒・喫煙の自由もより広がるかもしれない。もし読者の中に未成年の方がいたら，これ幸いと喜び勇む前に，そもそも政府が国民の自由を法律で制約することは正当なのか，正当だとすればその理由は何か，「自由」の意味を原理的に考え直してみてはどうだろう。そうすること自体が，自由主義社会の個人として生きるための格好の足掛かりとなるはずである。

SUMMARY ●まとめ

□ 1 社会契約説は，自然的自由を制約する国家政府に対して，私たちがなぜ従わ

☐ 2 ミルによれば，政府が市民的自由を制約してよい場合は，それが他人に危害を加える場合のみである。逆にいえば，明白な他者危害がない限り，市民は何であれ多様な生き方を尊重されるべきである。

☐ 3 近年ではコミュニタリアンが，客観的な共通の価値があるという前提から，政府の中立性を支持するリベラルに異を唱え，善い生き方を促進する役割を政府に認めている。

☐ 4 コミュニタリアンに対するリベラルの応答は 2 通りある。リバタリアンは政府の中立性を究極的に徹底する一方，完成主義的リベラルは自律の価値に関して，政府が中立的でないことを率直に認める。

EXERCISE ●演習問題

1. 個人の自由を政府が制約しうる理由についてまとめてみよう。
2. アメリカのティーパーティ運動について調べ，それがどのような理由で，どのような市民的自由を要求しているかを確認してみよう。
3. 生活の身近な場面で，知らず知らずのうちに，特定の選択肢に誘導（ナッジ）されていると思われる事例を挙げ，その是非について議論してみよう。

さらに学びたい人のために | **Bookguide** ●

スティーヴン・ムルホール＝アダム・スウィフト／谷澤正嗣・飯島昇藏訳者代表『リベラル・コミュニタリアン論争』勁草書房，2007 年。
　同論争について深く知りたい人はまずこの本を手にとってほしい。本章では詳しくふれられなかった，政治的転回以降のロールズ，ドゥオーキンやラズなども含め，現代リベラリズムの布置状況が概観できる。

クリストファー・ウルフ＝ジョン・ヒッティンガー編／菊池理夫・石川晃司・有賀誠・向山恭一訳『岐路に立つ自由主義──現代自由主義理論とその批判』ナカニシヤ出版，1999 年。
　ロールズ，ドゥオーキンに始まり，コミュニタリアンから完成主義まで，リベラリズム関連の現代政治理論を網羅的に紹介する。応用編として最適。

引用・参考文献 Reference

サンデル，マイケル／金原恭子・小林正弥監訳 2010・11『民主政の不満——公共哲学を求めるアメリカ』上・下，勁草書房（原著 1996 年）．

サンデル，マイケル／鬼澤忍訳 2011『これからの「正義」の話をしよう——いまを生き延びるための哲学』ハヤカワ文庫（原著 2009 年）．

シュクラー，ジュディス／大川正彦訳 2001「恐怖のリベラリズム」『現代思想』29 巻 7 号，120-139 頁（原著 1989 年）．

スウィフト，アダム／有賀誠・武藤功訳 2011『政治哲学への招待——自由や平等のいったい何が問題なのか？』風行社（原著 2006 年，初版は 2001 年）．

スキナー，クエンティン／梅津順一訳 2001『自由主義に先立つ自由』聖学院大学出版会（原著 1998 年）．

セイラー，リチャード＝キャス・サンスティーン／遠藤真美訳 2009『実践 行動経済学——健康，富，幸福への聡明な選択』日経 BP 社（原著 2008 年）．

ドゥオーキン，ロナルド／森村進・鳥澤円訳 2012『原理の問題』岩波書店（原著 1985 年）．

ノージック，ロバート／嶋津格訳 1992『アナーキー・国家・ユートピア——国家の正当性とその限界』木鐸社（原著 1974 年）．

バーリン，アイザィア／小川晃一・小池銈・福田歓一・生松敬三訳 2000「二つの自由概念」『自由論〔新装版〕』みすず書房（原著 1958 年）．

ブロック，ウォルター／橘玲訳 2011『不道徳な経済学——擁護できないものを擁護する』講談社＋α文庫（原著 1976 年）．

ホッブズ，トマス／水田洋訳 1992『リヴァイアサン』一，岩波文庫（原著 1651 年）．

ミラー，デイヴィッド／山岡龍一・森達也訳 2005『政治哲学』岩波書店（原著 2003 年）．

ミル，J. S.／塩尻公明・木村健康訳 1971『自由論』岩波文庫（原著 1859 年）．

ミル，J. S.／川名雄一郎・山本圭一郎訳 2010「功利主義」『功利主義論集』京都大学学術出版会（原著 1863 年）．

山岡龍一 2003「政治的自由」押村高・添谷育志編『アクセス政治哲学』日本経済評論社．

山岡龍一 2014「自由論の展開——リベラルな政治の構想のなかで」川崎修責任編集『政治哲学と現代』（岩波講座 政治哲学 6）岩波書店．

ラズ，ジョセフ／森際康友編訳 1996「権威と正当化」『自由と権利——政治哲学論集』勁草書房（原著 1985 年）．

ラズ，ジョセフ／飯田文雄訳 2000「多文化主義——リベラルな視角から」一，『神戸法學雜誌』49 巻 3 号，643-660 頁（原著 1994 年）．

ロック，ジョン／加藤節訳 2010『完訳 統治二論』岩波文庫（原著 1690 年）．

ロールズ，ジョン／川本隆史・福間聡・神島裕子訳 2010『正義論〔改訂版〕』紀伊國屋書店（原著初版 1971・改訂版 1999 年）．

Rawls, John 1999, *Collected Papers*, Samuel Freeman, ed. Harvard University Press.

Taylor, Charles 1979, "What's Wrong with Negative Liberty?" Alan Ryan ed., *The Idea of Freedom: Essays in Honour of Isaiah Berlin*, Oxford University Press.

CHAPTER 第4章

どうして助け合わなければいけないのか？

分配的正義論

INTRODUCTION

　「累進課税」というしくみを知っているだろうか。所得税など，課税の対象額が高くなるほど，それに応じて税率も高くなるという制度のことである。たとえば現在の日本では，195万円以下の所得金額には5%，それを超えて330万円以下の所得金額には10%，それを超えて695万円以下の所得金額には20%と，税率そのものが段々と上昇し，4000万円超の所得金額には45%もの所得税が課されることになる（2017年1月時点）。こうした超高額所得者の場合，収入の半分近くを税金として支払わなければならないのである。

　こうして集められた税金（もちろん所得税以外にもいろいろある）を原資として，政府や自治体はさまざまな公共サービスを国民に提供する。中でも，現在の日本で支出の割合が高いのは，医療，年金，福祉，介護などに充てられる社会保障費で，近年では国の財政における歳出の30%を超えている。その結果，2014年に厚生労働省が実施した所得再分配調査によると，一社会における世帯所得の格差を示すジニ係数は，課税前の当初所得と課税後の再分配所得を比較すると34.1%縮小しているという（厚生労働省『平成26年 所得再分配調査報告書』）。

　要するに，日本の税制と公共サービスのしくみは，政府や自治体の施策を通じて，もてる者からもたざる者へと国民の財を再分配する機能を果たしているのだ。こうしたしくみは，日本だけでなく大半の先進諸国が多かれ少なかれ備えている。すると，次のような素朴な疑問が思い浮かぶだろう——再分配の負担者は，自分の懐を痛めてまで，一体なぜ見ず知らずの受益者を助ける必要があるのか。この

問いを原理的にとらえなおそうとするとき，私たちはすでに「分配的正義」論の領域に足を踏み入れている。

1 各人に各人のものを

　分配的正義論の主題は，社会活動において生じるさまざまな便益や負担について，「誰が，何を，どのくらい，なぜ，受け取るのか」を考えることである。日本語の「正義」という言葉には，ヒーロー物や英雄譚のような勧善懲悪のイメージが付きまとうが，ここでいう分配的正義とはもう少し厳密な意味である。古代ローマ期のキケロやウルピアヌスはそれを，「各人に各人のものを（Suum cuique）」と定式化した。個人は（良かれ悪しかれ）それぞれ何らかのふさわしさを備え，そのふさわしさに応じて事物が割り当てられることが，分配的正義の原初的な意味である。

4つの分配原理

　分配的正義の中身は複数考えられるが，その中でも典型的なものとして，以下4つを挙げてみよう。すなわち，①「実績に応じて」（実績原理），②「努力に応じて」（努力原理），③「必要に応じて」（必要原理），④「全員均等に」（均等原理）である。**実績原理**は，各人が実際にあげた貢献の度合いによって，**努力原理**は，各人が費やした労力の度合いによって財を分配する。**必要原理**は，その人の個人的なニーズに合わせて財を分配する。**均等原理**は，個人的な事情を考慮することなく，手持ちの財を頭数で均等に分配する。

　はじめに①②と③④を以下のように分類しよう（ノージック 1992：260-263）。第1に，①実績原理と②努力原理は，現在の分配状況の正否を判断するにあたり，それがどのような過程で生まれたかを問題にする（歴史的原理）。たとえ

ば、30の総量のうち、個人aが20の取り分を、個人bが10の取り分を受け取ることが正当であるとすれば、それはaがbの2倍の実績をあげた、あるいは2倍の努力を重ねたからである。分配状況の正否は、その現時点を考慮するだけでは判断できない。すなわち、分配的正義の情報的基礎は最終結果よりも経緯に置かれている。

　第2に、③必要原理と④均等原理は、結果的な財の分配状況が、個人の必要を満たしているか、あるいは各人で均等であるかどうかによって、その分配状況が正しいか正しくないかを判断する（結果状態原理）。たとえば、30の総量のうち、aとbが同じく15の取り分を受け取ることが正当であるとすれば、それはaとbのニーズが同等である、あるいは頭数で均等であるからである。分配状況の正否の判断は、その現時点を考慮するだけで十分である。すなわち、分配的正義の情報的基礎は経緯よりも最終結果に置かれている（図4.1）。

4つの分配原理の内実

　歴史的原理について、さらに補足しておこう。同じく分配状況が生まれる経緯を考慮に入れるが、①実績原理と②努力原理は互いに異なる。たとえば、何らかの企画に参加した人々の報酬額を決定する場合を考えてみよう。一方で受け手の実績を重視した場合、報酬額は、営業成績など、企画の成功に対して直接的にどれだけ寄与したかによって判断されることになる。他方で受け手の努力を重視した場合、報酬額は、勤務時間など、（企画の成功には直結しなかったかもしれないが）本人の労力や意欲も考慮に入れて判断されることになる。

　こうした違いはあるが、実績原理と努力原理はどちらも、最終結果に至るまでの経緯を考慮に入れる点で、その経緯を形作る各人の責任と深く結び付いている。実績をあげたのもあげなかったのも、あるいは努力を重ねたのも重ねなかったのも、本人の主体的な意志による選択であり、本人がその結果に責任を

負うべきである。各人が結果的に受け取る取り分は，各人自身がそれまで選んできた行為に比例する。こうした考え方は，功績(デザート)あるいは真価と呼ばれてきた。その一般的形式は，以下のような三項関係をとる（Miller 1999：133）。

　　　　主体Aは，活動あるいは業績Pに基づいて，便益Bに値する(デザーブ)

　結果状態原理についても，いくつか述べておこう。③必要原理は，健常であるとか，高齢で働けないとか，乳幼児がいるとか，その人の個人的なニーズに合わせて，財を分配する。これは，「各人がその才能に応じて働き，その必要に応じて受け取る」というマルクス主義の標語によって有名だろう。④均等原理は，個人的な事情を考慮することなく，手持ちの財を一律均等に分配することである。これは一見すると乱暴な考えだが，たとえば政治権力（投票権）のように，その人の個人的資質をあえて考慮せず一律均等に分配することが適切な場合もある。

誰が何に「値する」か

　さて，これら4つの分配原理のうち，どれが最も説得的である，あるいは共感できると考えられるだろうか。興味深いことに，社会学者が行ったある意識調査の結果によると，一般的な資源配分原理としては，日本では相当多数の人が，①実績原理あるいは②努力原理を支持していた（佐藤 2000：第1章）。実績と努力のどちらに重きを置くかについては，本人の性別や学歴，職種に応じて程度の差があるものの，③必要原理，④均等原理は総じて全く人気がない。どうやら，現代日本人の意識には「功績」の観念が強固に根づいているようである。

　ただし，これだけで話が終わるわけではない。なぜなら，何が本人に真に「値する(デザーブ)」かという問いは，考えれば考えるほど一筋縄ではいかなくなるからである。血のにじむような長年の練習の結果，巨額を稼ぐようになったプロ野球選手がいるとしよう。その選手はその収入に値するだろうか。もし同じ人が病弱な家系に生まれていたら，同じ努力を続けても同じ成功を収めただろうか。野球の才能が巨額の収入につながるような国と時代にたまたま生まれたことは，その人の実績だろうか。こうした問いについて考察を進めるために，次にジョ

ン・ロールズの分配的正義論を見てみよう。

 ロールズの分配的正義論

　ロールズの正義論は，平等な自由原理（第1原理），公正な機会均等原理と格差原理（第2原理）からなる正義の2原理によって知られているが，ここでは特に分配的正義と関連の深い格差原理を集中的に取り上げよう。**格差原理**とはその名の通り，ある状況下で不平等（格差）が存在することを容認する原理である。具体的に，「社会的・経済的不平等は，最も不遇な人々の最大の便益に資するように編成されなければならない」ことを命じている（ロールズ 2010：403）。ここには2つの論点がある。すなわち，格差原理が何を含意するのか，そして格差原理が正当かどうかということである。

格差原理の含意

　正義の第1原理が基本的諸自由のあり方を規定するのに対して，正義の第2原理は経済的有利性のあり方を規定する。ロールズは，格差原理を含む第2原理が対象とする経済的有利性の指標として，（生涯的に期待される）所得を考えている。すると，格差原理が特定する「最も不遇な人々」とは，何らかの社会的・自然的偶然性によって生産性をもたない人々となるだろう。そこで，最も不遇な人々の便益を最大化するために，ひとまず各人の取り分を，生産性の高い者と低い者との間で均等に分配してみよう。これが基準点である（この分配状況を D1 と呼んでおく）。

　しかし，各人の生産的貢献の大小にかかわらず，均等に取り分が分配される平等主義社会であるならば，生産性の高い者は労働意欲を失い，結果的に社会全体の利益が減少するだろう。それは，再分配の恩恵に与る生産性の低い者にとっても不都合である。逆に，生産的貢献に応じた不平等な取り分が認められるなら，生産性の高い者は労働意欲を取り戻し，結果的に社会全体の利益が増大するだろう。それは生産性の高い者と低い者の間の格差を広げる。しかしそれでも，社会全体の利益が増大することで，不平等な取り分を認めない状態と

CHART 表 4.1 格差原理における各人の取り分

	D1	D2
生産性の高い者の取り分	10	50
生産性の低い者の取り分	10	20

比較すると，生産性の低い者の立場は絶対的に改善する（この分配状況をD2と呼んでおく）。

　それゆえ，最も不遇な人々，すなわち生産性の低い者の取り分を最大化するような不平等の存在を認めることは，生産性の高い者にとっても，低い者にとっても都合がよい（表 4.1）。すなわちこれは，経済学においてパレート改善と呼ばれる状態である。「もし一定の富の不平等と職権の格差とを介して，めいめいの暮らし向きが仮説的なスタート地点よりも改善されるのであるなら，そうした不平等と格差は前述した一般的な構想と合致するものと言える」（ロールズ 2010：87）。こうしてロールズは，最も不遇な人々が最大の便益を資することを命じる格差原理から，一定の条件の下で不平等（格差）を容認する。

　格差原理は基準点（D1）こそ均等原理と同じだが，取り分が等しいことそれ自体に格別の意味を見出してはいない点で異なる。一方で均等原理は，生産性の高い者と低い者との間の相対的平等を重視して，D2 よりも D1 を選好するだろう。他方で格差原理は，相対的格差の存在如何にかかわらず，生産性の低い者の絶対的水準を重視して，D1 よりも D2 を選好する。両者のこうした違いは，近年，**平等主義**対**優先主義**の論争として，平等論の俎上に載せられている（広瀬 2016：第 4 章）（→Column ④）。ロールズの格差原理は，厳密にいえば相対的比較に基づく平等主義的要素も残るものの，優先主義の一種であると解釈できる（Parfit 2000: 116-121）。

　格差原理を具体的に制度設計するならば，どうなるだろうか。第 1 にロールズが提案するのが，累進税率を含んだ相続税と贈与税である。これは所有（財産）の分散を促進し，自由の公正な価値や公正な機会均等にも寄与するだろう。第 2 に，他の正義原理との整合性ならびに効率性の観点から，所得ではなく消費に課される定率の支出税が提案される。とはいえ，これらの制度設計は個別の政治判断に付される案件であり，「現行の諸制度の不正義を鑑みれば，急勾

> **Column ❹ 平等主義，優先主義，十分主義**
>
> 　不平等是正や経済的再分配の要請は，実は複数の異なった理論的観点に立脚している可能性がある。第1に，人々の相対的格差を縮めることそれ自体に関心をもつ平等主義がある。第2に，より不遇な人々の絶対的な水準を改善することに関心をもつ優先主義がある。第3に，すべての人々が一定の閾値(いきち)以上の水準にあることに関心をもつ十分主義がある。これらの立場は，結果的には同じく経済的弱者への再分配を求めることが多いため，これまではっきりと区別されてこなかったが，いくつかの場合では相反する結論を導く可能性があるため，概念的に区別することが有益である。
>
> 　平等主義と優先主義・十分主義は，人々の相対的格差を問題視するか，もしくは一部の人々の絶対的水準を問題視するかによって区別される。とりわけ前者に対しては，「水準低下」と呼ばれる事態の是非が問われてきた。不遇な人々の境遇を改善しないまま，恵まれた人々の境遇だけを悪化させれば，結果的に社会内の相対的格差は（下向きに）縮小するだろう。しかし，こうした「出る杭を打つ」ような方策がはたして望ましいといえるだろうか。逆に，不遇な人々の絶対的水準を問題視する立場に立てば，こうした事態を望ましいと判断することはない。
>
> 　次に，同じく一部の人々の絶対的水準を問題視するにもかかわらず，優先主義と十分主義は次の事例において意見を異にする。一定の閾値をはるかに下回る個人 a と，わずかに下回る個人 b がいるとしよう。残念ながら，私たちの手元には個人 a を閾値以上の水準に押し上げるだけの資源はない。一方で優先主義の考えでは，それでもより不遇な境遇にある個人 a に資源を振り分けるのが正しいということになるが，他方で十分主義の考えでは，一定の閾値を上回る可能性の高い個人 b に資源を振り分けるのが正しいということになる。さて読者諸氏には，これらの理論的観点のうち，どれが最も説得的に思われるだろうか。

配の累進所得税であろうとも……正当化されないものではない」とも付け加えられている（ロールズ 2010：372-374）。

　巨額を稼ぐプロ野球選手の事例に戻ろう。もしその収入をひたすら再分配に回し，選手のもとには最低限の手取りしか残さなければ，確かに分配の均等性そのものは改善する。しかし，そのような過酷な課税政策は，働いても働かなくても結局手元には大して残らないのだから，選手の労働インセンティブを損

ない，課税総額を減少させる結果になるかもしれない。才能に優れた選手がその才能をみすみす発揮しないことは，誰の望むところでもない。そこで，本人に一定の（たとえば収入の半分程度の）手取りを残すことは，不平等（格差）の温存になるとしても，再分配の受益者・負担者双方にとって理に適っている。

格差原理の正当化

　しかし，プロ野球選手のような再分配の負担者は不平不満をもつだろう。そもそもなぜ自分たちが，「最も不遇な人々の最大の便益に資する」ことを命じる格差原理に従う必要があるのだろうか。自分たちは受益者とは異なり，その取り分を，自らの実績や努力など，まっとうな経緯を経て得てきたのである。その結果としての各人の取り分に政府が事後的に手を加えるなら，それこそ正義に反することになる。こうした異論に対して，ロールズが展開する格差原理擁護論は2種類ある。一つは功績に基づく議論であり，もう一つは正統な予期に基づく議論である。順に確認してみよう。

　第1に，格差原理は功績の観念に即して，正当化されるかもしれない。推論は以下のように進む。各人が現実に受け取る取り分の不平等の大半は，家柄，才能，意欲など，究極的には本人の選択の結果ではない社会的・自然的偶然性によって引き起こされている——すなわち，道徳的観点からは根拠がない（ロールズ 2010：第12節）。実績や努力を支える本人の意欲や勤勉さえも，元をたどれば幸運の産物にすぎない。したがって，誰もが自分の取り分に対して，実はそれに「値しない」。そこで，労働インセンティブがぎりぎり残る範囲で取り分を没収されても，誰も文句をいう資格はない。元をただせば，その取り分ははじめから本人のものではなかったのである。

　確かにロールズは，端々で功績の観念に依拠しているような論じ方をする（ロールズ 2010：140）。そこで，擁護されるにせよ批判されるにせよ，彼の議論がしばしばその筋で解釈されることも故ないわけではない（キムリッカ 2005：第3章；サンデル 2009：第2章）。ただし，このような解釈は，実はロールズ正義論全体の方向性とあまり折り合いがよくない。一方で功績の観念は，実績や努力といった個人の性質に基づいているのに対して，他方で格差原理は，「最も不遇な人々」をはじめから集団として指示しているからである。それどころ

かロールズは,「功績に報いるという理念は実行不可能である」とさえ明言している(ロールズ 2010:415)。

そこで,第2の格差原理擁護論に移ろう。ロールズの正義論は全体として,個々の分配状況をその都度改善するよりも,個々の分配状況を生み出すような社会システムを構築するために提示されている。ロールズによれば,社会とは**社会的協働**のシステムであり,正義原理とはその便益と負担を定める分配のルールである(ロールズ 2010:第1節)。格差原理は,生産性の高い者も低い者も含めて,社会的協働に参加する誰もが「正統な予期」と想定するものを保障する。そうすることで,格差原理は人々が社会的協働に必要な相互性や自尊心の感覚を維持することに寄与するのである(ロールズ 2010:第48節)。

「社会的協働」とは彼独特の言い回しだが,要するに私たちの暮らし向きは,孤立して生きるよりも社会内で生きるほうが総体的により良くなるということ,その意味で私たちは自足しているのではなく,他者に依存しているということである。たとえば,高給を稼ぐプロ野球選手の暮らし向きは,選手ほどの野球の才能は持ち合わせないが,野球を愛し,試合観戦を楽しみにする多くのファンの存在によって初めて成り立っている。人々が自力でなしえたと考えがちな物事のほとんどは,実はこうした社会生活における他者の存在を前提にしているのである。

3 運の平等主義とその批判

これまで説明してきたように,ロールズにとって,格差原理の核心は,個人の帰責性を重視する功績の観念にあるわけではない(メイペル 1996:第2章)。しかしながら,彼本人の意図はともかく,ロールズ以降の分配的正義論の展開は,むしろ功績の観念を精緻化するような方向に沿って進められてきた。その中で1980年代以降に生まれた理論枠組みが,(論者によって相当な意見の違いは存在するが)**運の平等主義**と呼ばれる考え方である。以下では,その概要とそれに対して向けられる批判について見てみよう。

運の平等主義

　運の平等主義は3つの想定から成る（Stemplowska 2013）。第1に，何らかの形態の平等が正義の要請の中心にあるということ。第2に，選択の結果による出費は，（良くも悪くも）本人に帰責するということ。第3に，運命の産物による出費は，本人に帰責しえないということ。そこで，真の平等処遇とは，選択の結果については本人に責任を追及しつつも，運命の産物については不運を中和するような施策をとることである。そうすると決定的な点は，何が選択の結果と考えられ，何が運命の産物と考えられるかということである。

　一例を挙げよう。高価なワインを楽しむために毎週100ドルを費やす人と，生まれつきの病気を抑えるために高価な薬に毎週100ドルを費やす人に対して，私たちは異なった感じを抱く。なぜだろうか。一つの説明はこうである。一方で前者は本人が統制可能な選択に基づく費用であるのに対し，後者は本人が統制不可能な運命に基づく費用である。私たちは直観的に，前者には公的助成があるべきではないが，後者には公的助成があるべきだと感じる。こうした道徳的直観が，個人の責任の有無と範囲を明確化するための手がかりの一つになる。

　具体的に，運の平等主義者の主張を見てみよう。**ロナルド・ドゥオーキン**は，ロールズの格差原理が，「最も不遇な人々」という集団に注目し，逆に個人の帰責性を等閑視しているとして，後者の範囲を明確に引き直すために，分配的正義論を「選択に敏感」である一方，「運命に鈍感」であるような方向に展開する（ドゥウォーキン 2002：157-163）。その結果が本人の責任に帰せられる選択の結果とは異なり，運命の産物から生じる不平等な効果は，それに対処するために人々が加入するであろう仮想的な保険市場において決定される金銭的補償によって是正されなければならない。累進的な所得税が，その現実世界における代替案として示されている（ドゥウォーキン 2002：140-143）。

　別の論者は，選択の結果の中にも，意図的に身につけた嗜好と非自発的に身についた嗜好との間には違いがあり，後者については本人に帰責性を負わせるべきではないと考える。たとえばジェラルド・A．コーエンは，高価な機材を必要とする写真家への願望のような，それ自体は本人の選択とはいえない嗜好もありうると示唆している（Cohen 1989: 921-924）。もしこの考えに沿って選択

／運命の線引きを行うならば，結果的に許容される不平等の余地はいっそう狭くなり，許容されない不平等の余地はいっそう広くなるだろう。一見すると，選択の結果と運命の産物を峻別し，後者に公的助成を要請する運の平等主義は，再分配の受益者にとって有利に働くように思われる。

運の平等主義批判

　しかし他方で，運の平等主義は，まさにその理屈が内包する問題点によって批判されている。すなわち，平等処遇の一環として不運を中和するというアイデアそれ自体が，受益者に劣等感を植え付けてしまうという批判である（Anderson 1999）。**エリザベス・アンダーソン**は，運の平等主義において，本人の選択によってはどうにもならなかった運・不運という観点が再分配の根拠になっている点に注目する。すなわち運の平等主義は，再分配の受益者が不運な存在であるとみなすことを，その理論的出発点にしている。

　アンダーソンによれば，これは再分配の受益者に対して以下のようなメッセージを送っているに等しい。「愚かで才能に恵まれない方々へ。運の悪いことに，あなたが生産システムで提供するわずかながらのものに他の人は価値を見出していない。……あなたがそのように才能に恵まれずに生まれたことは不運であるため，私たち生産的な存在はその埋め合わせをしたいと思う」（Anderson 1999 : 305）。不運な存在としての受益者は，自分の劣等性を自認し，しかも社会一般にそれを認めさせることによってしか，再分配を受けることはできないというのである。

　アンダーソンは運の平等主義に含意されるこの提案に異を唱える。運の平等主義の理屈は，その狙いはともかく，実践的帰結としては，平等処遇の発想と根本的に矛盾している。なぜなら，それは受益者を「哀れみ」をもって処遇することを意味しているからである。運の平等主義は一部の人々を劣等者とみなすという救貧法的視点を隠しもっている。それは，人々の本来的な等価性を基礎にするというよりも，逆にそれを脅かしてしまっている。

　「どうして助け合わなければいけないのか」——この出発点の問いに対して，政治理論家は「分配のパラダイム」を駆使しながら，分配状況の正不正を精緻化することで答えようとしてきた（Young 1990: ch. 1）。しかしその取り組みは，

以上のように厳しい批判に晒(さら)されてもいる。従来の分配的正義論は平等論の根本課題を見誤ってきた。その根本課題とは，厳密な帰責性の追求でもなければ不運の中和でもなく，人々の社会的地位に適切な承認を示すことである。こうした平等論内部の発想の転換は，関係論的平等主義と呼ばれて独自の理論的発展を遂げている（木部 2015）。

「分配のパラダイム」を超えて？

とはいえ，分配のパラダイムと社会関係のパラダイムが常に二律背反であるわけではない。そもそも，分配的正義が唯一の正義ではないからである。たとえば，その選択の如何を問わず，困窮した人々に無差別に手を差し伸べる人道的正義もまた，分配的正義の充足と並んで私たちの道徳的直観を構成する一要素である。このように，私たちが従うべき正義構想の多元主義を認めるならば，運の平等主義批判は確かに一面的すぎるといえるだろう——しかしその場合，次に問われるべきは，複数の正義構想をどう使い分けるかという問題である（井上 2016）。

さらに，運の平等主義を貫徹することが，批判者がいうように，再分配の受益者を劣等者として扱い，その社会的地位を格下げすることになるかどうかも，実は経験的には未決の問いである（Knight 2009: ch. 4）。あるいは私たちは，分配を通じた承認の可能性を考えることもできるだろう（フレイザー＝ホネット 2012）。私たちは，他人と平等な社会関係を構築するためにこそ，一定の経済的再分配を必要とするかもしれない。

ちなみにアンダーソンは，運の平等主義に代わる分配原理として，社会的地位の承認に必要な生活上の最低限の閾値を設定し，選択や運命の如何にかかわらず，万人がその閾値以上を保障されるべきだと提案している（Anderson 1999: 326-327）。こうした考え方は，前節で言及した平等主義とも優先主義とも異なる，**十分主義**と呼ばれる第三極として，近年さまざまな角度から検討に付されている（広瀬 2016：第5章）（→Column ④）。

ともあれ，こうした近年の理論的展開が，本章の出発点の問いに対する適切な答えを提供できているかどうかは，折にふれて立ち戻る必要があるだろう。分配的正義をめぐる政治理論は，こうして課税政策や社会保障政策のような身

近な政策課題とも直結しているのである。

SUMMARY ●まとめ

- □1 分配的正義とは「各人に各人のものを」として定式化される。その中でもよく知られた考え方は，実績原理や努力原理など，受け手本人の功績を重視する分配原理である。
- □2 ロールズの分配的正義（格差原理）は，もてる者からもたざる者への手厚い再分配を支持するが，その理由は功績と正統な予期の2つから導かれうる。
- □3 分配的正義論は1980年代以降，運の平等主義として精緻化されてきたが，その是非については論争もある。

EXERCISE ●演習問題

1. 「実績原理」「努力原理」「必要原理」「均等原理」のうち，どのような財の取り分について，どのような分配原理がふさわしいかを議論してみよう。
2. ロールズの格差原理は「労働インセンティブ」の存在を前提にしていたが，これが本当に正しいかどうかを，他国の所得税の事例も調べながら考えてみよう。たとえば，高額所得者への累進課税は何％とするのが適切だろうか。
3. 運の平等主義に基づく再分配が，受益者を本当に劣等者として扱うことになるかどうかについて，受益者本人の立場に立って議論してみよう。

さらに学びたい人のために　　　　　　　　　　　　　　　　　**Bookguide ●**

デヴィッド・メイペル／塚田広人訳『社会的正義論の再検討』成文堂，1996年。
　理論の「精確性」を独自の切り口として，ロールズ，ドゥオーキンに続く現代政治理論における分配的正義論の展開を手際よく紹介している。

デイヴィッド・バウチャー＝ポール・ケリー編／飯島昇藏・佐藤正志訳者代表『社会正義論の系譜——ヒュームからウォルツァーまで』ナカニシヤ出版，2002年。
　こちらは分配的正義論の発展版として，より幅広い時代とトピックを網羅している。国際，環境，人種，民主主義，コミュニティなど。

引用・参考文献　　　　　　　　　　　　　　　　　Reference

井上彰 2016「運の平等と個人の責任」後藤玲子編『正義』ミネルヴァ書房。

木部尚志 2015『平等の政治理論──〈品位ある平等〉にむけて』風行社。

キムリッカ，ウィル／千葉眞・岡崎晴輝訳者代表 2005『新版 現代政治理論』日本経済評論社（原著2002年，初版は1990年）。

佐藤俊樹 2000『不平等社会日本──さよなら総中流』中公新書。

サンデル，マイケル／菊池理夫訳 2009『リベラリズムと正義の限界〔原著第2版〕』勁草書房（原著1998年，初版は1982年）。

ドゥウォーキン，ロナルド／小林公・大江洋・高橋秀治・高橋文彦訳 2002『平等とは何か』木鐸社（原著2000年，初版は1998年）。

ノージック，ロバート／嶋津格訳 1992『アナーキー・国家・ユートピア──国家の正当性とその限界』木鐸社（原著1974年）。

広瀬巌／齊藤拓訳 2016『平等主義の哲学──ロールズから健康の分配まで』勁草書房（原著2015年）。

フレイザー，ナンシー＝アクセル・ホネット／加藤泰史監訳 2012『再配分か承認か？──政治・哲学論争』法政大学出版局（原著2003年）。

メイベル，デヴィッド／塚田広人訳 1996『社会的正義論の再検討』成文堂（原著1989年）。

ロールズ，ジョン／川本隆史・福間聡・神島裕子訳 2010『正義論〔改訂版〕』紀伊國屋書店（原著1999年，初版は1971年）。

Anderson, Elizabeth 1999, "What Is the Point of Equality?" *Ethics*, 109(2): 287-337.

Cohen, Gerald. A. 1989, "On the Currency of Egalitarian Justice," *Ethics*, 99(4): 906-944.

Knight, Carl 2009, *Luck Egalitarianism: Equality, Responsibility, and Justice*, Edinburgh University Press.

Miller, David 1999, *Principles of Social Justice*, Harvard University Press.

Parfit, Derek 2000, "Equality or Priority?" Matthew Clayton and Andrew Williams eds., *The Ideal of Equality*, Macmillan: 81-125.

Stemplowska, Zofia 2013, "Luck Egalitarianism," in Gerald Gaus and Fred D'Agostino eds. *The Routledge Companion to Social and Political Philosophy*, Routledge.

Young, Iris M. 1990, *Justice and the Politics of Difference*, Princeton University Press.

第 5 章

あなたも「不正義」に加担している？
グローバル正義論

INTRODUCTION

　2015年以降，内戦の戦渦を逃れてヨーロッパに移住を希望するシリア難民の受け入れ問題がメディアを騒がせている。2011年に始まった，シリアでのアサド政権側と反政府政権側の武力衝突は，その後IS（イスラーム国）の域内台頭や欧米諸国の武力介入もあり，泥沼の内戦状況に陥っている。こうした中，受け入れを求めてヨーロッパ諸国の国境に殺到するシリア難民に対して，一部の国は強硬に国境を閉鎖し，水や催涙ガスを浴びせたことで，国際的な論議を巻き起こした。

　シリア難民の事例は，世界の人々が置かれている収入，健康，寿命，幸福など，境遇上の圧倒的な不平等を示す一例にすぎない。その実態は驚くべきものである。1日1ドル未満で暮らす「極度の貧困」層は，世界中でいまだに5人に1人，すなわち12億人いる。16億人が飲料用の水を利用できず，8億人が保健医療サービスを受けられず，その一方で，全世界の消費支出の86％は先進国に住む20％の人々によって消費されている（国連開発計画ウェブサイトより）。

　第3章でもふれたように，近代社会は「人は，自由かつ権利において平等なものとして出生し，かつ生存する」（フランス人権宣言第1条，傍点は筆者）という普遍的人権思想を建前とする。しかし実際の私たちは，国境のどちら側に生まれ，○○人と呼ばれるかという一時の偶然が，その人の一生を劇的に左右することを，日々のニュースを通じて十分に知っている。このように，同じ人間が国籍の違いによってかくも不平等な立場に置かれることを，はたして正義は許容する

のか——これが本章で取り上げたい問いである。

1 積極的義務からの議論

　グローバル正義論は最近の政治理論を彩る一大研究分野だが，そもそも「グローバル正義」という問いの設定それ自体にピンとこない読者もいるかもしれない。確かに，現在の国際社会においても，各国の政府開発援助（ODA）や国連などを通じた国際支援の取り組みは存在する。しかしそれは，実施すれば道徳的に称賛される慈善の問題にすぎず，実施しなければ道徳的に非難される正義の問題として理解されているとはいえない。おそらくその最大の要因は，グローバルな不平等への対処が，国内社会のそれと同等の優先順位をもつとはみなされていないからである。

　そこで，グローバル正義の問題群としてはじめに生じる問いは，同国人の貧困と外国人の貧困を区別し，前者を後者よりも優先する二重基準の是非である。確かに，国際社会でも貧困者はいるが，それは国内社会でも同様である。国内の貧困者を差し置いて，私たちの税金をどこかの見知らぬ他人の支援に向けることなどあってはならない，というわけである。他国で起きている貧困は，確かに痛ましい出来事ではあるけれども，結局のところ私たちとは直接関係のない他人事にすぎない。地球の裏側に住む外国人の貧困が，なぜ私たちに支援する義務を負わせることになるのだろうか。

　一般的に，他者に対する義務は**積極的義務**と**消極的義務**に区別される。一方で積極的義務とは，「他者にとって何らかのよいこと（ためになること）を為す」義務であり，他方で消極的義務とは，「何か悪いこと（ためにならないこと）をしないよう私たちに要求する」義務である（ロールズ 2010：154）。貧困国に対して害をなさない消極的義務については本章後半で立ち返るとして，以下ではまず，貧困国に対して益をなす積極的義務を取り上げよう。

功利主義的議論

ピーター・シンガーは,現在のグローバル正義論に当たる議論を,かなり早くから展開してきた。その骨子は次のようなものである。私たちが池で溺れている子どもを見たとき,衣服が汚れるのを気にして,助けられるのに飛び込んで助けにいかないのは不正である。同じ状況は,国際社会でも生じている。イギリス連邦の加盟国であったバングラデシュで人道的危機が生じていた1971年,イギリス政府は巨額を投じて高速旅客機を共同開発していた。イギリスのような富裕国が一定の支援金さえ拠出すれば,バングラデシュのような途上国で生じている人道的危機の相当部分を解決することができるとき,そうしないのは不正である(Singer 1972: 229-231)。

これは,シンガーが依拠する**功利主義**から論理的に導き出される帰結である。功利主義は私たちの行為や政策が「最大多数の最大幸福」に資することを要請する。ところで,事物の所有が私たちにもたらす限界効用は,所有量が増えるに連れて逓減することが知られている(限界効用逓減の法則)。そこで,事物がもてる者からもたざる者へと再分配されるに従って,全体としての幸福量は増大するだろう。ゆえに,恵まれた国が些細な贅沢を我慢することで,恵まれない国の窮状を大幅に改善できるなら,それを行うことは道徳的義務である。

シンガーのグローバル正義論は,前提からして国内と国外の二重基準を排している。功利主義が情報的基礎とする効用や幸福に国籍はない。誰の幸福であっても,1は1だし,100は100である。物理的・心理的な近さは,支援の是非を考えるにあたり,考慮に入れる必要もないし,入れるべきでもない。それどころかシンガーは,功利主義の立場から,人間の幸福と動物の幸福に垣根を設けること(種差別主義)にすら反対し,一種の動物解放論を展開している(シンガー 2011)。

以上の功利主義的議論については,それが支援国側に対して過大な負担を押し付けるとの批判がある。シンガーの議論を敷衍すれば,人々は自分がそうすることによって相手と同じ水準に至るまで支援を続けるべきだということになるが,すると私たちは,世界中のすべての子どもが大学に行けるようになるまで,わが子を大学に行かせたりする「贅沢」さえ許されなくなってしまうだろ

う。ただしシンガーは，のちにその「達人倫理」的な要求水準を切り下げ，理論の受容可能性を見込めば自分の子どもを他人の子どもよりも優先する場合があることを認めている（シンガー 2014：第8章）。

ケイパビリティ論

アマルティア・センやマーサ・ヌスバウムは，功利主義とは別の観点から，国際支援の積極的義務の論拠を提示している。その中心的主張は，人々は誰もがケイパビリティへの権原を保持しており，それを下回る状況を放置することは不正義を生み出すというものだ。**ケイパビリティ**（潜在能力）とは，人間が人間らしく尊厳をもって生きるために必要な選択肢の幅のことである。たとえば，「生命・寿命」「健康」「感情」「実践理性」「連帯」「遊び」など 10 のリストが――包括的ではなく最小限のそれとして――挙げられている（ヌスバウム 2005：92-95；2012：90-92）。

ケイパビリティ論の出発点は，開発についてセンが主張した議論に遡る（セン 2000）。それまでは開発の指標として，各国の一人当たり国内総生産（GDP）などの経済的指数が用いられてきたが，その同じ指標が国によって，また人によってもつ意味は異なる。それゆえ，開発の指標は寿命や教育など，人々の自由を実質的に拡大させる指数に依拠するべきだというのである。ケイパビリティ論は，国連開発計画（UNDP）が 1990 年から公刊している『人間開発報告書』など，実際の政策方針にも反映されている。

ケイパビリティは，国籍や居住地に関係なく，人間が人間であるだけでそれを下回ることを許さない最小限のリストを構成している。これは，分配的正義論における十分主義の考え方に近いと考えられる（Kaufman 2006: pt. 1）。**十分主義**とは，人々の間の相対的平等を達成することよりも，一定の閾値以上の絶対的水準を保障することを重視する考え方である（→**4**章③）。その意味で，ケイパビリティ論は貧窮国民の生活の底上げをめざすものであるが，富裕国民と貧窮国民の平等化をめざすものではない（ヌスバウム 2005：14-15）。

ケイパビリティ論にもまた，それが支援国側に対して過大な負担を押し付けるという批判が向けられる。ヌスバウムの想定では，ケイパビリティの充足に責任を負う第一義的な主体は各国家であるが，富裕国は貧窮国がその責任を果

たすための二次的な支援義務を負っている（ヌスバウム 2005：第1章第7節；2012：第5章第9節）。付言すると，ヌスバウムが提唱するコスモポリタニズム（世界市民主義）については，遠くの国への配慮と自国への配慮のどちらを優先すべきかという愛国主義論争が政治理論家の間で生じている（ヌスバウムほか 2000）。

グローバルな分配的正義は成立するか？

以上前節では，功利主義やケイパビリティに基づく正義論の観点から，富裕国には同国人のみならず外国人の貧困にも対処すべき積極的義務があると論じる議論を紹介した。ところで，グローバル正義論には，今日の政治理論における分配的正義論の興隆に先鞭をつけたジョン・ロールズ（→4章②）を源流として，そこから流れ出る別の潮流がある。本節では，ロールズ流の分配的正義論の観点から，グローバル正義の是非を問う議論を紹介しよう。

ロールズの批判者と擁護者

実は，『正義論』（1971 年）において**格差原理**という独自の分配原理を掲げたロールズは，グローバルな不平等の問題についてほとんどふれていない。それは彼が，理論の射程を「自己完結した国民共同体」にさしあたり限定して話を進めていたからである（ロールズ 2010：600）。彼はその後，『万民の法』（1999 年）で本格的にグローバル正義の問題に取り組む。しかしその結論は，グローバルな分配的正義の成立に否定的なものであった（ロールズ 2006：第 16 節）。

こうした結論は，ロールズの追随者の間で侃々諤々（かんかんがくがく）の議論を巻き起こした。一方でロールズの批判者は，分配的正義に関するロールズ正義論の基本構成を引き継ぎながら，導出される正義原理（格差原理）を国際社会に拡張することを試みている（Pogge 1989；ベイツ 1989）。ロールズが国内社会に関して展開した分配的正義論は，同時にグローバルな不平等の是正にも役立つはずだし，そうでなければ理論的に首尾一貫しないというのである。

他方でロールズの擁護者は，「正義は社会の諸制度がまずもって発揮すべき

効能である」(ロールズ 2010：6) というロールズ正義論の出発点を重視する。すなわち，正義とは人間の選択や行動ではなく，制度の構造や配置の良し悪しを規定するものであるとされる。これを前提とするなら，国内社会と同等の制度的関係が国際社会にも存在するかどうかが，グローバル正義の是非について決定的となる——こうした考え方を分配的正義の関係説と呼んでおく。以下でははじめに，ロールズの擁護者がいかにグローバル正義の反対論を主張しているかを見てみよう。

分配的正義とグローバル正義

第1に，分配的正義は互恵性（助け合い）によって特徴づけられる社会的協働の存在を前提とする（Freeman 2006; Sangiovanni 2007）。**社会的協働**とは，私たちの暮らし向きは，孤立して生きるよりも社会内で生きるほうが総体的により良くなるということ，その意味で私たちは自足しているのではなく，他者に依存しているということである（→**4**章②）。こうした互恵的な社会的・経済的関係が，国内社会と同じ水準で今日の国際社会でも存在しているとはいえない。ゆえに，国際社会において，国内社会のそれと同等の分配的正義を語る余地はない。

第2に，分配的正義は法的・政治的システムによって裏打ちされた統治体の強制力を前提とする（Blake 2001; Nagel 2005）。私たちの社会的・経済的関係は，刑法や民法，契約や所有権など，公権力によって強制・施行される制度的関係を必要とする。そこで，分配的正義はそうした制度的関係をもつ統治体の内部でしか通用しない。国際社会は，たとえ互恵的な相互依存関係を含んでいたとしても，国内社会に比類するような強制力を伴う制度的関係を欠いている。ゆえに，やはり国際社会において，国内社会のそれと同等の分配的正義を語る余地はない。

こうしてロールズの擁護者は，「分配的正義の基礎は社会的協働や強制といった制度的関係にある」というロールズ的前提を踏襲しつつ，国内社会において分配的正義を成立させるもの——社会的協働や強制——が，国際社会においては欠けているがゆえに，グローバル正義を（少なくとも国内的正義一般と同列で）語ることはできないのだと主張する。これらの議論は，分配的正義論

| CHART | 図 5.1　関係説的アプローチの論理構成 |

大前提	小前提	結論
分配的正義の基礎は…	国際社会において…	ゆえに，グローバルな分配的正義は…
社会的協働 ──┬→ 存在しない	──→ 成立しない
└→ 存在する	──→ 成立する
強制 ──┬→ 存在しない	──→ 成立しない
└→ 存在する	──→ 成立する

が成立する関係説的前提がそれぞれ異なっていると指摘することで，結果的には国内と国外の二重基準を擁護する試みであるといえるだろう。

関係説的アプローチの行方

ただし，その試みが説得的かどうかについては再考の余地がある。第1に，社会的協働が国際社会において存在しないという経験的判断は自明ではない（Buchanan 2000; Moellendorf 2011）。たとえば，共通の世界的貿易システムの下で商品を生産・取引することは，社会的協働の一種とはいえないだろうか。第2に，強制が国際社会において存在しないという経験的判断も自明ではない（Cohen and Sabel 2006; Valentini 2011）。たとえば，国家間で人の移動が規制されることは，国際社会において一定の強制的関係が存在することの証左ではないだろうか。

要するに，「分配的正義の基礎は社会的協働や強制といった制度的関係にある」というロールズ的前提は，一概にグローバル正義反対論に帰着するわけではない。その結論は，国際社会の現実をどのようにとらえるかに応じて，賛成と反対のどちらにも帰着しうるのである（図5.1）。この問題に答えを出すためには，国際社会の現実に関する経験的な証拠を積み重ねる必要がある。何をなすべきかを探求する規範研究は多くの場合，研究を完遂するために，事実が何であるかを探求する実証研究の成果を必要としているのである（Blake 2012）。

さらにいえば，「分配的正義の基礎は社会的協働や強制といった制度的関係にある」という大前提それ自体の真偽が問われるべきかもしれない（瀧川 2014）。たとえばサイモン・ケイニーは，この前提を抜きにしても分配的正義

の問題は成立しうるのだという非関係説的アプローチを提唱している（Caney 2005）。このように、グローバル正義論を含む分配的正義論一般を展開するにあたり、そもそも関係説というロールズ的枠組みをどこまで踏襲すべきかもまた、再考に付されてしかるべきだろう。

3 消極的義務からの議論

　前節の議論は、国内社会と同様の制度的関係が国際社会にも存在するかどうか、そしてその関係が分配的正義の問題を生じさせるかどうかという問題であった。続いて、分配的正義の問題から離れ、危害を加えないという消極的義務の一種としてグローバル正義を位置づける議論を紹介しよう。念のため再確認すると、一方で積極的義務とは、「他者にとって何らかのよいこと（ためになること）を為す」義務であり、他方で消極的義務とは、「何か悪いこと（ためにならないこと）をしないよう私たちに要求する」義務である。

　ここで、義務が「消極的」であるといっても、その意味を軽くするわけではない。全く逆である。作為の形式（～する）をとる積極的義務に比べると、不作為の形式（～しない）をとる消極的義務はより重い要請である。シンガーの池で溺れる子どもの事例を再び用いると、前者の義務に違反すること（たとえば、子どもを助けにいかない）と、後者の義務に違反すること（たとえば、子どもを池に突き落とす）を比較してみれば、どちらが法的・道徳的により重大な義務違反であるかは一目瞭然だろう。

危害原理とグローバル正義

　これまで分配的正義の観点からグローバル正義の是非を論じてきた**トマス・ポッゲ**は、近年、**危害原理**（→3章②）に依拠したグローバル正義論を提案している。すなわち、グローバルな制度的秩序を通じてグローバルな不平等を生じさせることにより、富裕国は貧窮国に対して文字通り危害を加えているというのである。グローバルな不平等は、危害を加えられないという消極的権利の侵害であるがゆえに、それを是正する責務を伴う。富裕国に対して貧困問題へ

の対処を求めることは，暴行犯に対して暴行を止めるよう求めるのと同じくらい，自明の要求なのである。

具体的に，富裕国が貧窮国に加えている危害とは何だろうか（ポッゲ 2010：第4章第9節，第8章第2節）。たとえば富裕国は，貧窮国支配層に借入の自由（国際的な借入特権）と資源管理の自由（国際的な資源特権）を与えていることにより，政治腐敗をもたらしている。また，富裕国は多くの場合，貧窮国から天然資源の締め出しを行い，植民地支配のような歴史的危害を加えている。こうして「豊かな国々の現行の政策やそれらが押しつけているグローバル秩序は貧しい国々での貧困や人権侵害に多大な貢献をしているのであり，それによって，多くの人々に深刻なまでの不当な危害を加えているのだ」（ポッゲ 2010：227-228）。

もしこれが事実であるならば，富裕国は分配的正義が成立するか否かにかかわらず，現今のグローバルな不平等に取り組むことを要請される。確かに，相手に対して益をなす積極的義務の問題である限り，外国人よりも同国人を優先的に配慮することにも相応の理由があるかもしれない。しかしその一方で，「外国人の被っている不当な危害が我々自身の行いである場合には，外国人も同胞も同じ扱いである」（ポッゲ 2010：213）。すなわちポッゲは，相手に対して害をなさない消極的義務の問題である限り，国内と国外の二重基準は不当だと断じている。

それでは，この種の不正義を是正するのにどうすればよいか。国内的改革に向けては，貧窮国の体制移行を促すため，対象国が民主化を進めているかどうかを監視する民主制パネルならびに対外債務にかかわるリスクを軽減するための民主制基金が提案され，国際的改革に向けては，主権を地域レベルから世界レベルまで多層的に分散させた世界統治体制が提案される。さらに，現今のグローバルな不平等を改善するため，グローバルな資源配当（GRD）や医薬品の知的財産権改革などが提案される。こうした複合的な政策提案によって，グローバルな制度的秩序を改革し，危害を防止する義務が富裕国に求められているという（ポッゲ 2010：第6-9章）。

ただし，危害原理に基づく消極的義務論については，それが制度と貧窮の因果関係を特定しうるのかという問題がついて回る。同程度の不利な制度的立場

に置かれながら，上首尾に発展を遂げた（元）貧窮国もある以上，現在のグローバルな不平等が<s>すべて</s>富裕国のせいであると断言することはできないかもしれない。すると，富裕国がどの程度の責任を負っているのかを経験的に示す挙証責任は，危害の実在を主張するポッゲの側にある。この点においても，規範研究は研究を完遂するために実証研究の成果を必要としている（Cohen 2010）。

グローバルな不平等と国家的責任

ところで，前節で見たように，分配的正義の観点からグローバル正義に反対していたロールズは，消極的義務の観点からもやはり反対している。その根拠は，ある国が貧窮に陥るかどうかを決定するのはグローバルな制度的秩序ではなく，その国の国内条件次第であるというものだ。「このような違いをもたらす決定的に重要な要素は，政治文化，その国の政治的徳性と市民社会，構成員の誠実さと勤勉さ，その革新能力，その他である」（ロールズ 2006：158）。この主張を，ポッゲの言葉を借りて，グローバルな不平等の「弁明的ナショナリズム」と呼んでおこう（ポッゲ 2010：第5章第3節）。

同様の弁明的ナショナリズムは，デイヴィッド・ミラーによっても展開されている（ミラー 2011：第3章第4節）。貧窮国の国民の状況が一定程度改善される必要があるのは疑いない。問題は，誰がその責任を引き受けるかである。私たちは，貧窮国をただグローバルな制度的秩序に振り回される被害者ではなく，責任を負いうる自律的主体としてみなすべきである。グローバルな不平等のあらゆる原因を外部からの制度的危害に押しつけるのは，逆に国家的責任を一切不問に付す「弁明的コスモポリタニズム」である（Patten 2005: 23）。

確かに，必要なノウハウや人的・物的資源を欠くがゆえに，自律的主体としての役割を果たせない国があるかもしれない。ロールズはこれを「負荷を負った社会」という**非理想理論**（→Column ⑤）の問題としてとらえ，その非理想状態が改善されるまでの過渡的期間に限り，国際援助が要請されるとしている。いったん自律的主体として自立する素地が整えば，後に残るグローバルな不平等はその国の責任である。「ひとたび援助義務が果たされ，きちんと任務を実行するリベラルな政府，ないし良識ある政府をすべての国の民衆が手に入れたならば，各国民衆間の平均的な富の格差を縮める理由など，やはり存在しない

> **Column ❺　理想理論と非理想理論**
>
> 　ロールズは自身の正義論を，理想理論を展開する主要部分と非理想理論を展開する副次部分に区別している（ロールズ 2006：第 13.1 節，2010：第 2, 39 節）。「理想理論」とは，現今社会の到達目標となるような，完全に正しい社会の輪郭を描き，またなぜそれが正義に適っているのかを説明するものである（終局状態の理論）。対して「非理想理論」とは，現今社会に存在する不正に対処するための方策を提示するものである（過渡期の理論）。ロールズの正義論は，国内的正義であれ国際的正義であれ，はじめに理想理論において正義構想を確立してから，次に非理想理論においてそれを現実に当てはめる段階に進む。なぜなら，非理想理論が対象とする現今社会の不正は，はじめに理想理論における完全に正しい社会の輪郭が示されない限り，正確にとらえることができないからである。以上の区別は，特にその方法論的な有益性や適切性の観点から，今日の政治理論において盛んに議論されている（松元 2015：第 4 章）。

のである」（ロールズ 2006：166）。

　ただし，先述したポッゲ批判を裏返せば，グローバルな制度的秩序に話を還元しがちなポッゲの弁明的コスモポリタニズムが一面的であるように，国内的責任に話を還元しがちなロールズ（主義者）の弁明的ナショナリズムも一面的である。不利な制度的立場にもかかわらず発展した場合もあることから，あらゆる場合において不利な制度的立場と発展が無関係であると結論づけるのは論理の飛躍である（井上 2012：第 4 章第 3 節第 1 項）。それゆえ，消極的義務の観点からも，ロールズ（主義者）がグローバル正義を否定するのは尚早である。

　このように，グローバル正義論は，今日の政治理論の中でもとりわけ先進的かつ論争的な研究分野である。その背景には，国境を越えてヒト，モノ，カネ，情報が活発に接触するグローバル化の進展という現実がある。とかく国益や国防のような国家中心的な観念が根強く支配する国際社会であるが，私たち一人一人が遠くて近い隣人との公正な人間関係を築こうと思うならば，正義の観念をあらためて国際社会レベルで突き詰めることが，その思考のヒントを与えてくれるだろう。

SUMMARY ●まとめ

- □ 1 グローバル正義を支持する論拠は，積極的義務と消極的義務の2方面から立てられる。グローバル正義を積極的義務の一種として位置づける議論には，「最大多数の最大幸福」を掲げる功利主義と，一定の閾値以上の生活に対して万人が権原をもつと主張するケイパビリティ論がある。
- □ 2 ロールズの擁護者は，分配的正義の同定にあたり，社会的協働や強制といった制度的関係を重視する前提から，グローバル正義の成立可能性に否定的である。
- □ 3 グローバル正義を消極的義務の一種として位置づけるポッゲは，グローバルな不平等がグローバルな制度的秩序によって引き起こされたものであり，是正を必要とすると論じている。

EXERCISE ●演習問題

1. 功利主義の思想について調べ，それがグローバルな不平等への対処として，どのような制度や政策を要請するかを考えてみよう。
2. 分配的正義論の関係説に立ったグローバル正義の賛成論／反対論を整理したうえで，どちらがより説得的かについて，国際社会の現実を調べてみよう。
3. 飢えた子どもが世界にいる一方で，先進諸国の人々が贅沢な暮らしを送ることは，はたして正義に抵触しないだろうか。本章全体をふまえて議論してみよう。

さらに学びたい人のために　　　　　　　　　　　　　　　Bookguide ●

井上達夫『世界正義論』筑摩選書，2012年。
　　分配的正義論，正戦論といったグローバル正義の主要トピックに加え，メタ正義論，国内体制論や世界統治論を含んだ，この分野における包括的な研究書。

伊藤恭彦『貧困の放置は罪なのか――グローバルな正義とコスモポリタニズム』人文書院，2010年。
　　同じくグローバル正義論の研究書。ODAや国際税制など，グローバル正義を実践に移すための制度・政策論についての記述も豊富である。

引用・参考文献

井上達夫 2012『世界正義論』筑摩選書。
シンガー，ピーター／戸田清訳 2011『動物の解放〔改訂版〕』人文書院（原著2009年，初版は1975年）。
シンガー，ピーター／児玉聡・石川涼子訳 2014『あなたが救える命――世界の貧困を終わらせるために今すぐできること』勁草書房（原著2010年，初版は2009年）。
セン，アマルティア／石塚雅彦訳 2000『自由と経済開発』日本経済新聞社（原著1999年）。
瀧川裕英 2014「正義の宇宙主義から見た地球の正義」宇佐美誠編『グローバルな正義』勁草書房。
ヌスバウム，マーサ・C／池本幸生・田口さつき・坪井ひろみ訳 2005『女性と人間開発――潜在能力アプローチ』岩波書店（原著2000年）。
ヌスバウム，マーサ・C／神島裕子訳 2012『正義のフロンティア――障碍者・外国人・動物という境界を越えて』法政大学出版局（原著2006年）。
ヌスバウム，マーサ・Cほか／辰巳伸知・能川元一訳 2000『国を愛するということ――愛国主義の限界をめぐる論争』人文書院（原著1996年）。
ベイツ，チャールズ／進藤榮一訳 1989『国際秩序と正義』岩波書店（原著1979年）。
ポッゲ，トマス／立岩真也監訳 2010『なぜ遠くの貧しい人への義務があるのか――世界的貧困と人権』生活書院（原著2008年，初版は2002年）。
松元雅和 2015『応用政治哲学――方法論の探究』風行社。
ミラー，デイヴィッド／富沢克・伊藤恭彦・長谷川一年・施光恒・竹島博之訳 2011『国際正義とは何か――グローバル化とネーションとしての責任』風行社（原著2007年）。
ロールズ，ジョン／中山竜一訳 2006『万民の法』岩波書店（原著1999年）。
ロールズ，ジョン／川本隆史・福間聡・神島裕子訳 2010『正義論〔改訂版〕』紀伊國屋書店（原著1999年，初版は1971年）。
Blake, Michael 2001, "Distributive Justice, State Coercion, and Autonomy," *Philosophy and Public Affairs*, 30(3): 257-296.
Blake, Michael 2012, "Global Distributive Justice: Why Political Philosophy Needs Political Science," *Annual Review of Political Science*, 15(1): 121-136.
Buchanan, Allen 2000, "Rawls's Law of Peoples: Rules for a Vanished Westphalian World," *Ethics*, 110(4): 697-721.
Caney, Simon 2005, *Justice beyond Borders: A Global Political Theory*, Oxford University Press.
Cohen, Joshua 2010, "Philosophy, Social Science, Global Poverty," in Alison M. Jaggar ed., *Thomas Pogge and His Critics*, Polity Press: 18-45.
Cohen, Joshua and Charles Sabel 2006, "Extra Rempublicam Nulla Justitia?" *Philosophy and Public Affairs*, 34(2): 147-175.
Freeman, Samuel 2006, "The Law of Peoples, Social Cooperation, Human Rights, and Distributive Justice," *Social Philosophy and Policy*, 23(1): 29-68.
Kaufman, Alexander ed. 2006, *Capabilities Equality: Basic Issues and Problems*, Rout-

ledge.
Moellendorf, Darrel 2011, "Cosmopolitanism and Compatriot Duties," *Monist*, 94(4): 535-554.
Nagel, Thomas 2005, "The Problem of Global Justice," *Philosophy and Public Affairs*, 33(2): 113-147.
Patten, Alan 2005, "Should We Stop Thinking about Poverty in Terms of Helping the Poor?" *Ethics and International Affairs*, 19(1): 19-27.
Pogge, Thomas 1989, *Realizing Rawls*, Cornell University Press.
Sangiovanni, Andrea 2007, "Global Justice, Reciprocity, and the State," *Philosophy and Public Affairs*, 35(1): 3-39.
Singer, Peter 1972, "Famine, Affluence, and Morality," *Philosophy and Public Affairs*, 1(3): 229-243.
Valentini, Laura 2011, "Coercion and (Global) Justice," *American Political Science Review*, 105(1): 205-220.

CHAPTER 第6章

みんなで決めたほうがよい？
民主主義／自由民主主義

INTRODUCTION

　2016年6月にイギリスで行われた欧州連合（EU）離脱（いわゆるブレグジット）を問う国民投票では，識者の多くや与野党の政治家がEU残留の利点を説き，大方の事前予想でも残留派が上回っていたにもかかわらず，EU離脱派が勝利することになった。直後からイギリスの通貨と株価は暴落し，また，もともとイギリスからの独立の気運が高かったスコットランドでは，独立運動が再燃している。2017年初頭の時点でブレグジットはまだなお進行中であり，結論を出すには早急であるものの，この国民投票が大きな混乱をもたらしたことは間違いない。

　実際，このような混乱を受けて，国民投票を批判する声が相次いだ。国民の多くはブレグジットについてまともな知識すらなかったのでないかという疑念はとりわけ強く，結果が判明した直後に「ブレグジットって何？」の検索がオンライン上で急増したことが，その証拠として挙げられたりした。また，キャメロン首相（当時）は，国家の行方を全面的に左右するような決定を安易に国民投票に委ねたとして批判に晒された。

　だが，国民投票に対するこうした批判は，民主主義への批判にもつながりうる。
　第1に，これらの批判は，民主的な決め方とは一体どのようなものなのかという問いかけを含んでいる。ひとまず民主主義を「みんなで決めること」とした場合，有権者全員で決定する国民投票こそ，最も民主的なあり方だと考えるのが自然なように思われる。民主主義の原則からすれば，国家の行方にかかわる重要

な事柄だからこそ国民投票にかけるべきだといえるのではないか。国民投票の代わりに議会で決定した場合，それでも十分に民主的だといえるだろうか。

　第2に，有権者の無知への批判は，民主主義が適切なのか，という問いを間接的に投げかけている。もし有権者にまともな知識や判断が期待できないのであれば，いっそ，民主主義などやめてしまったほうがよいのではないか。

　本章ではこれら2つの問いについて考えてみる。むろん，民主主義に関する問いはこの2つに尽きるわけではない。たとえば，民主主義に参加する市民の資格や範囲については第14，15章，国家を越える民主主義については第8章で論じる。また，本章では，集合的に決定を下すしくみの一つとしての民主主義，とりわけ多数決に基づくそれに注目するが，民主主義は決して決め方だけに回収されない。多数決に限定されない民主主義については，次章で本格的に扱いたい。

1　民主主義とは何か？

　民主主義（デモクラシー）（民主制，民主政ともいう。制度について述べるときは民主制，政体としてのあり方について述べるときは民主政と呼ぶことが多いが，使い分けは必ずしも厳密ではない）とは，古代ギリシア語におけるその語源（demos＝民衆＋kratos＝力）が示すように，民衆の支配を意味する。つまり，一人の王や，少数の貴族などが支配するのではなく，民衆すべてが支配者となる体制が，民主主義なのである。だが，この定義だけでは，民主主義の内容ははっきりとしてこない。民主主義とひとくちにいっても，さまざまな形態が存在するからである。たとえば，古代ギリシアの代表的なポリス，アテネでは，市民全員が参加する民会が民主政治の中心であり，また，重要な役職はくじで決定されていた。だが，現代の民主主義国家において，中心は議会であり，その代表は選挙で選ばれる。この変化は，いかにして生じたのだろうか。

直接民主制と間接民主制

　民主政治下の古代アテネにおいて，重要な決定は市民全員の参加による民会

で下されていた。民会での投票に先立ち、市民は自由に発言し、議論に加わることができた。よく知られるように、アテネにおける市民資格は厳重に制限されたものであり、奴隷、女性、外国人など、民会に参加できない人々のほうが多かった。しかしながら、市民である限り、実際に政治の決定の場に参加することができたのである。このような、市民全員が立法や重要な決定に参加できる体制のことを**直接民主制**と呼び、選挙を通じた代議制など、代表に基づく**間接民主制**と対比される（もっとも、直接民主制の代表のようにいわれるアテネでも評議会などの間接民主的な制度が存在していたし、代表制を中心とする現代の民主制下でも、国民投票など、直接民主的な制度が存在する）。

間接民主制は、市民が直接決定に加われない点で、次善の策、あるいは、見かけだけの民主主義というイメージを与えるかもしれない。実際、近代の民主主義論に大きな影響を与えたジャン-ジャック・ルソーは、当時、すでに選挙による代議政治が確立されつつあったイングランドについて、「イングランド人が自由なのは選挙の期間だけであり、それ以外の期間は奴隷である」と批判している（ルソー 1954：133）。

だが、全員が集まるという直接民主制のあり方については、ルソーもまた、非常に小規模かつ成員の多様性が小さい共同体でもない限り不可能だと述べている。大きな共同体で民主政治が困難なのは、物理的な面積や人口の規模に由来する不便といった理由にとどまらない。より重要なのは、民主主義につきものの**派閥**（党派）の問題が、大きな共同体ではより深刻になるとみなされていた点である。すなわち、利益の違いによって共同体がいくつかの派閥に分裂したり、あるいは、個々人が私的な利益を追求したりするために、政治への参加がなおざりになるといった危険性が、共同体の規模が大きくなるほど高まると恐れられたのである。ルソーが代議制を否定するのも、近代の議会のルーツとなった中世の身分制議会が、それぞれの身分の利益を代表するためにつくられた、いわば派閥を前提にしたものであったからである。

だが、近代に入って社会が拡大し複雑になるにつれ、代議制を民主政治の中に組み込もうとする理論が多く登場するようになる。フランス革命期に活躍した**エマニュエル-ジョセフ・シィエス**は、ルソーの教えに影響を受けつつも、現実の大きな国家にデモクラシーを適合させるための方策として、国民議会を

通じた統治を提案している（シィエス 2011：102）。

　さらに，アメリカ独立革命後，合衆国憲法の成立に寄与したジェームズ・マディソンになると，代議制はむしろ派閥の弊害を緩和するための工夫として評価されることになる。特定の集団や個人の利益を追求する派閥が支配権力を握り，他の人々を抑圧するという問題に対し，ルソーなどは民主主義を小さな共同体にとどめることで対応しようとした。ところが，マディソンは逆に，代議制に支えられた大規模な国家でこそ派閥の弊害は抑制されると説いたのである。アレクサンダー・ハミルトン，ジョン・ジェイとともに執筆し，合衆国憲法を擁護した『ザ・フェデラリスト』において，マディソンは，直接民主制（ピュア・デモクラシー）に対置して，間接民主制（彼はこれを共和政と呼んだ）の利点を主張している（ハミルトン＝マディソン＝ジェイ 1999：第10編）。マディソンによれば，共同体が拡大し，それとともに，共同体内の人々の利益が多様化すれば，特定の利益をもった人々が多数派を握る可能性もそれだけ少なくなり，結果，人々の自由が多数派によって押しつぶされる危険性も減少するのである。

　マディソンやシィエスが民主制に付け加えたもう一つの大きな変革として，議会や統治機構の行き過ぎを憲法によって制限するという**立憲主義**の考え方がある。たとえば，個人の自由を侵害するような立法は違憲とされることで，派閥の独走が制限されるのである。

　代議制と立憲主義は，単にデモクラシーを現代の大きな国家に適合させたというだけでなく，個人が派閥の暴政におびやかされることもなく，直接民主制のように，積極的に政治に参加する必要もないという意味で，個人の自由の余地を大きく確保したものだといえる。個人の自由を民主主義と適合させた，**自由民主主義**（リベラル・デモクラシー）がここに成立する。

　20世紀に入ると，代議制と立憲主義に基づく自由民主主義こそが民主主義の正常なあり方であるという見方が定着する。さらに，政治決定にかかわる事柄は議会の政治家に任せておけばよい，という意見すら現れるようになる。このような醒めた意見をもたらしたのは，大衆社会の到来と，社会のますますの複雑化である。政治が取り組まなければならない課題が増大し，かつ，いっそう専門的，技術的になっていく中で，社会の大衆化は，かつて政治を担った貴族や名望家たちを一掃してしまうことになる。いまや，普通の市民たちは，政

治に携わる余暇も，また能力もないという時代が到来することになった。このような状況に対し，たとえば，経済学者の**ヨーゼフ・シュンペーター**は，エリートの統治として民主主義をとらえる**エリート主義民主主義論**を提示した。つまり，民主主義といっても，古代のアテネのように，市民それぞれが決定に携わるのではなく，あくまで，彼らが選挙で選んだエリートである政治家たちが，政治に携わるのである。シュンペーターにいわせれば，普通の市民は政治の重要な事柄について，知識も判断力も有していないのが常態であって，それで構わないということになる（シュムペーター 1995：第4部）。

また，自由民主主義の定着とともに，派閥への見方も肯定的なものへと変化してきた。かつて，派閥の弊害と考えられた集団は，社会の諸利益を議会へと伝え，政治に反映させるために不可欠の存在だとみなされるようになるのである。20世紀後半に活躍した政治学者**ロバート・ダール**は，同時代のアメリカの政治を分析し，特定の派閥が政治を支配しているのではなく，さまざまな集団がそれぞれ自分たちの利益を部分的に実現している姿を見出した（ダール 1988）。社会の多様性を反映した複数の集団たちが，それぞれの利益を政治において実現しているという政治の見方を，**多元主義**と呼ぶ。

だが，社会の利益は常にバランスよく政治に反映されているだろうか。2011年に生じた福島第一原子力発電所の事故の後，日本では，原発の維持・推進にかかわった集団が「原子力ムラ」として批判されたことがあった。この批判によれば，原発をめぐる政治的な決定は，原発の維持・推進に大きな利益をもつ集団によって独占されてきたのであり，そこまで利害の大きくない一般的な国民の声は政治に反映されなかったのだという。この批判がはたして正しいかどうかは，経験的政治学の分析も活かして判断する必要がある。ただ，議会・政治家と利益集団に任せておくだけでは民主主義はうまく機能しないのではないかという問題意識は，**ラディカル・デモクラシー論**を生み出す原動力となるのである（→**7**章）。

どうやって決定するか？

民主主義のあり方は，人々が直接決めるのか，それとも人々に選ばれた代表が決めるのかという，決定の主体によって直接制と間接制に別れるだけでない。

決定に至る決め方についても，さまざまなやり方が存在しうる。冒頭に挙げたブレグジットでは，賛否の2通りしか選べないことが，国論を二分し，極端な結果を生むことにつながったと指摘されている。では，住民投票で選べる選択肢を増やせば問題ないのだろうか。あるいは，他にも決定の仕方がありうるのだろうか。

　再び古代アテネの民主主義の例を挙げれば，そこでは，重要な役職を決める際に用いられたのは，投票ではなく，くじ引きであった。くじ引きで重要な役職に就く人物を選ぶなど，とんでもないことだと思うだろうか。だが，現在の日本でも，裁判員はくじ引きで選ばれている。裁判員は政治家ではないものの，人の人生を左右する決定を担うのであるから，その仕事の重さはかなりのものである。それにもかかわらず（むしろ，だからこそ，というべきであろう），裁判員がくじ引きで選ばれるのは，裁判に国民を平等に参加させるという，民主的な目的があるからである。古代アテネにおいても，役職に就く可能性を平等にするための制度としてくじが用いられていたのであった（Manin 1997: ch.1）。

　だが，現在，政治の場で多く用いられている決定の仕方は投票である。議会での決議も最後は多数決によるし，何より，代表制の根幹をなすのは選挙制度である。実際，民主主義といえば多数決のことだというイメージは私たちの間に根強い。だが，投票や多数決が正確に私たちの意見や選好を反映できるかといえば，ことはそう簡単ではない。

　たとえば，選挙制度ひとつをとっても，その内実は多様である。日本の衆議院議員選挙は小選挙区制度と比例代表制度の並立制であるが，そのうちの小選挙区制では，一つの選挙区から一人が選出されるしくみになっている。しかし，これは，小規模な政党には不利に働くしくみである。他方，地方自治体の議会は，一つの選挙区から複数の候補者が当選する大選挙区制によって選ばれることになっており，その結果，有権者のほんのわずかの支持しか受けていなくても当選することが可能になっている。同じ多数決でも，選び方によって異なった民意が反映されることになるのである。

　さらに，投票によって物事を決定することの限界がある。ブレグジットのような，賛成，反対のどちらかしか選べない住民投票では，多様な意見を反映することはできない。では，投票の際の選択肢を増やせば，正確な民意の反映が

実現されるかといえば，これも限界がある。たとえば，「わからない」といった意見がどう反映されるべきかは難しい問題である。

投票では人々の意向を完全に反映できないという困難は，議会の議員と選挙区の有権者との関係において，しばしば問題となってきた。選挙で議員をとにかく選ぶとして，そのとき，議員をどのような基準で選べばよいのだろうか。たとえば，A，B，Cという3人の候補者の中から一人を選ぶとしよう。投票時に問題になっている政策上の課題が雇用，経済，安全保障と3つあり，雇用についてはAが，経済についてはBが，安全保障についてはCが最も自分の意見に近いとき，有権者は誰に投票すべきだろうか。あるいは，この中でAが当選したとして，Aは雇用から安全保障までのどの課題について自分が選ばれたと考えるべきだろうか。これは算術上の問題でもあるが，同時に，政治的代表は何を代表していると考えるべきか，という問題でもある。たとえば，仮に雇用，経済，安全保障それぞれの問題についての有権者の意向が判明していたとして，新たな政策論点として社会保障が生じたとき，代議士は有権者の意見をどのように考えるべきだろうか。

そこで，思い切って，投票によって何もかもを決定するべきでないとする立場をとることもできる。すなわち，代議士は有権者の意見を委任されたのではなく，独自に判断して行動するべきだ，と考えるのである。18世紀イギリスの思想家，**エドマンド・バーク**は，代議士は有権者の意志の忠実な反映者なのではなく，むしろ，国家の全体の利益を考えて，自身が最善と考える政策を支持するべきだと考えた。彼によれば，議会とは，個々人の利益を代表する場ではなく，**熟議**（deliberation）するための場所なのである（バーク 2000：164）。

ブレグジットの実施について，安易に国民投票にかけたとキャメロン首相を批判する意見も，政治的決定についてのこのような考え方に近いといえる。しかしながら，熟議するのは代議士に限らない。むしろ，**熟議民主主義**のように，市民の間での熟議を促進することで，民主主義の質を高めようとする考えが現在は盛んである（→**7章**）。

Column ❻ 代表制論的転回

　議会などの代表制については長らく，次善の策という理解が一般的であった。むろん，本章でもふれたように，代表として選ばれた政治家の判断に期待するバークやシュンペーター，派閥の弊害を代議制で抑制しようとするマディソンなど，代表制を積極的に評価した例がなかったわけではない。にもかかわらず，代表制が積極的に語られることは，シュンペーターより後のデモクラシー論においては稀だったといえる。

　だが，近年，代表制の意義を積極的に見出す議論（早川 2014；山崎・山本 2015 など）が相次いで提出されており，政治理論における「代表制論的転回（representative turn）」と呼ばれている。新たな代表制論は，代表者の判断を重視するなどの点では本章でふれた旧来の議論と共通しているものの，新しい議論も展開している。たとえば代表制論的転回を成す現在の議論は，選挙で選ばれた政治家だけでなく，非政府組織（NGO）や活動家にも代表者としての機能を見出している。ロックバンド U2 のメンバーで，社会活動に熱心なことで知られるボノは，アフリカの貧困問題を訴える際，彼が「アフリカの恵まれない人々を代表している」と述べたことがあるが，これは無論，彼がアフリカの人々から選挙で選ばれたというわけではなく，なかなか聞き届けられない人々の声を代弁しているということである。代表制論的転回の論者たちは，グローバル化，複雑化した現代においては，従来の政治制度を超えたこうした代表活動が重要になると説く（Näsström 2011）。

　代表制論的転回の論者の中にはさらに一歩進んで，そもそも代表者が既存の

　民主主義はよいしくみなのか？

　前節では，決め方のしくみとしての民主主義の展開と，そのさまざまなあり方を概観した。次に，民主主義の価値について考えたい。そもそも民主主義はよいしくみなのだろうか。民主主義への支持と同じくらい，民主主義への懐疑も根強い。実際，政治哲学の長い伝統においては，民主主義への懐疑のほうが伝統的ですらあった。哲学の祖ともいえるソクラテスからして，民主政下のア

人々を代表しているわけではないと主張する者もいる。この主張（「構築論的転回（constructivist turn）」とも呼ばれる）によれば，代表者が実際に行っているのは，政治的主張などのパフォーマンスを通じて，代表されるべき人々を事後的に構築しているのである。構築といっても，代表者がどのような人々でも自由に生み出せるという意味ではない。政治的主張のパフォーマンスは成功することもあれば失敗することもあるため，常に代表者の狙い通りの人々が創出されるとは限らないのである（Disch 2015）。さらにいえば，代表者自身もまたパフォーマンスを通じてつくりあげられるといえる。たとえば，ボノが「アフリカの恵まれない人々」を代表できたのは，アフリカをめぐる過去の歴史，これまで人々に共有されてきたアフリカや貧困問題のイメージ，そして社会活動へのボノの過去の取り組みがあってのことである。

　ただ，これら代表制論的転回の主張に対しては，民主主義を危うくするという疑問や批判も投げかけられている。たとえば，選挙のような制度的担保なしに，代表者が選ばれてしまってよいのだろうか。さらに，既存の代表者や代表される人々を前提としない構築主義的転回は，政治とは主権者たる「本人」と，本人の意志を付託された「代理人」（代表者や政府）の関係からなるという政治学の一般的な理解（久米ほか 2011：2-9）を超えていくことになる。だが，構築論的転回が真実だとすれば，「みんな」たる人々の決定権は，どこに行ってしまうのだろうか……。こうした疑問をめぐり，現在，活発な議論が交わされている。

テネで死刑を宣告されているのであるから，政治哲学が民主主義に疑いのまなざしを向けるのも理由がないわけではない。また，ワイマール時代のドイツの民主政治がナチスの台頭を阻止できなかったことや，近年では，（その後大変な失敗とみなされた）イラク戦争の開戦をアメリカ議会のほとんどの議員が支持したことなどが，民主主義の失敗の例としてよく言及される。こうした問題を反映してか，「民主主義は最悪の政体である。過去に試みられてきた民主主義以外のあらゆる政体を除いては」という，ウィンストン・チャーチルの意見がしばしば引用されたりする。だが，民主主義が「良い」とか「悪い」という場合，私たちはどのような意味で良し悪しを判断しているのだろうか。また，それら

良し悪しの基準から見て，民主主義ははたして悪い制度といえるだろうか。

民主主義の道具的価値

　政体の良し悪しを判断する基準としてすぐに浮かぶのは，結果の良し悪しである。たとえば，民主主義国家では飢餓が少ないという意見がある。この意見によれば，民主主義の下では，有権者が飢えていないかどうかが政権にとって重要な関心事となるため，結果として，飢餓を減少させることにつながるのである（セン 2000：6-7章）。結果を理由に民主主義を擁護するタイプの議論は，民主主義をある良さ――望ましい結果――に至るための**道具的価値**をもつものと考えているといえる。

　冒頭でふれたブレグジットの例も，結果の良し悪しの問題を提起している。EU離脱の投票結果が衝撃をもたらしたのは，専門家の多くが，EU残留をイギリスにとって利益となる選択だと分析していたからでもある。実際にはどちらの選択肢が正しいかどうかはさておき，EU離脱に投票した人々が，専門家以上の見識を持ち合わせていたと考えることは難しい。そもそも，現代の政治決定の多くは，複雑化した事象への高度な理解なくしては下せないものになっている。

　消費税率の変更という問題を考えてみよう。消費税率の変化は私たちの日々の生活に直接の影響を及ぼすが，この問題について，正しい判断を下せるほどの知識を私たちは持ち合わせているだろうか。高齢化の加速に伴ってますます増大する医療福祉費をまかなうために消費税率の引き上げが必要だと主張されればもっともな気もするし，税率の引き上げは不景気を招き，ひいては税収の低下につながるという意見に接すると，なるほどそれもその通りなのかもしれないと思う。結局，正しい政策を実行するためには，普通の人々よりも，職業的政治家，政治家よりも専門家の判断に任せるべきではないのか。

　有権者の判断力に対するこのような懐疑論に対し，近年，インターネットでの知識のあり方に関してしばしば言及される**集合知**は正反対の示唆を与えている。この考えによれば，素人の判断は一つ一つは不完全さに満ちたものであっても，それが数多く集まると，その集団の中の最も優秀な人の判断にもまさる正しさを備えている可能性が高いのだという（スロウィッキー 2009：10-11）。こ

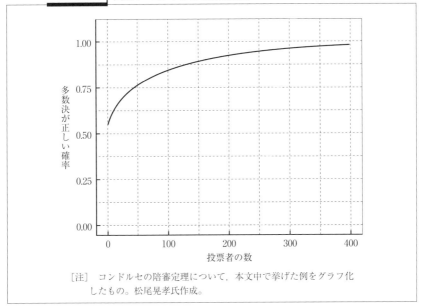

CHART 図6.1 コンドルセの陪審定理

[注] コンドルセの陪審定理について，本文中で挙げた例をグラフ化したもの。松尾晃孝氏作成。

の集合知のアイデアを政治に適用すると，素人からなる一般有権者の判断のほうが，専門家よりも正しい判断を下せるということになり，民主主義を支持する強力な根拠となりうる。

　集合知にはさまざまな考え方があるが，そのよく知られた例として，18世紀にすでに哲学者ニコラ・ド・コンドルセが同様の結論を導き出しており，これは**コンドルセの陪審定理**と呼ばれる（図6.1）。この定理によれば，二者択一の投票について，有権者が正しい決定を行う割合が半分を上回っており，十分な有権者が投票に参加するのであれば，多数決の結果が正しいものとなる確率は相当高いものになる。一例として，平均的な人間が正しい選択をする可能性が55％であるとき，399人による多数決は98％の確率で正しいのである（スウィフト 2011：295）。これは多数決を支持する圧倒的な理由となりそうに思える。

　だが，ここから，多数決は正しいという結論を引き出すのは性急である。まず，陪審定理が当てはまるための条件がある。そもそも，平均的に正しい確率は50％を超えていなければならない。先の例でいえば，平均的に間違える確

率が55%あるとき，399人の多数決が間違っている可能性は98%になってしまうのである。さらに，投票は二者択一でなければならず，加えて，有権者はそれぞれ，お互いに相談したり，影響を与えてはいけないとされる。だが，政治において選択肢が2つに絞られている問題は少ないであろうし，投票に際してはメディアを通じて必要な情報を集め，時には人々と語り合いながら決めるというのがむしろ一般的ではないだろうか。また，仮にこれらの条件が満たされたとしても，陪審定理が示すのは，多数決が正しいということではなく，多数決が正しい可能性が高いということに過ぎない。つまり，間違っている可能性もやはり残っているのである。

なお，こうした集合知の考え方などを援用しつつ，正しい決定を下せることを根拠に民主主義を擁護する議論を認識的民主主義（epistemic democracy）と呼ぶ（Schwartzberg 2015）。

だが，結果の正しさだけが，よい帰結なのではない。他にも，民主主義のもたらす好ましい帰結はありうる。たとえば，民主主義は共同体の成員の権利を守るのに役立つという考え方がありうる（Arneson 2003）。独裁者や専門家が一般大衆よりも正しい決定を下すことはあるかもしれない。さらに，慈悲にあふれた独裁者ならば，善政を敷いて被治者の幸福に尽くすことすらあるだろう。だが，少数の人々に支配を委ねている限り，そこでは常に腐敗や権力の不適切な使用の危険性がつきまとう。これに対して民主主義であれば，こうした腐敗や，それに伴い成員の権利が弾圧される危険は少ない。つまり，この意見によれば，民主主義とは，各自の権利を守るための手段なのである。もっとも，権利保護を民主主義擁護の理由に挙げる論者も，すべての権利が民主主義によって守られると考える例は少ない。多数派が少数派の権利を侵害するような危険に対しては，立憲主義などの手段によって守られるべきだとされるのが通例である。

また，民主主義を通じて，市民の徳が涵養される，ということも考えられる。市民の政治参加を低く見積もるエリート主義民主主義論では，こうした教育効果は想定されていないが，逆に，市民の参加を重視する民主主義論は，市民の能力的，道徳的向上を重視する傾向がある（ペイトマン 1977）。こうした教育効果によるデモクラシーの擁護も，道具的擁護の一例だといえる。

民主主義の内在的価値

しかしながら,民主主義の価値は,それが望ましい——正しさであれ,市民の道徳的向上であれ——帰結を生むということだけにあるのではない。むしろ,民主主義そのもの,つまりは,みんなで決めるという集合決定のあり方自体に**内在的価値**を見出すことも可能である。たとえば,民主主義は構成員を平等に扱うことで,平等という正義を反映した政治のあり方だと考えることができる。このとき,重要なのは,平等に基づくシステムがどのような結果を生むかでなく,また,その結果が平等の促進に寄与するかどうかでもない。大事なのは,平等という規範が,民主的な決め方を要請するということである。つまり,あなたが平等主義者であれば,あなたは民主主義者でもなければならない(Christiano 1996)。

また,民主主義のしくみを,自分のことは自分で決定するという自律の理念の表現を体現すると考える人々がいる。結果として同じ政治決定に行き着くのだとしても,支配者から押し付けられるのと,自分で選択するのとでは,おのずとその価値も異なると考えるのである。なるほど,自分で決めるといっても,複数の人々がともに行う決定である以上,自分の要求が通るとは限らない。それでもなお,自分がその決定にかかわったということは,無視しえない重みをもつだろう。

さらに,政治参加を人間の本質だとみなす考え方もある。たとえば,古代ギリシアには,ポリスに参加することは市民の本質の一部をなすという考え方が存在した。そこでは,政治参加を市民全員に保障する民主主義こそが,人間の本質を満たすしくみだということになる。この議論は,先に道具的価値のところでふれた,参加による道徳の向上を説く議論と一見類似しているように見えるかもしれない。だが,道具的価値に基づく議論が,あくまで参加の効果に注目するのに対して,こちらの議論は,参加すること自体を重要な目的とみなすのである。

これらの議論は,自由であれ,平等であれ,民主的決定のもたらす帰結でなく,このような決定のしくみ自体に内在する価値をもとに民主主義を擁護している。もっとも,結果が全く無関係だと考える意見は,これら内在的価値に基

づく擁護の中でも少数である。

3　民主主義は決め方の問題だけか？

　本章ではここまで，決め方としての民主主義について，その多様性と価値という2つの側面から検討してきた。多様性については歴史的な変遷の記述が中心となり，価値については規範的な議論が中心となったが，この2つは関連している。たとえば，エリート主義民主主義を支持する人は，内在的擁護でなく，道具的擁護により説得力を覚えるだろう。エリート主義にとって，課題は，政治決定のあり方そのものではなく，政治決定のシステムを現実の政治と適合的なものとすることにあるからである。

　しかし，本章の冒頭で述べたように，これらに民主主義の問題が尽きるというわけではない。何より，決め方の問題として民主主義をとらえたことは，民主主義の広範な領域の一部を削り取って提示したに過ぎない。

　たとえば，民主主義論の古典，アレクシス・ド・トクヴィルの『アメリカのデモクラシー』において，民主主義は何よりもまず，社会における平等化の進展と結び付けて論じられている（トクヴィル 2005・08）。ここで平等化とは，先に述べた内在的擁護説が想定するような，正義の原則ではない。トクヴィルにとって，平等とは何より，人々を取り巻く諸条件が徐々に似通ってくるという，社会，経済的な変化の趨勢を指している。このような意味での平等化の趨勢が人々のエートス（心性）をどう変えているか，また，その中で，どのような新たな問題が生じたかを論じるトクヴィルの議論も，あるタイプの民主主義の考え方をよく示している（エートス〈心性〉については **7** 章参照）。

　トクヴィルに見られた，民主主義を人々のエートスとしてとらえる考え方は，アメリカの詩人，ウォルト・ホイットマンにも共有されている。彼にとって，民主主義とは，決め方やそのための制度である以上に，人々のエートスの問題である。「おお，我が友よ。君もまた，ただ選挙や政治，あるいは政党の売名行為のためにのみあると想像していたのか？　私は言いたい。民主主義が本当に役に立つようになるのは，作法や人間交際の最高の形態，そして人々の信念

……において花開き，実るときなのである」(ホイットマン 1992：76)。

では，決め方のしくみに収まらないこうした民主主義観において，何が
デモクラティック(民衆による支配に関係する)なのだろうか。これは容易に答えられる問題ではないが，一ついえるのは，トクヴィルとホイットマンはともに，デモス（民衆）の変容，とりわけ，エートスにこだわっているということである。政治的支配のシステムよりも，デモスの変貌するあり方に注目するような態度は，次の章で扱うラディカル・デモクラシーにおいて，大きな役割を果たすことになる。

SUMMARY ●まとめ

- ☐ 1 民主主義とひとくちにいっても，直接民主制と選挙を通じた代表制の違い，くじ引きや多様な選挙制度などの決め方をめぐり，さまざまなタイプが存在している。
- ☐ 2 現代の民主主義は，選挙に基づく代表制と立憲主義を組み合わせた自由民主主義が主流であるが，この制度の解釈と評価をめぐっては，エリート主義，多元主義など，複数の意見が存在する。
- ☐ 3 民主主義を擁護する議論には，道具的価値に訴えるものと内在的価値に訴えるものの2つのタイプがあり，さらに，その2つの内部にもさまざまな議論が存在している。

EXERCISE ●演習問題

- 1 自由民主主義には，どのようなメリットがあると考えられるだろうか。具体的な政治課題や歴史上の出来事を例にとって考えてみよう。
- 2 冒頭に挙げたイギリスの国民投票の例について，道具的価値，内在的価値，いずれの価値に基づいた場合に，国民投票は最もよく擁護されうるだろうか。

さらに学びたい人のために　　　　　　　　　　　　　　　　　　　Bookguide ●

東浩紀『一般意志2.0——ルソー，フロイト，グーグル』講談社文庫，2015年。

著名な評論家・思想家による独創的な民主主義論。主張は挑戦的だが，民主主義の問題系が手際よく整理されており，本章でふれた「集合知」をめぐる興味深い議論も展開されている。

齋藤純一・田村哲樹編『アクセス デモクラシー論』日本経済評論社，2012年。
　デモクラシー論を踏み込んで学ぶのであれば，この本でさまざまなトピックについての先端の議論にふれるのが有益。

坂井豊貴『多数決を疑う――社会的選択理論とは何か』岩波新書，2015年。
　投票によって人々の意向をどう反映しうるかという問題について，わかりやすく解説してくれる。

引用・参考文献　　　　　　　　　　　　　　　　　　　Reference●

小田川大典 2008「代議制」岡崎晴輝・木村俊道編『はじめて学ぶ政治学――古典・名著への誘い』ミネルヴァ書房。
久米郁男・川出良枝・古城佳子・田中愛治・真渕勝 2011『政治学〔補訂版〕』有斐閣。
坂井豊貴 2015『多数決を疑う――社会的選択理論とは何か』岩波新書。
シィエス／稲本洋之助・伊藤洋一・川出良枝・松本英実訳 2011『第三身分とは何か』岩波文庫（原著初版1789年）。
シュムペーター，J.A／中山伊知郎・東畑精一訳 1995『資本主義・社会主義・民主主義』東洋経済新報社（原著1950年）。
スウィフト，アダム／有賀誠・武藤功訳 2011『政治哲学への招待――自由や平等のいったい何が問題なのか？』風行社（原著2006年，初版は2001年）。
スロウィッキー，ジェームズ／小高尚子訳 2008『「みんなの意見」は案外正しい』角川文庫（原著2004年）。
セン，アマルティア／石塚雅彦訳 2000『自由と経済開発』日本経済新聞社（原著1999年）。
ダール，ロバート・A.／河村望・高橋和宏監訳 1988『統治するのはだれか――アメリカの一都市における民主主義と権力』行人社（原著1961年）。
トクヴィル，アレクシス・ド／松本礼二訳 2005・08『アメリカのデモクラシー』第1巻・第2巻，岩波文庫（原著1835・40年）。
バーク，エドマンド／中野好之編訳 2000『バーク政治経済論集』法政大学出版局。
ハミルトン，A.＝J.ジェイ＝J.マディソン・J／斎藤眞・中野勝郎編訳 1999『ザ・フェデラリスト』岩波文庫（原著1961年）。
早川誠 2014『代表制という思想』風行社。
プラトン／藤沢令夫訳 1979『国家』上・下，岩波文庫（原著1902年）。
ペイトマン，キャロル／寄本勝美訳 1977『参加と民主主義理論』早稲田大学出版部（原著1970年）。
ホイットマン，ウォールト／佐渡谷重信訳 1992『民主主義の展望』講談社学術文庫（原

著 1888 年)。

山崎望・山本圭編 2015『ポスト代表制の政治学——デモクラシーの危機に抗して』ナカニシヤ出版。

ルソー，ジャン゠ジャック／桑原武夫・前川貞次郎訳 1954『社会契約論』岩波文庫（原著 1762 年)。

Arneson, Richard 2003, "Democratic Rights at the National Level," in Thomas Christiano ed., *Philosophy and Democracy: An Anthology*, Oxford University Press.

Chiristiano, Thomas 1996, *The Rule of the Many: Fundamental Issues in Democratic Theory*, Westview.

Christiano, Thomas ed. 2003, *Philosophy and Democracy: An Anthology*, Oxford University Press.

Disch, Lisa 2015, "The 'Constructivist Turn' in Democratic Representation: A Normative Dead-End?" *Constellations*, 22(4): 487-499.

Manin, Bernard 1997, *The Principles of Representative Government*, Cambridge University Press.

Näsström, Sofia 2011, "Where is the Representative Turn Going?" *European Journal of Political Theory*, 10(4): 501-510.

Schwartzberg, Melissa 2015, "Epistemic Democracy and Its Challenges," *Annual Review of Political Science*, 18: 187-203.

CHAPTER 7

多数決で決めればよい？
熟議民主主義とラディカル・デモクラシー

INTRODUCTION

　前章で民主主義について取り上げた。そこでは，なぜ一人や一部の人ではなく，「みんな」で決める——これが民主主義の基本的な意味である——ほうが望ましいといえるのかについて，いくつかの根拠を挙げて説明してきた。

　前章ではまた，今日では「民主主義」として，投票と多数決，そしてその制度的形態としての代議制が思い描かれる場合が多いと述べた。このことは読者の実感や経験にも合致するのではないだろうか。多数決と聞いて思い浮かぶのは，たとえば，中学校や高校の文化祭でクラスの出し物を決める場面である。いくつかの案が提示され，クラスの「みんな」は適当に手を挙げる。だが，それを，「みんな」が本当に望んだものだといえるだろうか。

　本章では，多数決ではない民主主義のいくつかの考え方について説明し，民主主義の多様性を示すことにしたい。取り上げるのは，「熟議民主主義（deliberative democracy）」と「闘技民主主義（agonistic democracy）」の2つの理論である。両者は，民主主義＝多数決とは考えない点で共通している。両者はまた，現代社会を，人々が判断や行動の前提として共有しているものの範囲が縮小し，何が「当然」「普通」であるかが自明ではなくなり，意見や価値の差異が拡大する社会として把握する点で共通している。そのような社会だからこそ，投票や多数決のみで「みんなの意見」を決めることが難しくなり，「熟議」または「闘技」が重要となるとされるのである。

　なお，これらの共通点に注目する場合，両者をまとめて，代議制民主主義ある

いは自由民主主義を根本的に問い直すという意味で,「ラディカル・デモクラシー」と呼ぶことがある（千葉 1995）。とはいえ，闘技民主主義のみをラディカル・デモクラシーと呼ぶ場合も多い。本書では，こちらの用法に従っている。

1 熟議民主主義

熟議民主主義とは何か？

　多数決ではない民主主義として，まず取り上げるのは**熟議民主主義**である。ここでは，最もオーソドックスな熟議民主主義の理解を示しておこう。その後で，修正の試みについて述べる。

　熟議民主主義とは，最も広い意味では，話し合いを中心とする民主主義を指す（Dryzek 2000）。重要なことは，その話し合いを通じて，各自が自らの意見を問い直すことである（意見の反省）。その結果として，各自の意見が変容し，当初は異なる意見をもっていた人々の間に合意（コンセンサス）が形成されることが期待される。すなわち，多数決ではなく「みんな」が納得できる結論をめざす形の民主主義である。

　しかし，話し合いが特定の人々に一方的に意見の変容を強いる場になってしまう可能性はないのだろうか。つまり，話し合いの場が，「声の大きい」者，社会的立場のある者，権力を有する者の意見だけが通る場になってしまい，その結果，そうではない人々が仕方なく自分の意見を曲げざるをえない状況に陥ってしまわないのだろうか。もちろん，その可能性は存在する。そこで強調されるのが，熟議とは「理由（reason）」の検討のプロセスだということである（齋藤 2012）。熟議において自らの意見を述べる場合には，それを正当化する理由を挙げることが求められる。その理由は，価値観を異にするあらゆる人々にとって，受け容れ可能と想定されるものでなければならない。熟議への参加者たちは，こうして挙げられた理由の妥当性を検討する。多くの人々が受け容れられないと判断するような理由に基づく意見は，この熟議のプロセスの中で却

下または修正されることになる。だから，単に「声が大きい」だけでは，熟議におけるこのような妥当性の検討をくぐり抜けることはできない。しばしば，熟議民主主義は「理性（reason）」を重視する民主主義といわれるが（田村 2008），その場合の「理性」とは，このような理由を検討するコミュニケーションのプロセスの中に存在するものと考えられる（齋藤 2012：182）。

多数決の民主主義の何が問題なのか？

熟議民主主義論は多数決型の民主主義を，しばしば**集計型民主主義**と呼んで批判する。これは，通常の多数決が，各自の意見（選好）の中身は問わずに単純に合算（集計）して決めることを指している。たとえば，秘密投票による選挙は，その典型である。今日では通常，投票は無記名で行われる。もちろん，これには投票者がわかってしまうことに伴う問題（たとえば，「力のある者」の意向に逆らった投票を行うことは困難である）を回避するための工夫である。また，多数「決」とはいえないが，通常の世論調査も，集計型民主主義の重要な要素である。いずれも，投票や回答において，理由の提示や自らの意見の反省を求められることはなく，基本的に，各自の意見がそのまま集計される。

このような集計型民主主義がなぜ問題なのだろうか。第1に，政治の「私化」という問題である。古代ギリシア以来，政治とは人々に共通の，その意味で「公的な」事柄を扱うものとされてきた。しかし，集計型民主主義では，各自の個別的な，その意味で「私的な」意見，たとえば，各自の利己的な利益がそのまま集計されて決定に反映されることになる。すなわち，ここでは，「公的事柄」といっても，個別の「私的な」選好の総和に過ぎない。政治の目標は，「私的な」要求の実現となる。利益誘導の政治は，集計型民主主義の不可避的な帰結である。

第2に，ジェイムズ・S. フィシュキンのいう「生の世論」に基づく政治の問題である。十分な情報と熟慮を経ない「生の世論」は，しばしば不十分な知識に基づいた不明確な意見であり，世論操作されやすい（フィシュキン 2011：13-21）。このような「生の世論」の集計に基づく政治は，非常に不安定なものとなるだろう。

第3に，現代社会の構造変容への対応という問題である。現代は，社会学に

おいて**再帰的近代化**や**個人化**として特徴づけられる時代である（ベック＝ギデンズ＝ラッシュ 1997；宇野・田村・山崎 2011；田村 2008）。それは，人々の多様化が進むとともに，既存の権威や伝統を当てにすることができなくなった時代である。そこでは，人々の間での意見の多様性はもちろんのこと，そもそも判断の基準が自明ではなくなるために，各自が判断を行うこと自体が難しくなる。このような状況では，熟議を通じて人々の間に共通性を作り出していくほかはない。

熟議民主主義の多層性

熟議民主主義は一般市民によってなされるものと思われることが多い。とはいえ，それは，古代ギリシアのポリスのように市民全員が一堂に会するものだとは限らない。むしろ，熟議民主主義の場は，より多層的に理解することができる。

(1) **ミニ・パブリックス**　まず挙げるべきは，ミニ・パブリックス（mini-publics）である。これは，市民社会（→**14章**）において一般市民が集まって熟議を行う場・制度の総称である。代表的なものとしては，**市民討議会**，**討論型世論調査**，**コンセンサス会議**などがある（井手 2010；尾内 2010；篠原 2004：第5章；篠原 2012；ギャスティル＝レヴィーン 2013；フィシュキン 2011）。もちろん，それぞれの制度には，参加者の集め方や議論の進め方などにおいて違いがある。とはいえ，ミニ・パブリックスの基本的なイメージは，無作為抽出で選ばれた参加者が，特定のテーマについて，専門家の説明や資料を通じて当該テーマについての理解を深めつつ議論する，というものである。

(2) **議　会**　熟議民主主義論の主流は，議会における熟議ではなく，市民社会における熟議を経た意見，**洗練された意見**（フィシュキン 2011）を議会に対して届けることを重視してきた。議会は（熟議よりも）意思決定を行わなければならないし，議会で多数派を獲得し与党となれば，熟議を行わなくとも「数の力」で決定を行うことが可能だからである。後に見る**ユルゲン・ハーバーマス**の**二回路モデル**は，市民社会中心的な熟議民主主義論の典型である（ハーバーマス 2002・03）。

とはいえ，もともと議会とは，単に決定するだけではなく，審議／熟議（de-

> **Column ❼　熟議システム**
>
> 　本文で述べたような熟議の場の多層性をふまえ，近年では「熟議システム」というアイデアも提起されている（Parkinson and Mansbridge 2012；田村 2017）。熟議システム論の基本的な考え方は，個々の熟議の場ではなく，それらの相互連関を見ようというものである。たとえば，特定のミニ・パブリックスだけを見るのではなく，それが国家・政府，市民社会全体，さらには家族などの私的領域などとの関係でどのように機能しているのか／するべきなのかを考える，というわけである。
>
> 　また，熟議システム論の考え方を用いると，それ自体は非熟議的な実践・制度を熟議民主主義論の枠組みで理解することもできるようになる。たとえば，非常に強固な要求を掲げ，妥協の余地がないように見える抗議運動も，仮にそれ自体を熟議的な実践と見ることはできないとしても，その強力なアピールによって，運動にかかわっていない人々が当該問題について考え直す（反省する）契機をもたらすならば，マクロには（社会全体としては）熟議的な効果をもつことになる。ミクロな非熟議実践のマクロな熟議的効果である（Tamura 2014）。このように，熟議システムの概念を用いることで，さまざまな熟議あるいは非熟議の実践・制度の相互連関を見ることができるようになる。

liberation）の場のはずである。単に「数の力」だけで決定すればよいのであれば，審議のための場を設ける必要もない。したがって，熟議の場としての議会の重要性が強調される場合もあるし（柳瀬 2015），議会を熟議の場にするための実際の試みも存在する（大津留〈北川〉2010）。また，どのような議会であれば，より熟議的になるのかについての研究も行われている。そこではたとえば，二大政党制よりも多党制のほうが，議会が熟議的になりやすいことが指摘されている（Steiner et al. 2004；田村 2008：第 6 章）。

(3) 私的領域　「私的」とされる空間における熟議民主主義を考えることもできる。私たちは，家族や友人関係といった私的な（とされる）関係においては，お互いのことをよく知っており，話さなくてもわかると思いがちである。それにもかかわらず，慣れ親しんだ関係の人々の間でも，問題は発生する。たとえば，家族における家事や子育ての分担をどうするかは，家族メンバーの間で「問題」となる。そのような場合には，家族における熟議民主主義が必要と

なる。ジェーン・マンスブリッジのいう日常的な話し合い（everyday talk）としての熟議である（田村 2010）。

熟議民主主義への批判と応答

│批　判│

熟議民主主義は近年さかんに論じられ，実践も多く試みられるようになってきた。それと同時に，批判も寄せられている。そのうち代表的なものを紹介しておこう。

(1)「合意」をめざすことへの批判　第1の批判は，合意についてのものである。熟議民主主義の標準的な考え方では，異なる意見をもつ人々も熟議を経ることで合意に到達することができるとされる。しかし，このような熟議民主主義の合意志向には，2つの批判がある（田村 2008：第3章）。一つは，合意は不可能というものである。現代社会における深刻な対立・紛争では，そもそも熟議などというものは成立しない。民族紛争や宗教的な対立などはその典型である。もう一つは，合意は規範的に望ましくないというものである。この考え方によれば，「合意」の形成とは，合意できない何かを「排除」することにほかならない。つまり，合意は常に排除と表裏一体である。そうだとすれば，合意形成をめざすことを単純に「望ましい」とはいえない，ということになる。

(2) 理性的コミュニケーションによる排除　第2の批判は，熟議における理性的コミュニケーションについてのものである。すでに述べたように，熟議とは「理由の検討」のプロセスである。しかし，このような熟議のプロセスは，「理性的な」主張と「非理性的な」主張とを峻別し，後者を，妥当性を欠く主張として却下してしまうとして批判される。「理性的」とされるのは，冷静，論理的，合理的，客観的な主張である。「非理性的」とされるのは，感情的，非論理的，非合理的，主観的な主張である。さらに問題であるのは，このような理性的／非理性的の区別が，しばしば社会的な属性と対応して理解されがちであることである。アイリス・M. ヤングが指摘するように，低学歴の人々，女性，外国人・少数民族などの特定の社会的な属性の人々が，このようにして

「非理性的な主張を行う人々」とみなされやすい（Young 2000）。そうだとすれば，熟議を行うことは，結果的にこうした人々を排除することを意味する。

応　答

これらの批判に対しては，熟議民主主義論からも，いくつかの応答が試みられている。

(1) 合意について　まず，合意は不可能という批判に対しては，少なくとも次の2つの応答がある。第1は，「合意」概念の精緻化である。特に重要なのは，熟議を経た合意は結論レベルのそれでなくとも有意義とする考え方である（田村 2008：第4章）。たとえば，**紛争の次元に関する合意**という概念が提案されている。これは，「問題は何なのか」「何が争われているのか」「意見の違いはどこにあるのか」についての合意である。また，**メタ合意**という概念も提案されている。たとえば，価値Aと価値Bとの間で対立しているように見える人々が，実際には絶対的にAかBのどちらかのみを支持しているのではなく，あくまで両者の「相対的な優先順位」の違いで争っているに過ぎないと気づく場合に，そのような対立の上に「メタ合意」が形成されていると考えられる。

このような「合意」に意味があるのかと思う人もいるかもしれない。そのような人は，自分が誰かと議論したとして，どのような場面で相手のことを腹立たしく思うかを想像してみてほしい。おそらくそれは，立場の違いそのものではなく，話が相手と「かみ合っていない」と感じられるときではないだろうか。その場合，両者の間には「紛争の次元に関する合意」が形成されていないのである。もしそうだとすれば，たとえ結論レベルで合意は形成されなくとも，「合意」が形成される意味は十分にあるといえるだろう。

第2の応答は，熟議の目的から合意を外すというものである。ここでは，本章❶で言及したハーバーマスの「二回路モデル」を，この種の応答の一つとして紹介しておきたい。ハーバーマスは，国家・議会における「意思形成」（意思決定）と，市民社会・公共圏における「意見形成」とを区別する（ハーバーマス 2002・03；田村 2008：第5章）。このモデルでは，市民社会・公共圏における「意見形成」の熟議に期待されるのは合意形成ではない。そうではなく，

そこで期待されているのは，熟議を経た意見を国家・議会へと届けることである。そのようにして届けられる意見は，国家・議会における（必ずしも熟議に基づくとは限らない）決定を正統なものにするために不可欠な要素である。このように，「二回路モデル」は，一般市民による熟議を合意形成から解放するのである。

しかし今度は，「決定しない熟議に意味があるのか」という疑問が生じるかもしれない。このような疑問に対して，ハーバーマスは，公共圏・市民社会における「意見形成」の熟議は，一般市民から決定の負担を免除するのだと述べている（ハーバーマス 2002・03：[下] 92）。政治的争点について意思決定を行うことは，政治のプロではない一般市民にとっては非常に負担の重い作業である。合意や決定を意識したために，いいたいこともいえなくなる，ということもありそうである。そうだとすれば，意思決定／合意形成の圧力から解放されたほうが熟議は活性化するだろう。決定しない熟議には，そのほうが熟議がより活性化しうるという意義があるのである。

(2) 排除しない熟議民主主義のために　　次に，理性的コミュニケーションによる排除の問題についてである。この問題への応答の一つは，「非理性的な」コミュニケーション様式をも認めることである。具体的には，挨拶（身振り手振り），レトリック，印象的な体験談やエピソードに基づいて語るストーリー・テリングなども，熟議のコミュニケーション様式として認められるべきことが提案される（田村 2008：第3章）。このように，コミュニケーション様式を拡張することで，熟議民主主義がより非排除的になることが期待されるのである。これらのコミュニケーション様式は，「理性」よりも「感情」に訴えるものである。感情に訴えかける「非理性的な」コミュニケーション様式を通じて，強制的ではない形で人々の間に自らの見解についての反省が生じるならば，それもまた熟議といえる。

もう一つの応答として，政治的・社会的少数者の発言権の制度的な確保が挙げられる。たとえば，社会的・政治的少数派に一定の議席等を割り当てる「クオータ制」は，社会的・政治的少数派であるがゆえに，その発言を軽視されがちな人々の熟議参加資格をあらかじめ保障するものと理解できる。また，社会的・政治的少数者だけで熟議できる空間を確保するという方策も考えられる。

ナンシー・フレイザーのいう**サバルタン対抗的公共圏**がそれである（フレイザー 2003）。多数者と同じ場では，少数者は十分に意見を述べることが難しい。しかし，自分たちだけの空間であれば事情は異なる。少数者だけの空間は，それ自体が彼ら／彼女たちを熟議へと後押しするしくみとなりうるのである。

3 闘技民主主義

闘技民主主義の概要

　多数決批判のもう一つの民主主義は，ラディカル・デモクラシーである。これにはいくつかのタイプがある。その中で本章では，**闘技民主主義**（agonistic democracy）を取り上げる。闘技（agon, agonism）とは，ライバル同士の敬意を払った対立・競争関係を意味する。

　闘技民主主義では，民主主義の目標は，合意形成ではなく，健全な対立・競争関係の表出・確立にあるとされる。熟議民主主義への批判の箇所で述べたように，合意の形成は必然的に排除されるべき「差異」をもたらす。したがって，民主主義の目標を合意形成に置くべきではない。むしろ，闘技的な関係を形成・維持するために，対立するさまざまな主張・要求をできるだけ政治問題化することが望ましい。そのことを通じて，政治的少数派の主張や要求も正当なものとして承認され，排除の問題を克服することができる。

　もっとも，対立を重視するからといって，闘技民主主義がそれぞれの政治的立場を変化しない固定的なものとしてとらえているというわけではない。むしろ，それぞれの政治的立場は変化に開かれたものである。なぜなら，闘技民主主義において，ある政治的立場は，それとは異なる別の政治的立場との関係においてのみ決まるものと考えられるからである。したがって，闘技民主主義がめざすものを，既存の対立関係の維持としてのみ理解することはできない。そうではなく，闘技民主主義においては，闘技的な関係の中でそれぞれの政治的立場がそれとは異なる立場に接することで，自己の立場，ひいてはアイデンティティが他者によっても形成されることに気づき，その結果，アイデンティティそのものが変容し，新たな関係性が構築されることも期待されているのであ

る。

　以下では，闘技民主主義の内容を3つのポイントに即してより詳しく見ていこう。

ポイント①——合意の不可能性あるいは「同一性／差異」の論理

　闘技民主主義のポイントの第1は，合意形成に対する批判である。闘技民主主義は，一見「合意」と見えるものの背景に，常に「合意できない」人々が存在することに注意を促す。たとえば，闘技民主主義論者の一人である**シャンタル・ムフ**は，哲学者ジャック・デリダの言葉を借用して，「不合意」とは「合意」の「構成的外部」であると述べている。すなわち，私たちの「合意」は，不合意を見えない形で排除することで初めて成り立っているものなのである。

　闘技民主主義における合意批判の基礎には，「同一性／差異」の論理への注目がある。これは，簡単にいえば，「同じもの」（同一性）を生み出すことは，同時に「異なるもの」（差異）を生み出すことにほかならない，ということである。言い換えれば，何らかの「同じもの」（同一性）が成立するのは，あくまで「異なるもの」（差異）を排除することによってのみなのである。しかも，ここで生み出される同一性／差異は，単なる分類や区別ではない。このセットにおいて，「同一性」が標準であり「正常」とみなされる一方で，「差異」は例外であり「異常」とみなされる。

　同一性／差異の論理が作用する例をいくつか挙げておこう。まず，ナショナリズムがある。同一性／差異の論理によれば，「私（私たち）は○○人である」という意識は，常に「○○人ではない他の人々」との対照によって形成されるものである。たとえば，「日本人」が「自分（自分たち）は日本人だ」と強く意識するのは，日本人「ではない」とみなす人々と出会うときである。このように，「同じ」○○人意識は，「異なる」××人意識とセットである。あるいは，「異なる」××人を強調することが「同じ」○○人意識を高めるともいえる。もう一つ，ジェンダーについても同じことがいえる。たとえば，自分が「男性」であるという認識・アイデンティティは，「男性ではない」人々との対照によって形成される。とりわけ**イヴ・セジウィック**が提示したホモソーシャルという概念は，このような同一性／差異の論理をよく示している。セジウィッ

クは，男性同士の強い関係（男同士の絆）が，女性を排除することによって形成されることを，ホモソーシャルと呼んだ（セジウィック 2001）。これは，「男性」というアイデンティティが「女性」という異なるものを排除することで構成されることを示唆している。

ポイント②——「自立的な個人」に基づかない民主主義

　同一性／差異の論理に依拠する闘技民主主義は，それゆえ，「自立的な個人」に立脚しない民主主義である。ここで「自立的な個人」とは，自己の利益および／あるいは依拠する価値観を確立しており，状況についての判断力を備えた個人のことである。民主主義論の多くは，大なり小なりこのような個人像に依拠している。たとえば，集計型民主主義の場合は，自己の利益を認識し，選挙・投票で特定の政治家を選ぶ程度には判断力をもつ個人が想定されている。熟議民主主義の場合は，事情はもう少し複雑である。本章①で述べた通り，熟議民主主義における「理性」は，それに参加する各個人にではなく，コミュニケーションそのものに体現されるものと考えるべきである。その意味で，熟議民主主義が理由・理性を重視するからといって，単純にそれが自立的な個人を想定しているということはできない。また，熟議民主主義においては，人々は熟議のプロセスの中で自己の判断を反省し見直すことが想定されている。そのような反省と意見の変容のプロセスを「自立」と呼んでよいのかどうかも，慎重な検討が必要である。とはいえ，闘技民主主義との対比では，熟議民主主義が，そのような理性的コミュニケーションに参加し，自覚的に自らの見解を反省し変化させることができるような個人を想定していることは確かである。

　これらに対して，闘技民主主義が強調するのは，個人の偶然性である。同一性／差異の論理をふまえるならば，個人＝「私」について次のように考えることができる。「私」が何者であるか，つまり「私」のアイデンティティ（同一性）は，「私」のみでは決まらない。なぜなら，「私」のアイデンティティ（同一性）は，異なる他者（差異）との関係で決まるからである。そうだとすれば，「私」は，きわめて偶然的な存在だということになる。なぜなら，この場合の「私」とは，さまざまな他者との関係によって決まる，それゆえきわめて不安定な存在だからである。

しかし,このような偶然的な「私」という認識から,民主主義のためにどのような手がかりを得ることができるのだろうか。ウィリアム・E. コノリーは,同一性／差異によって構成される「私」という認識から,他者への配慮という倫理を導く（コノリー 1998）。「私」のアイデンティティ（同一性）が何かを「差異」として排除することによって成立しているとすれば,「私」がなすべきことは,「私」が「私」であるために何を「差異」として排除したのかについて配慮することである。そして,「私」がそのようにして排除した差異を考慮に入れることで,「私」のアイデンティティの自明性に疑いをかけることである。そのような態度をとることから,他者との闘技的な尊重関係が生まれる。このように,闘技民主主義においては,「私」が自立的ではないことは,決して民主主義にとってマイナスにはならない。むしろ,それは闘技的な尊重のための重要な条件なのである。

ポイント③――「政治」とは何か？

闘技民主主義の第3のポイントは,その政治観である。最初に述べておくべきことは,集計型民主主義の政治観を批判する点において,闘技民主主義は熟議民主主義と共通しているということである。闘技民主主義も,熟議民主主義と同じように,政治＝自己利益の追求・実現ではないと考える。ムフが主張するように,闘技民主主義も,政治は「定義の済んだざまざまな利益の間の妥協」ではないと考える（ムフ 1998）。

しかし,その次の段階で,闘技民主主義は熟議民主主義と袂を分かつ。闘技民主主義は,政治を「理性的コミュニケーションによる合意形成」とみなす熟議民主主義を厳しく批判する。そのような政治観は,政治を利益の実現と選好の集計とみなす集計型民主主義の経済的モデルを,政治を理性と合理的な論議とみなす道徳的モデルで置き換えるものである。しかし,経済的モデルにせよ,道徳的モデルにせよ,「政治的なものの特殊性」を見失っている点では同じなのである（ムフ 2006a：63）。

それでは,闘技民主主義にとって政治とは何か。主にムフの見解に沿ってまとめると,次のようになる。第1に,政治とは,利益（集計型民主主義）でも,理性（熟議民主主義）でもなく,「情念」の世界である。政治における情念の重

要性を理解しない政治観は、たとえ政治を論じているように見えても「根本的に反政治的」である。利益の意味であれ、理性の意味であれ、政治とは合理性の支配する世界ではなく、むしろその限界が明らかになる場なのである。したがって、政治を何らかの合理性に還元するような政治観は、徹底的に拒否されなければならない（ムフ 1998：226-227）。第2に、それゆえ政治とは、対話や合意ではなく、**敵対性**（antagonism）に満ちた世界である。たとえば、ムフが参照するのは、ドイツの政治哲学者・国法学者**カール・シュミット**による、政治の本質を友／敵関係に見出す政治理解である。ただし、「闘技」の相手が直接に「敵（enemy）」を意味するわけではない。シュミットのいう友／敵関係は、最終的には打倒し合う、いわば「殺るか、殺られるか」の関係である。しかし、これは「闘技」ではない。なぜなら闘技とは、単に敵対するのではなく、互いに相手に敬意を払った対立関係だからである。したがって、闘技民主主義にとって大切なことは、打倒されるべき「敵」を「対抗者（adversary）」に変えることである。「対抗者」とは、「私たちは彼らの理念と闘うけれども、彼らが自らの理念を擁護する権利については疑問に付すことはない」ような存在のことである（ムフ 2006b：157）。このように、闘技民主主義は、政治を情念と敵対性の世界として理解する。情念と敵対性が対抗者間の関係へと変換されることによって、闘技の空間は成立する。こうして、闘技民主主義は、紛争や対立を一方的に除去されるべきものとしてではなく、民主主義の必要条件とみなすのである。

4 闘技民主主義の難問

闘技民主主義への疑問として、ここでは闘技の成立と合意との関係という問題を挙げておきたい。一方で、闘技民主主義は、熟議民主主義に見られるような合意形成への志向性を徹底的に批判する。すでに見たように、合意の形成とは、何らかの「同一性」の形成であり、それは何らかの「差異」の排除とセットなのである。しかし、他方でそれが一切の合意を必要としないというわけでもない。闘技民主主義は、「闘技」の維持、つまりお互いを健全な「対抗者」

として認める／認め続けるという，最低限の「合意」を必要とする。

　しかし，闘技民主主義において，そのような闘技への合意がどのようにして形成されるのかは，必ずしも明確ではない。この点についてムフは，対抗者への変容は「改宗」のようなものだと述べている（ムフ 2006b：158）。しかし，そうだとすれば，闘技民主主義実現の展望は非常に厳しいといわざるをえない。また，もしも闘技が成立するためには何らかのコミュニケーションが必要だと述べるならば，その民主主義の構想はむしろ熟議民主主義に接近することになってしまうだろう（田村 2008：第3章）。また，コノリーのように，闘技を志向するエートス（心性）の涵養（かんよう）に訴える論者もいる（Connolly 1995；コノリー 2008）。エートス（ethos）とは，もともと「習慣」さらには「性格」を意味した古代ギリシア語で，倫理（ethics）の基にもなった言葉であり，倫理的なもののうち，規則や命令に解消されない，心性などの態度を指す。つまり，敵対者を排除し攻撃する代わりに，それを尊重するような心性によって，闘技を成立させようとするのである。しかし，その場合もムフの「改宗」と同様，そのようなエートスを育てる基盤をどこに見出すかという問題に直面するように思われる。

　このような「難問」に対しては，現在，2つの異なった対応が提起されている。一つは，難問発生の原因を，闘技民主主義が敵対性を闘技へと限定することに求める見解である（山本 2016：第5章）。改宗であれ，エートスであれ，平和的な闘技に期待する闘技民主主義は，多数決や代議制に依拠する民主主義を批判しながらも，結局はそうしたリベラル・デモクラシー（→6章）を壊さない程度に，敵対性の角を丸めてしまっているともいえる。闘技民主主義がその可能性を発揮するためには，むしろ敵対性自体に既存の秩序の変革可能性を見出し，それを闘技に限定することなく，広範な「私たち」の構成という，ヘゲモニー構築へとつなげていくべきなのである。ただし，そのようなヘゲモニー構築も，それが「民主的」であるためには，単なる敵対性にとどまらない何かが必要であろう。

　もう一つの対応は，実際に闘技が起こっていることを示すことに求められる。敵対者に敬意をもって接するというと，理想主義的に聞こえる（だからこそ，「改宗」や「エートス」が求められる）。しかし，何人かの論者は，人間の脳や情

念の生理的メカニズムなどに注目しつつ，実際に，人間関係の中では，闘技的な対応がしばしば生じていると指摘している。そうだとすれば，重要なのは，実際に生じている闘技的な契機に私たちがより注意深くなることであろう（乙部 2011；コノリー 2008）。とはいえ，仮に闘技が実際に日々生起している営みだとしても，その闘技をよりよく活かすしくみについての議論が不要になるわけではないだろう。

　本章では，多数決ではない民主主義として，熟議民主主義と闘技民主主義を取り上げた。民主主義＝多数決（集計型民主主義）とは考えない点において，両者は共通している。しかし，その先に理性的なコミュニケーションによる熟議に基づく政治を見出すか，情念と敵対性を基礎とした闘技的な関係性の政治を見出すかによって，両者は異なっている。

　本章で，熟議と闘技のどちらがより妥当であるのかについての評価を下すことはしない。まずもって重要なことは，民主主義といっても多数決だけとは限らないこと，そして，多数決ではない民主主義にもいくつかの考え方があることを知ることだからである。

SUMMARY ●まとめ

- ☐ 1 民主主義には多数決を中心としない考え方もあり，今日におけるその代表は，熟議民主主義と闘技民主主義である。
- ☐ 2 熟議民主主義とは，話し合いの中で各自の意見が変容することを重視する民主主義論である。熟議の標準的な考え方は，それを理由の検討のプロセスとするものである。熟議民主主義は，多層的な場において行われる。
- ☐ 3 熟議民主主義への批判の代表的なものは，合意志向への批判と理性中心性への批判である。これらへの応答として，「メタ合意」など合意概念の再検討や感情を重視した「非理性的な」コミュニケーション様式の承認などがある。
- ☐ 4 闘技民主主義は，互いに敬意を払った対立・競争関係の成立を重視する考え方である。闘技民主主義は，合意の不可能性，「自立的な個人」への批判，感情と敵対性に基づく政治理解などによって特徴づけられる。
- ☐ 5 闘技民主主義の難問は，闘技の成立をどのように説明するのかにある。この

問題への応答として「改宗」や「エートス」などが提案されるが,十分な回答とはいえない。

EXERCISE ●演習問題

[1] 熟議民主主義への批判として,本文で紹介したもの以外にどのようなものがあるかを考えてみよう。また,あなたが熟議民主主義を支持する立場だとしたら,その批判にどのように応答することができるかについても考えてみよう。

[2] 闘技民主主義が重要となるのはどのような場面だろうか。話し合ってみよう。

[3] 任意の社会問題を題材として,第 6 章の議論とあわせて,その問題に対処する場合にどのような民主主義をどのような理由で擁護できるかについて,それぞれの意見を出し合ってみよう。

さらに学びたい人のために　　　　　　　　　　　　　　　　　　Bookguide ●

ジェイムズ・S. フィシュキン/曽根泰教監修,岩木貴子訳『人々の声が響き合うとき——熟議空間と民主主義』早川書房,2011 年。
　討論型世論調査の提唱者が熟議民主主義を,平等や参加などの民主主義の他の価値との関係をふまえつつ論じた本。討論型世論調査の具体的な実践についても知ることができる。ただし,本文で述べた熟議の多層性ではなく,ミニ・パブリックスを熟議の場として見る立場をとっている。

田村哲樹『熟議の理由——民主主義の政治理論』勁草書房,2008 年。
　フィシュキンの本よりも,より多層的な熟議民主主義理解をとる。熟議民主主義と闘技民主主義との関係についても論じている。

シャンタル・ムフ/酒井隆史監訳,篠原雅武訳『政治的なものについて——闘技民主主義と多元主義的グローバル秩序の構築』明石書店,2008 年。
　闘技民主主義の代表的論者の一人,ムフの著作。ムフの著作の中では,比較的入手しやすい。ムフを読んだら,もう一人の闘技民主主義論者であるコノリーとの異同も考えてみてほしい。

引用・参考文献　　　　　　　　　　　　　　　　　　　　　　　Reference ●

井手弘子 2010「市民同士の熟議/対話」田村哲樹編『語る——熟議/対話の政治学』(政治の発見⑤) 風行社。

宇野重規・田村哲樹・山崎望 2011『デモクラシーの擁護——再帰化する現代社会で』ナカニシヤ出版。
大津留（北川）智恵子 2010「議会における熟議」田村哲樹編『語る——熟議／対話の政治学』（政治の発見⑤）風行社。
乙部延剛 2011「グローバル化とデモクラシー論の現在——闘技デモクラシーを中心に」『法學志林』109巻1号，33-60頁。
尾内隆之 2010「市民が専門知に向き合うとき」田村哲樹編『語る——熟議／対話の政治学』（政治の発見⑤）風行社。
川崎修・杉田敦編 2012『現代政治理論〔新版〕』有斐閣アルマ。
ギャスティル，ジョン＝ピーター・レヴィーン編／津富宏・井上弘貴・木村正人監訳 2013『熟議民主主義ハンドブック』現代人文社（原著2005年）。
コノリー，ウィリアム・E.／杉田敦・齋藤純一・権左武志訳 1998『アイデンティティ／差異——他者性の政治』岩波書店（原著1991年）。
コノリー，ウィリアム・E.／杉田敦・鵜飼健史・乙部延剛・五野井郁夫訳 2008『プルーラリズム』岩波書店（原著2005年）。
齋藤純一 2012「デモクラシーにおける理性と感情」齋藤純一・田村哲樹編『アクセス デモクラシー論』日本経済評論社。
坂井豊貴 2015『多数決を疑う——社会的選択理論とは何か』岩波新書。
篠原一 2004『市民の政治学——討議デモクラシーとは何か』岩波新書。
篠原一 2007『歴史政治学とデモクラシー』岩波書店。
篠原一編 2012『討議デモクラシーの挑戦——ミニ・パブリックスが拓く新しい政治』岩波書店。
セジウィック，イヴ・K.／上原早苗・亀澤美由紀訳 2001『男同士の絆——イギリス文学とホモソーシャルな欲望』名古屋大学出版会（原著1985年）。
田村哲樹 2008『熟議の理由——民主主義の政治理論』勁草書房。
田村哲樹 2017『熟議民主主義の困難——その乗り越え方の政治理論的考察』ナカニシヤ出版。
田村哲樹編 2010『語る——熟議／対話の政治学』（政治の発見⑤）風行社。
千葉眞 1995『ラディカル・デモクラシーの地平——自由・差異・共通善』新評論。
ハーバーマス，ユルゲン／河上倫逸・耳野健二訳 2002・03『事実性と妥当性——法と民主的法治国家の討議理論にかんする研究』上・下，未來社（原著1992年）。
フィシュキン，ジェイムズ・S.／曽根泰教監修・岩木貴子訳 2011『人々の声が響き合うとき——熟議空間と民主主義』早川書房（原著2009年）。
フレイザー，ナンシー／仲正昌樹監訳 2003『中断された正義——「ポスト社会主義的」条件をめぐる批判的省察』御茶の水書房（原著1997年）。
ベック，ウルリッヒ＝アンソニー・ギデンズ＝スコット・ラッシュ／松尾精文・小幡正敏・叶堂隆三訳 1997『再帰的近代化——近現代における政治，伝統，美的原理』而立書房（原著1994年）。
ムフ，シャンタル／千葉眞・土井美徳・田中智彦・山田竜作訳 1998『政治的なるものの再興』日本経済評論社（原著1993年）。
ムフ，シャンタル 2006a「カール・シュミットと自由民主主義のパラドックス」シャンタ

ル・ムフ編／古賀敬太・佐野誠編訳『カール・シュミットの挑戦』風行社（原著1999年）。

ムフ，シャンタル／葛西弘隆訳 2006b『民主主義の逆説』以文社（原著2000年）。

柳瀬昇 2015『熟慮と討議の民主主義理論――直接民主制は代議制を乗り越えられるか』ミネルヴァ書房。

山本圭 2016『不審者のデモクラシー――ラクラウの政治思想』岩波書店。

Connolly, William E. 1995, *The Ethos of Pluralization*, University of Minnesota Press.

Dryzek, John S. 2000, *Deliberative Democracy and Beyond: Liberals, Critics, Contestations*, Oxford University Press.

Parkinson, John and Jane Mansbridge eds. 2012, *Deliberative Systems: Deliberative Democracy at the Large Scale*, Cambridge University Press.

Steiner, Jürg, André Bächtiger, Markus Spörndli, and Marco R. Sreenbergen 2004, *Deliberative Politics in Action: Analysing Parliamentary Discourse*, Cambridge University Press.

Tamura, Tetsuki 2014, "Rethinking Grassroots Participation in Nested Deliberative Systems." *Japanese Political Science Review*, Vol. 2: 63-87.

Young, Iris M. 2000, *Inclusion and Democracy*, Oxford University Press.

CHAPTER 第8章

民主主義は国境を越えるか？
グローバル民主主義

■ INTRODUCTION

　グローバル化によって，国境を越えてヒト，モノ，カネ，情報，文化，思想，宗教が出入りし，世界の遠い場所で起きた出来事が自分に影響を及ぼす可能性が高まっている。とりわけ情報と経済が国境を越えて世界中に展開している様子は，最もグローバル化の実態を表すものであろう。2015年にIS（イスラーム国）がフランスで起こしたテロの情報は瞬く間に世界中に拡散され，世界中からテロを批判する声があがった。同時に，イスラーム教徒への偏見からモスクへの襲撃が世界中で相次いだ。もはや情報を一国内に閉じ込めることは不可能であり，世界中の人間で共有可能な環境が生まれつつある。

　経済も同様である。リーマン・ショックでは，アメリカの一金融会社の破綻（はたん）という出来事が国境を越えて広がり世界経済危機を引き起こした。グローバル化は，私たちが人間として世界をリアルタイムで共有している現実の一側面を突きつけている。

　しかし，同時に世界は分断されてもいる。国境による分断に加えて，同じ国の中でも分断が起きている。経済格差が広がり，同じ国の中でもライフスタイルや基礎的な価値観のレベルにおいて，ほぼ何も共有しない人々の間の亀裂が拡大している。高層ビルで世界各国の投資家と商談をしている専務が，高層ビルの真下の路上で空腹で座り込むホームレスと共有しているのは国籍くらいかもしれない。

　このようにグローバル化の進む世界は，一方では国境を越えて世界が一つにつながる世界であるが，他方では国の内外を問わず人々の間の亀裂が深まり，分断

される世界でもある。

　そのうえで執拗に国境線の中だけで行われている、とされる営みとして民主主義（→**6**章）が挙げられる。現在では民主主義は国民国家の枠内で制度化されている。その担い手は国民であり、（拘束的な決定を行う）治者と（その決定に拘束される）被治者が同一である、と想定されているが、この構図は今日においても当てはまるだろうか。グローバル化の進む世界では、一つの国家における決定（たとえばアメリカの大統領選挙の結果）が世界中の人々に影響を与えることがある。ここでは実質的な拘束的決定を行う者と、影響を受ける被治者の一致という、民主主義の原則は破綻している。

　国民国家内部での自己完結を求めてきた民主主義は、国境を越える接続と分断をもたらすグローバル化が引き起こす問題の前で、いかに対応していくのだろうか。本章では、グローバル化時代における民主主義のあり方を見ていこう。

1　民主主義の空間

　民主主義は、どのような空間において成立してきたのであろうか。本節では制度化された民主主義に焦点を当てながら、その歴史的な変遷を見ておきたい。古代においては、民主主義は**直接民主主義**の形をとっていたが、民主主義が実現した政治単位は、ポリスと呼ばれる都市国家であった。ポリスの規模はさまざまであるが、1500〜2500 km^{2}の領土をもち、人口は市民（自由民の成人男子）とその家族で数万から10万人規模であり、さらに奴隷などが数万から10万人規模で生活していたとされる。古代における民主主義、すなわち直接民主主義が成立した政治空間は、ポリスという都市国家であったことを確認しておこう。

　次に民主主義が大きく開花するのは、近代以降である。近代における民主主義は、古代の直接民主主義とは異なり、**代表制民主主義**が主流となった。自由主義と民主主義はその起源も思想も異なっているが、両者が結合することによって、自由民主主義が成立し、代表制民主主義として制度化されたのである。そして代表制民主主義という民主主義が成立した空間が国民国家である（その成立に大きく寄与したナショナリズムについては第**12**章を参照）。領域主権国家の枠

組みを受け継いだ国民国家は，古代のポリスとは比較できないまでに拡大した空間と人口規模をもち，そこで民主主義を可能なものとする代表制民主主義が定着した。その後ファシズムと共産主義による挑戦を退け，代表制民主主義は世界へと拡大していったのである。

このように近代の民主主義が定着した政治空間は，国民国家という政治共同体の内部にあり，その担い手としては国民が想定され，国家（state）が国民（nation）を統治するという制度が主流となった。冷戦構造の終焉以降，「ナショナルな代表制民主主義」は，民主主義一般と同義であるかのように思われるようになったのである。

グローバリゼーション・パラドクス

グローバル・リスク社会の到来

グローバル化は，従来の国家と国民によって区分けされた空間を横断し，新たなつながりと分断をもたらしている。その結果，人々は新たな形の問題に対応することを余儀なくされている。本項ではドイツの社会学者ウルリッヒ・ベックの議論を通じて，新たに生じている問題を考えていこう（ベック 1998）。

ベックは，グローバル化によって，現代世界が**グローバル・リスク社会**へと移行していることを指摘する。ベックによればリスク（Risiko）とは人為的な企てに伴う負の副産物である。それは人間によってつくられたものであるにもかかわらず，予見も制御も不可能な意図せざる性格をもっている。具体的な事例としてベックは，生態系の危機，世界的な金融危機，グローバルなテロなどを挙げている。これらのリスクは空間的には国境を越えて広がり，誰しもがリスクに直面しうるものである。また，時間的にも生態系の危機，世界的な金融危機，グローバルなテロが，どの期間，どの世代の人々に影響を与えるかを，確実に予測することも制御することも不可能である。リスクは空間的にも時間的にも，グローバル化が切り開いた空間で広がりゆく普遍的性質をもっており，現代世界はリスクから逃れる外部をもたないグローバル・リスク社会となっているのである。

たとえばリーマン・ショックに代表される経済危機の場合には，サブプライム・ローンのしくみも，リスク・ヘッジのシステムも，格づけ会社の存在も，すべては人間の知識によって創造されたものであった。しかし，一度信用が収縮して金融不安が生じれば，金融危機は瞬く間にアメリカを越えて世界中の金融機関に伝わり，世界中の実体経済に危機をもたらしたのである。グローバルな経済危機は国境を越えて広がり誰も逃れることはできず，一度安定を取り戻したかに見えても，その影響が何年継続するのか，どのような形をとっているのかを見極めることは困難である。

「ナショナルな代表制民主主義」の機能不全

このようなグローバル・リスクに対して「ナショナルな代表制民主主義」は，どのように対応できるのであろうか。解答を先に示すと，国民国家によってグローバル・リスクに対応することはきわめて難しい。

たとえばグローバルな経済危機に一つの国民国家で対応することは不可能である。むしろグローバルな経済危機を左右する権力は，国民国家がもつ主権ではなく，グローバルな市場を構成する多国籍企業や金融機関，証券会社，国際通貨基金（IMF）や世界銀行などの国際機関，そして世界中の投資家の間の複雑な連関に委ねられている。国民国家がグローバルなリスクに対応する能力には限界があり，さらに今日では，グローバルなリスクを左右する権力は国家だけでなく多様なアクターがもっているのである。

現代世界における国民国家の機能を分析した，社会学者のジグムント・バウマンの言葉を借りよう。

> 人間の条件のなかで最も決定的な要因が，いまや，国民国家の諸制度の手の届かない領域において形成されている。そうした条件の維持と変化を統括する権力はますますグローバル化し，それに対して，市民のコントロールと影響力を行使する手段は，それがどんなに力があろうとも，地域的に限定されたままである。（バウマン 2002：247-248）

もはや国民国家の権力では，グローバル・リスクに対応するには有効とは言い難い。「統治能力の危機」が広がり，拘束的な決定を行う人々や組織と，そ

の決定に拘束される人々（多くは領土内に限定された国民）は一致せず，代表する／される関係になっていない。グローバルな経済危機を予測かつ制御して，各国家が国民の生活を守り切ることの困難は，リーマン・ショックがもたらした企業の倒産や失業者の発生を見れば明らかである。加えて，アメリカの投資会社リーマン・ブラザーズ社を倒産に導く決定をした人々と，その影響を被り，日本で自動車会社を解雇された日本人の派遣労働者の間には，代表する／される関係は存在していない。

　民主主義が治者と被治者の同一性を志向する政治原理であるとするならば，ここに民主主義を見出すことは難しい。民主主義が「民衆（demos）による支配（kratia）」を意味するのであるならば，ここには統治の術を失った民衆が残されているばかりである。

　国民国家という政治空間において成立してきた代表制民主主義は，グローバル化の中で国民国家という歴史的に特有な政治共同体が揺らぎつつある現在，形骸化しつつある。かつては代表制民主主義を機能させてきた諸制度，たとえば選挙制度や政党組織が残存しているとしても，もはや力を喪失した「ポスト・デモクラシー」（クラウチ 2007）と呼ぶべき段階にあるのかもしれない。

トリレンマからの選択

　では，私たちは民主主義を捨てざるをえないのであろうか。ダニ・ロドリックは『グローバリゼーション・パラドクス』（2013 年）の中で，興味深い「トリレンマ」を示している。彼はグローバル化された経済を前にした国民国家と民主主義を論じるにあたり，(1)さらなるグローバル化の進展，(2)国民国家，(3)民主主義の3つの中から2つを選択することしかできないとする。このトリレンマの図式を，本論における状況に応用してみよう。トリレンマにおいて，私たちは3つの選択肢をもつことになる。

　第1は，グローバル化と国民国家を選択し，民主主義を断念する道である。この道は民衆の声は無視するものの，グローバル化がもたらすさまざまな要請——たとえば関税撤廃や外資導入のための法人税率の引き下げ，移民受け入れ——を国家が積極的に受け入れることで，グローバル化と国民国家を両立させる道である。日本においても自民党と民主党（現・民進党）という二大政党に

よる政権交代という民主主義の力学からは独立して，グローバル化として解釈可能な環太平パートナーシップ（TPP）の批准が積極的に国家によって推進されていたように，ある意味では「現実的」な道ではある。

　第2は，国民国家と民主主義を維持してグローバル化を制限する道である。グローバル化に対して，国民国家の民衆である国民による統治を訴え，国家主権の力でグローバル化を制御する道である。排外主義の性格が強いナショナリズムの形をとることが多いが，ヨーロッパ諸国でグローバル化の一部とみなされる欧州連合（EU）への反対と，反移民を掲げる右派ポピュリズム政党の台頭を考えると，これも「現実的」な道ではある。ただし，それによって実際に国家がグローバル化を制御できるのかについては，「非現実的」な側面をもっているといわざるをえない。

　第3は，国家主権を制限してグローバル化と民主主義を選択する道，つまりグローバル民主主義を模索する道である。以下では，現状に追従する第1の道と第2の道の検討ではなく，この第3の道を検討しよう。

3　グローバル民主主義論の展開

　グローバル化と民主主義を選択する道は，国民国家と民主主義を切り離し，グローバルな空間を民主主義の場として想定する構想である。その意味でグローバル民主主義は，民主主義の脱国民国家化という側面をもっている。では，グローバル民主主義とはどのような民主主義なのであろうか。

　グローバル民主主義論には，さまざまな議論があるが，ここでは2つの観点から整理していこう。

　第1の観点は，民主主義が成立する空間として，いかなる政治空間を想定しているか，という観点である。グローバル民主主義といっても，国民国家を世界大に拡大したような世界政府や世界国家を想定する，いわゆる「国内類推」型の議論はきわめて少ない。一方の極には近代の民主主義同様，閉鎖的な政治空間を重視し続ける議論があり，他方の極には政治空間の開放性を重視する議論がある。

第2の観点は，民主主義の質的な変化をめぐる軸である。ラディカル・デモクラシー論（→**7**章）でも論じられたように，グローバル民主主義論においても多様なバリエーションがある。一つの極には，近代の民主主義と同様に，制度化された拘束的・集合的決定を重視する議論があり，逆の極には決定をめざす非制度的な過程を重視する議論がある。

リベラルな国際主義

第1のグローバル民主主義論は，**リベラルな国際主義**である。デイヴィッド・ヘルドたちの『グローバル・トランスフォーメーションズ』（2006年）の整理によれば，リベラルな国際主義においては，世界政府ではなく，主権を共有する多元的・断片的なシステムとしてグローバルなガバナンスの改革，とりわけ国連の改革がめざされる。そしてグローバル化された社会における「共通の権利と共有の責任」という倫理の下で，国際レジームや国際組織に責任をもつ諸政府を通じた人民（people）が，グローバル・ガバナンスをより民主的で協調的なものに改善するために行動する民主主義構想を描き出す（マグルー 2003）。それは，リベラルな国際主義と代表制民主主義の混成物ともいうべき構想である。また，ナショナルな代表制民主主義が機能不全に陥っている現代において，その改訂版をグローバルなレベルにおいて実現する構想でもある。

リベラルな国際主義では，既存の統治をめぐるしくみが大幅に変革されることは想定されておらず，第1の観点の政治空間については，政治空間はあくまで国民国家を基礎とする世界秩序に依拠したものとなる。国民国家という領域に基づく政治空間の閉鎖性はグローバル・ガバナンスの基礎部分として重視され，民主主義も国民による代表制を通じた拘束的・集合的決定を重視するモデルに依拠しており，第2の観点からは制度化や集合的決定を重視したモデルといえる。

コスモポリタン民主主義

第2のグローバル民主主義論は，**デイヴィッド・ヘルドたちによるコスモポリタン民主主義論**である（ヘルド 2002）。コスモポリタン民主主義論は，人間のあり方として世界市民を強調するコスモポリタニズムの思想を背景とする。

ヘルドは各国の民主主義と，グローバル化された世界の実態の間に構造的な乖離があることを問題視する。具体的には，法，政治体，アイデンティティ，経済の側面にわたるものである。この乖離は，国家の主権が侵害されると同時に，主権に凝集されていた権力が国家のみならず，EU などの地域レベル，国連などの国際組織レベルなど，多層的なガバナンスに分散・拡散されている現実を示している。すでに人々の運命は国民国家のみならず，他の多層的な組織や共同体によって規定されているのである。ヘルドが問題視するのは，このように統治に必要な権力が国家に集中していないにもかかわらず，民主主義が成立している政治空間は国民国家に限定されている点である。
　そこで，コスモポリタン民主主義は，国内，国家間，国家を横断する多元的なガバナンスの再構築を志向する。既存のグローバルなガバナンスの改良を模索するリベラル国際主義とは，この点で大きく異なる。さらに「民主的自律（共同体の制約の範囲内での自律性への権利付与）」を重視し，それを増大させるために，多層的なガバナンスにおける民主主義と，国民国家を政治空間とする民主主義との相互補完を主張する。さらに人々の民主的自律を妨げる権力を制御するために，身体，福祉，文化，市民社会，市場，軍事，法制度などの多様な場にも民主主義を拡大することを提唱する。地方からナショナル，地域，グローバル・レベルにわたる多層的な民主主義のみならず，人々の自律性を阻害する多様な諸領域における民主主義を追求する点に，コスモポリタン民主主義の議論の独自性がある。
　その担い手は，国民国家の政治空間だけではなく，国家間や国境を横断して「民主的自律」を機能させる人々である。これらの人々は，「コスモポリタンな民主法」の下にある国家，地域共同体や国際組織を通じ，政治へと積極的に参加する人民（people）である。第1の政治空間の観点から見るならば，コスモポリタン民主主義は，国民国家システムを基礎とするグローバルなガバナンスの改良ではなく再構築を提唱するように，近代における国民国家の政治空間とは異なり，重層的な政治空間の構築を志向している。また第2の民主主義の質の観点から見るならば，「コスモポリタンな民主法」を重視するように，「法の支配」や拘束的・集合的決定も重視されてはいるものの，それだけではなく，参加民主主義や政治参加に価値を置く共和主義的側面など，非制度的な民主的

過程をも視野におさめている。

熟議民主主義

　第3のグローバル民主主義論は，**熟議民主主義**論である。熟議民主主義論はラディカル・デモクラシー論として位置づけられるが（→**7**章），グローバル民主主義論としての性格をもつ議論もある。ここでは**ナンシー・フレイザー**の議論（フレイザー 2013）を紹介しよう。フレイザーは，国家でも市場でもない市民社会において，何かしらの問題に関心をもつ人々がコミュニケーション的理性をもって熟議を行い，それを通じて既存の利益や意見，価値観などを相互に変容させて合意を形成し，世論を生成する場である公共圏の重要性を評価する。公共圏における世論は規範的正統性をもち，政治的実効性をもつ議会における立法と連動し，両者の間に乖離があれば市民社会と国家の間で緊張関係をもたらし，乖離がなければ立法を支えることになる。

　しかしフレイザーは，このような議論を提示した**ユルゲン・ハーバーマス**の公共圏論が，暗黙裡に国民国家を前提としている点を批判する。近代における公共圏は，主権国家によって制御される国民経済に関心をもつ国民によって担われ，国語によって熟議がなされており，その意味において国民国家システムを前提とした「ウェストファリア的フレーム」の下での公共圏であると指摘するのである。しかし，グローバル化が進展する「ポスト・ウェストファリア的フレーム」の下では，主権は地方や地域，国際機関，さらには市場などに分散されて配置されており，多くの国家は同質的な国民ではなく多民族から成り立つ国家であり，難民や不法移民をはじめ市民権を保証されず市民とはみなされない「非市民」を抱えている。またグローバル化した経済は主権国家によって十分には制御されず，熟議も単一の言語だけではなく多言語でなされるようになっている。国民は分散した対話者へ，国益は国境横断的な利益やリスクへ，領土はサイバー空間に代表される脱領土的空間へ，説明責任は国家から多国籍企業や国際機関などからなる無定形な国境横断的権力へ，取って代わられているのである。

　そこで，フレイザーはグローバルな熟議民主主義構想の基礎ともなる新たな公共圏論を提唱する。それは国境や国籍に縛られずに，何らかの決定によって

> **Column ❽　民主主義と空間，民主主義と時間**
>
> 　グローバル民主主義論は，国民国家という政治空間とは異なった政治空間において民主主義を成立させようとする試みである。民主主義の規模の問題，政治空間の規模の問題，それに関連して民衆（demos）の範囲をいかに決めるか，という問題は民主主義にとって難問の一つである。世界大の民主主義を想像するのは，きわめて困難である。その規模の大きさ，さまざまな対立する主張をもつ人々の存在など，確かに現実からかけ離れているようにも見える。しかし，都市国家大の民主主義しか知らない人の目から見るならば，国民国家大の民主主義もまた想像し難いものであっただろう。古代の民主主義であっても，抜き差しならない対立があったことは想像に難くない。
>
> 　しかし，だからといってグローバル民主主義の成立が容易であるとはいえない。技術的な問題のほかに，新たに政治空間の規模を決めるときに，どのように決めるか，という困難な問いに答えることは避けられない。民主主義の規模を決めるときに，どの範囲の人の合意が必要なのか。どこまでの人にその問いを問えばよいのか。それを決定する権限のある人々はどの範囲なのか。それは何に基づくものなのか。政治学者のロバート・ダールは民主主義によって，自らの民衆の範囲を決定することは不可能である，と論じた（ダール 2001）。私たちが直面しているのは，かつてジャン-ジャック・ルソーが直面したよう

潜在的なリスクに晒される人々（リスク共同体）によって熟議がなされる「国境横断的な公共圏」であり，また少数民族のように従属的な立場に置かれた人々によって熟議がなされる「サバルタン的公共圏」や，移民や難民によって熟議がなされる「ディアスポラ公共圏」などから成り立つ「多元的な公共圏」である。さらにフレイザーは，グローバルなリスクの潜在的被害者を民主主義の担い手とする「被害者限定原則」から「国境横断的な公共圏」を模索しつつも，政治的実効性の観点から，人々を統治する制度的枠組みの必要性を指摘し，「被治者限定原則」による新たな「国境横断的権力」の形成の必要性を提唱する。第1の政治空間の観点から見るならば，国境を越える熟議民主主義論の想定する政治空間は，重層的かつ開放性の強い政治空間を想定しており，また第2の民主主義の質の観点から見るならば集合的拘束的な決定の契機も視野におさめているものの，あらかじめ民衆の範囲を特定せず非制度的な熟議の過程を

> に、「人々が，法の生まれる前に，彼らが法によってそうなるはずのものになっていることが必要」という問い，すなわち「原因が結果とならなければならない」難問に類似した問いの前に立たされているのである。
> 　さらに今日のグローバル民主主義論は，政治空間の規模の問題のみならず，時間をめぐる問題に応答することを迫られている。瞬時に莫大な資本や情報が世界中に流れ，それに対応することが求められる時代に，民主主義はどのように対応しうるのであろうか。迅速な対応をするには，より速い政策の執行や，それを支える決定が必要となる。リーマン・ショックで見られたように，グローバルな経済危機に対して，政治的な対応は後手後手となり，結果としてその被害は多くの人々に及ぶことになり，深刻化した。しかし，民主主義が民衆という，さまざまな意見をもつ多数の人々の存在を求めるならば，合意の形成や決定には時間を要することになる。さらに，その規模が国民国家を越えて大規模になり，重層的なものになるならば，政治的決定や合意に関連する人々の数は，国民国家の場合よりも増え続ける。より速い決定が求められる時代に，グローバル民主主義はいかに対応するのか。民主主義と時間の関係は，民主主義と空間という難問と並ぶもう一つの大きな問題である。

重視する民主主義論である。

絶対的民主主義

　第 4 のグローバル民主主義論は，アントニオ・ネグリたちによって提唱されている **絶対的民主主義** 論（ネグリ゠ハート 2005）である。ネグリたちは現代世界の秩序を国民国家システムが **帝国** という政体へと変質しているものとして描き出す。「帝国」とはグローバルな交換を規制する，脱領域的・脱中心的で世界大に広がり，外部をもたないネットワーク状の統治のしくみである。「帝国」には，主権国家はもちろんのこと多様な国際機関，地域共同体，多国籍企業をはじめ多様なアクターがその構成要素や節点（ノード）として組み込まれている。国境をはじめ，あらゆる境界線を無効化していく「帝国」の下では，人々は同質的な国民としてまとめあげられなくなっていく。人々は何らかの集団に

同一化されない活力をもち，外部へと開かれたマルチチュード（multitude）が顕在化する，とされる。このマルチチュードを担い手にする「全員による全員の統治」が絶対的民主主義である。ネグリたちは，代表制民主主義は政治空間の規模の問題を理由に，人々に「全員による全員の統治」を断念させてきたと批判する。しかし「帝国」の出現によって，国民国家システムが融解し，民主主義は国民国家という政治空間から解放され，また人々は形骸化した代表制から脱出して新たな民主主義を作り上げている，と主張する。地球規模で民主主義を実現する可能性は，「帝国」というグローバルな統治のしくみが出現している今日こそ現実的なものとなっている，と主張するのである。

具体的にネグリたちが着目するのは，アメリカで人々を「1％の超富裕層と99％の貧困層」に分断する「強欲資本主義」を批判した「ウォール街を占拠せよ」運動に代表される，世界各地で広がる占拠や街頭でのデモなど，一国規模の代表制には依拠しない諸運動である。運動の範囲は，欧州経済危機に際してはスペインやイタリアなどの南欧を中心にヨーロッパ全域に広がり，2010年末から始まった民主化運動である「アラブの春」においてはアラブ全域に拡大した。さらにアジアや南米においても，既存の政治・経済システムの刷新を掲げる多種多様な運動が，ソーシャル・ネットワーキング・サービス（SNS）をはじめインターネットを駆使して，相互に抗議手法の種類や情報を協力しながら，世界大にネットワーク状に広がっている。日本における脱原発デモも，その一つの事例として考えられるかもしれない。これらの抗議行動では，中心となる堅固な階統的な組織や運動のリーダー，明確な構成員も見られず，多種多様な人々が政治・経済システムの刷新を求めて参加する，代表制民主主義に収まり切らない政治空間が開かれたといえよう。絶対的民主主義においては，マルチチュードである人々の独自性は否定されることなく，同時に人々が国家にも市場にも委ねるべきではなく共にすべきと考えるもの，すなわち「共（common）」が創造されていく。

第1の政治空間の観点から見るならば，絶対的民主主義の政治空間は，ナショナルな民主主義における閉鎖的な政治空間ではなく，完全に開放的なものである。また第2の民主主義の質から見るのであれば，民主主義は国民や人民（people）という同質的な主体による決定ではなく，多種多様なマルチチュード

という民衆全員によって「共」を作り上げていく過程とされ，特定の制度や集合的決定が重視されてはいない構想である。

4 グローバル民主主義の価値的擁護

　最後に，グローバル民主主義がいかに擁護されうるのかを，2つの観点から検討をしておこう。

　一つは民主主義の観点からの擁護である。グローバル化，国民国家，民主主義が3つとも同時に成立することが不可能な「トリレンマ」があるとするならば，民主主義を擁護する方法は，民主主義を国民国家から切り離すか，もしくはグローバル化を否定するしかない。しかし，グローバル化が自然の現象ではなく，人々の作為による政治的な性格をもつ現象だとしても，それを否定して国民国家の内部に閉じこもることは困難である。国民国家という政治空間もまた他の経済空間，文化空間から切り離されたものではない。そうであるならば，グローバル化に伴うグローバル・リスクを制御するために，民主主義が成立する政治空間を構築し，かつ民主主義の性質を再検討するグローバル民主主義論の諸構想は，民主主義の擁護につながる。それは，グローバル化という趨勢によってもたらされ，グローバルなリスクの制御可能性を高める消極的対応の産物とも解釈できるが，時代に適した民主主義の新たな姿を民衆が積極的に創造する自己革新の積極的対応として把握することもできる。

　もう一つは，政治空間のグローバル性からの擁護である。民主主義という政治原理が価値として擁護されるならば，なぜその原理は国民国家という限定された政治空間でしか妥当しないのか，それ以外の領域や空間には妥当しないのか，という問いが出てくる。古代の民主主義がポリスという都市国家で成立したように，国民国家という政治空間が民主主義の成立する唯一の空間であるという必然的な理由はない。むろん国民国家という政治空間に民主主義の範囲を限定すべき，国民国家特有の正統性や政治的実効性の検討は必要である。しかし，グローバル民主主義論は，民主主義の可能性を国境を越えて開いていく，という理想主義的な側面と，グローバル・リスク社会への対応という現実主義

的な側面をもつ構想であり，その意味でも政治空間のグローバル化という構想は擁護すべきものであろう。

SUMMARY ●まとめ

- ☐ **1** 近代の民主主義は，国民国家を単位として制度化されてきた。
- ☐ **2** 国民国家を単位とする民主主義は，国境を越えるグローバル化が引き起こす問題に対して十分に対応できていない，と指摘されている。
- ☐ **3** グローバル化と民主主義を両立させる構想として，一国単位の民主主義論だけではなく，さまざまなタイプのグローバル民主主義論が提唱されている。

EXERCISE ●演習問題

1. グローバル化と民主主義と国家主権の「トリレンマ」に該当する具体的な事例を挙げて，その事例への対応について考えてみよう。
2. 一国内の代表制民主主義は機能不全に陥っているといえるかを，具体的な事例を挙げて検討してみよう。
3. 第3節で述べたグローバル民主主義論の4つの議論の中で，どの議論に正統性があると思うか，また実効性があると思うかを，議論してみよう。

さらに学びたい人のために Bookguide ●

小田川大典・五野井郁夫・高橋良輔編『国際政治哲学』ナカニシヤ出版，2011年。
　グローバル民主主義論の諸潮流について詳細な解説をした第5章を含む，国際政治と政治哲学の接点から，グローバル化した現代世界を考える論文集。他にもグローバル正義論や国際秩序論など重要な論考を含み，現代世界に考察の射程を延ばすために有益である。

デヴィッド・ヘルド／佐々木寛・遠藤誠治・小林誠・土井美徳・山田竜作訳『デモクラシーと世界秩序——地球市民の政治学』NTT出版，2002年。
　本章でも紹介したコスモポリタン民主主義論についての大著。グローバル民主主義論の「古典」ともいうべき著作であり，グローバル民主主義論をめぐる問題状況や，古代から現代に至る議論を体系的に整理している。

> アンソニー・G. マッグルー／松下冽監訳『変容する民主主義——グローバル化のなかで』日本経済評論社，2003 年。
> 　グローバル民主主義論の代表的研究者の一人であるマッグルーをはじめとする第一人者の論考からなる論文集。民主主義論の観点から人権，環境問題，女性問題，安全保障などについて優れた論考を読むことができる。

引用・参考文献　　　　　　　　　　　　　　　　　　　　　　Reference ●

遠藤誠治・小川有美編 2007『グローバル対話社会——力の秩序を超えて』明石書店。
押村高 2010『国際正義の論理——生存，秩序，正義』勁草書房。
カルドー，メアリー／山本武彦・宮脇昇・野崎孝弘訳 2011『「人間の安全保障」論——グローバル化と介入に関する考察』法政大学出版局（原著 2007 年）。
ギャンブル，アンドリュー／内山秀夫訳 2002『政治が終わるとき？——グローバル化と国民国家の運命』新曜社（原著 2000 年）。
クラウチ，コリン／山口二郎監修，近藤隆文訳 2007『ポスト・デモクラシー——格差拡大の政策を生む政治構造』青灯社（原著 2004 年）。
クラーク，イアン／滝田賢治訳 2010『グローバリゼーションと国際関係理論——グレート・ディヴァイドを超えて』中央大学出版部（原著 1999 年）。
コノリー，ウィリアム・E.／杉田敦・齋藤純一・権左武志訳 1998『アイデンティティ／差異——他者性の政治』岩波書店（原著 1991 年）。
小林誠・遠藤誠治編 2000『グローバル・ポリティクス——世界の再構造化と新しい政治学』有信堂高文社。
ショー，マーチン／高屋定國・松尾眞訳 1997『グローバル社会と国際政治』ミネルヴァ書房（原著 1994 年）。
ダール，R. A.／中村孝文訳 2001『デモクラシーとは何か』岩波書店（原著 2000 年）。
土佐弘之 2012『野生のデモクラシー——不正義に抗する政治について』青土社。
ネグリ，アントニオ＝マイケル・ハート／水嶋一憲・酒井隆史・浜邦彦・吉田俊実訳 2003『帝国——グローバル化の世界秩序とマルチチュードの可能性』以文社（原著 2000 年）。
ネグリ，アントニオ＝マイケル・ハート／水島一憲・市田良彦監訳，幾島幸子訳 2005『マルチチュード——「帝国」時代の戦争と民主主義』上・下，日本放送出版協会（原著 2004 年）。
バウマン，ジグムント／中道寿一訳 2002『政治の発見』日本経済評論社（原著 1999 年）。
ハーバーマス，ユルゲン／細谷貞雄・山田正行訳 1994『公共性の構造転換——市民社会の一カテゴリーについての探究』未來社（原著 1990 年，初版は 1962 年）。
早川誠 2009「熟議デモクラシーとグローバル化の諸側面」『思想』1020 号，250-267 頁。
フレイザー，ナンシー／向山恭一訳 2013『正義の秤（スケール）——グローバル化する世界で政治空間を再想像すること』法政大学出版局（原著 2008 年）。
ベック，ウルリヒ／東廉・伊藤美登里訳 1998『危険社会——新しい近代への道』法政大学出版局（原著 1986 年）。

ベック，ウルリッヒ／島村賢一訳 2008『ナショナリズムの超克——グローバル時代の世界政治経済学』NTT 出版（原著 2002 年）。

ベック，ウルリッヒ＝アンソニー・ギデンズ＝スコット・ラッシュ／松尾精文・小幡正敏・叶堂隆三訳 1997『再帰的近代化——近現代における政治，伝統，美的原理』而立書房（原著 1994 年）。

ヘルド，デヴィッド／佐々木寛・遠藤誠治・小林誠・土井美徳・山田竜作訳 2002『デモクラシーと世界秩序——地球市民の政治学』NTT 出版（原著 1995 年）。

ヘルド，デイヴィッド＝デイヴィッド・ゴールドブラット＝アンソニー・マグルー＝ジョナサン・ペラトン／古城利明・滝田賢治・臼井久和・星野智 訳者代表 2006『グローバル・トランスフォーメーションズ——政治・経済・文化』中央大学出版部（原著 2003 年）。

マッグルー，アンソニー・G.／松下冽監訳 2003『変容する民主主義——グローバル化のなかで』日本経済評論社（原著 1997 年）。

ロドリック，ダニ／柴山桂太・大川良文訳 2013『グローバリゼーション・パラドクス——世界経済の未来を決める三つの道』白水社（原著 2011 年）。

Archibugi, Daniele 2008, *The Global Commonwealth of Citizens: Toward Cosmopolitan Democracy*, Princeton University Press.

Beck, Ulrich 1999, *World Risk Society*, Polity Press.

Bohman, James 2007, *Democracy across Borders: From Dêmos to Dêmoi*, MIT Press.

Dryzek, John S. 2006, *Deliberative Global Politics: Discourse and Democracy in Divided World*, Polity.

Habermas, Jürgen 1998, *Die postnationale Konstellation: Politische Essays*, Suhrkamp Verlag（＝2001, translated by Max Pensky, *The Postnational Constellation: Political Essays*, Polity）.

Harrell, Andrew 2007, *On Global Order: Power, Values, and the Constitution of International Society*, Oxford University Press.

Held, David, and Anthony McGrew eds. 2007, *Globalization/Anti-Globalization: Beyond the Great Divide*, 2nd. ed., Polity.

Keck, Margaret E. and Kathryn Sikkink 1998, *Activists Beyond Borders: Advocacy Networks in International Politics*, Cornell University Press.

Linklater, Andrew 2011, *The Problem of Harm in World Politics: Theoretical Investigations*, Cambridge University Press.

Negri, Antonio, and Michael Hardt 2009, *Commonwealth*, Belknap Press of Harvard University Press.

Rosenau, James and Ernst-Otto Czempiel eds. 1992, *Governance without Government: Order and Change in World Politics*, Cambridge University Press.

Spruyt, Hendrik 1994, *The Sovereign State and Its Competitors: An Analysis of Systems Change*, Princeton University Press.

Walker, R. B. J. 2009, *After the Globe, Before the World*, Routledge.

Young, Iris M. 2007, *Global Challenges: War, Self-Determination and Responsibility for Justice*, Polity.

CHAPTER

第 **9** 章

「私」とは誰か？
政治理論における個人

INTRODUCTION

　「最近の日本では個人主義が行き過ぎている。人々は自分の権利ばかり主張し，道徳は廃（すた）れ，社会の絆は危機に瀕している……」。皆さんもこういう意見を一度は耳にしたことがあるだろう。他方で「日本には西洋流の自立した個人の観念が根づかず，人々は社会の空気に付和雷同するばかりである」という意見もまた耳にする。こちらはむしろ，個人主義が確立していないからこそ社会に問題がある，と主張しており，最初の意見とは異なる立場である。さらに近年では，自己責任を根拠に社会的弱者や貧困層に対する社会保障の削減を呼びかける意見も盛んである。個人に責任を求めるこの意見もまた個人主義の一種だといえる。これらの意見は「個人」に対して異なった見方を示しているわけだが，どうしてこのような違いが生じるのだろうか。どうやら，ひとくちに個人主義といっても，論者によってそこに込めた意味は異なりそうである。

　本章では，個人や個人主義をめぐるこれらの意見の優劣や正誤を判断することはしない。代わりに，「個人」に込められた多様で，時には互いに矛盾（むじゅん）するような概念を解きほぐしてみたい。

　多様な個人概念の解明は同時に，それぞれの個人観が前提とする，あるいはそれらから導かれる政治・社会観の解明につながる。個人主義を扱うというと，周囲の他人，社会，政治から隔絶された個人が想像されるかもしれず，そのため，政治・社会観を語る必要はないと思われるかもしれない。だが，その場合，個人がかかわらないですむ社会や政治を，その個人主義は必要としているわけである。

ある論者もいうように,「個人主義というものは,社会のモデルも提供する」のである（テイラー 2004：61）。

本章では,個人観を①「抽象的個人」,②「個性としての個人」,さらに,③「規律化した個人」という3つの類型に整理し,それぞれが,どのような政治・社会像と結び付いているかを概観する。この類型は,西洋の思想史に現れ,現代の政治理論にも影響を与えたさまざまな個人観から抽出し,類型化したものである。したがって,これらの個人観は網羅的ではなく,特定の思想家の発想を正確に反映したものでもない。また,あとで見るように,③の「規律化した個人」のように,最初の2つの個人観を別の観点から描いたといえるものもある。3つの個人観相互の関係については最後にふれることとして,まず,それぞれの概要を見てみよう。

1 抽象的個人

抽象的個人とは誰か？

最初に取り上げるのは,個人を抽象的な存在としてとらえる見方である。思想史的には,17世紀のルネ・デカルトやジョン・ロックに由来し,いわゆる近代合理主義の中心的な考え方とみなされてきたものである（抽象的個人という用語はルークス〈1981〉の分析に負う。ただし本章での分析は,ルークスの説明に正確に従ったものではない）。

抽象的個人の第1の特徴は,社会や共同体などの周囲の環境に先立って存在していることである。個人がまず存在し,社会や共同体は,それら個人がつくりあげるものだとされる。ただし,先立つといっても,必ずしも,時間軸上で先行している必要はない（でないと,国家や地域といった共同体の成立後に生まれた私たちは,全員個人でないことになってしまう）。個人が社会から距離を置くことができ,かつ,社会から距離を置いても,依然として変わらぬ個人であり続けることが可能であれば,そのとき,個人は社会に先立っているのである。たとえばデカルトが「我思うゆえに我有り」と主張し（デカルト 1997, 2006）,社会

や外界の存在にかかわりなく、考える（思う）だけで「私」つまり個人の主観は確実に存在すると論じたとき、彼はまさに、社会に先行する個人の理念を提起しているといえる（小野 1988：288）。

社会から距離を置くことが可能という点から、抽象的個人の第2の特徴も導き出される。すなわち、この個人は個性や独自性をもたない、抽象的な人格である。環境――家族や共同体、さらには自然環境――に個人が先行する以上、これらの環境によって形成されるような独自性――女性である、身長が低い、兄弟がいる、日本語を話す、肌の色が黄色い、せっかちである、など――は、個人からはとりあえずすべて捨象される。再びデカルトの「我思うゆえに我有り」を見てみよう。「我」という個人が存在するのは、「思う」からだとデカルトは主張するが、ここで「思う」と訳されている言葉は、「感じる」や「私にはそう見える」という意味ではなく、「思考する」という意味である。ありていにいえば、1＋1＝2と判断するような合理的思考であって、これはどこの誰にも当てはまる性質である。

さらに、このように合理的思考を重視することは、抽象的個人の第3の特徴となっている。抽象的個人観は特に合理性を重視してきた。先のデカルトの「我思う」に見られるように、個人は理性を用いて思考する合理的存在として描かれる。自らの置かれた環境や状況から距離を置いて合理的に反省し、自らの意志に基づいて選択、行為するような個人がしばしば想定されるのである。

社会契約説とリベラリズム

では、このような抽象的個人観は、どのような政治観と親和的だろうか。

個人が社会に先立つということは、社会はあくまで個人の集合の上に成り立つということである。言い換えるならば、望ましい政治社会とは、個人の利害、欲求、目的、要求などに適合するように構想されたものだということになる（ルークス 1981：118-119）。また、この構想において、個人は、誰もが所有する普遍的な権利の担い手とみなされる。そのような構想の典型例が、諸個人が同意に基づいて、政治社会を創設すると考える**社会契約説**である。

社会契約説にはさまざまな形態があるが、いずれも政治社会以前の自然状態から出発し、そこで個人がいかに、どのような条件で、お互いを拘束する社会

契約を締結し，政治社会を創設するに至ったかを説明する。ここで重要なのは，このような社会契約が実際に存在したかどうかではない。特定の社会や環境に縛られない抽象的個人が，自発的な選択の結果として選んだ政治社会こそが，望ましい社会だという考え方が重要なのである。

　現代のリベラリズムもまた，社会契約説的な説明に依拠することがある。第 **3** 章でふれた現代リベラリズムの代表的論者，ジョン・ロールズの『**正義論**』は，平等で自由な政治社会の構想を，**原初状態**という一種の社会契約説的想定を用いて導いている。原初状態の個人は，自分がどのような人間で何を好むのかといった，特定の状況に関する知識を一切もたない，**無知のヴェール**という状態に置かれている。つまり，特定の環境を離れた，抽象的個人の立場にあるわけである。この抽象的な個人の合理的な選択に基づいて，望ましい社会の原理である正義の 2 原理が導き出されるのだとロールズは主張する（正義の 2 原理については第 **4** 章を参照）。

　そもそも，合理的に反省し，選択して行為する，という抽象的個人の一般的なあり方自体が，多くのリベラルが想定する**自律**(オートノミー)の理念と重なっている。自律とは，距離を置いて自らの置かれた環境や状態を理性的に反省することを通じて，自らの人生や道徳的行為を個人が選択する能力を指す（詳しくは第 **3** 章参照）。欲望の最大化や，利己主義といった，道徳的反省からは縁遠いあり方もまた抽象的な個人観の範疇(はんちゅう)にあるため，抽象的な個人がすべて自律的個人とはいえないが，自律的個人は，抽象的個人観の中でも有力なモデルであるといえる。

個性としての個人

個性とアイデンティティ

　先に見た抽象的個人観は，多様な人々を画一的な，個性のない存在として扱うものであった。このような画一性を批判して，各自の独自性を重視する見方を，ここでは個性としての個人観と呼ぼう。このような個人観は，思想史上はジャン＝ジャック・ルソーやロマン主義に由来する（ルソーは一方で社会契約説の

重要な論者でもあるが，ここでは，もう一つの，個性としての「私」にこだわった思想家という側面に注目する）。抽象的個人が，個性を欠いた，他の大勢と異なることのない個人でしかないとすれば，こちらの個人観を特徴づけるのは，私の独自性に対する強い意識である。つまり，「私」を「私」たらしめる個人の真正さ，ありていにいえば**アイデンティティ**が重要となる（トリリング 1989：第3章；テイラー 2004：第5章）。そのような意識は，たとえば，ルソーの自伝的著作である『告白』（そもそも，かけがえのない「私」の来歴を記そうという発想自体が，「私」の独自意識の賜物であろう）の冒頭にあふれかえっている。

> わたしひとり。わたしは自分の心を感じている。そして人々を知っている。わたしは自分の見た人々の誰ともおなじようには作られていない。現在のいかなる人ともおなじように作られていないとあえて信じている。わたしのほうがすぐれてはいないにしても，少なくとも別の人間である。（ルソー 1965：10）

個性としての個人観の特徴を，抽象的個人観との対比でまとめてみよう。

第1に，内面性の重視が挙げられる。抽象的個人が，周囲の環境から隔離され，それに対して働きかける主観を前提としているのに対し，個性にとって重要なのは，同じ主観でも，ルソーが上で述べるところの「心」，つまりは内面性である。私たちが，「私は誰とも違う」と感じる際，見た目や環境が他人と異なることも確かに関係してくるが，何より重要なのは，私は他人と違うのだ，という自意識＝内面の心のあり方だろう。

第2の特徴は，個性が変化し，発達する点にある。抽象的個人の場合，個人は周囲の環境に先行しており，その主観は所与のもので，変化は想定されていない。再びデカルトの例を挙げれば，「思う我」の理性が，以前は $1+1=2$ という計算をしていたのに，今では $1+1=3$ と思考するようになった，ということは考えにくい。なるほど考えが変わるということはあるかもしれないが，思考の原理となる理性が時と場合によって変化するということはないだろう。対して，個性を形作る個人の内面や感情は，各人にとって異なるだけでなく，絶えず変化していくものである。そのような変化があるからこそ，かけがえのない「私」を描くルソーの『告白』は，彼の生い立ちと，その変化を語る自伝と

して成立するのである。また，変化する「私」からは，個性の発展という考え方が導かれる。各自の個性はすでに存在するものではなくて，むしろ，それぞれが発展させていくべきものだとする考え方である。世間で「私探し」と呼ばれる行為が，すでに存在する「私」のアイデンティティを見つけるというより，実際には，旅や労働，人間関係の変化などを経て「本当の私」を見出していくプロセスなのも，個性が変化・発達するものだという特徴のゆえだといえよう。

そのため第3の特徴として，合理的思考よりも，感性や感情が個性にとっては重要となる（テイラー 2010：403）。先に引用した文章でルソーが「自分の心を感じている」と述べていることからも明らかなように，感性や感情，情念が，理性と同様かそれ以上に重視される。

個性の発展とコミュニタリアニズム

では，個性に基づく個人観はどのような政治観と親和的だろうか。

先に，抽象的個人観はリベラリズムと親和的だと述べたが，実は，個性としての個人観を背景としたリベラリズムもありうる。たとえば，**第3章**で取り上げた**ジョン・スチュアート・ミル**は，各自の「個性の自由な発展」を自由の目的として挙げていた（ミル 1971：第3章）。ミルの意見では，個人は共通の設計図によってつくられた機械というよりは，むしろ独自に発展を遂げる樹木のようなものであって，発展を妨げないためには，慣習や，あるいは他者からの介入を排して個人の自由に任せておくべきである。

だが，個性が「悪い」方向に発展するのを防ごうとすれば，共通の価値観の形成を個人に促すことになる（→**3**章）。それゆえ現在では，個性を重視する考え方は，リベラルの抽象的個人観を**負荷なき自我**や**アトミズム**（原子論的個人主義）と呼んで批判する一方で，人々に共有された価値，**共通善**を重視する**コミュニタリアニズム**（共同体主義）の考え方としばしば結び付く（サンデル 2009；テイラー 1994）。たとえば，コミュニタリアンの一人に数えられる**チャールズ・テイラー**は，個性の背景となる周囲の環境を「逃れられない地平」と呼び，その地平と自己とのかかわりを意識することの重要性を説いている（テイラー 2004，2010）。

また，アイデンティティと先に述べた地平の重要性は，アイデンティティや

文化の承認を政治的な問題として浮かび上がらせることになった。個性に基づくアイデンティティは，他者からの承認を得て初めて意味をもつ。個性にとって内心が重要だとしても，自分の個性が他者から認められない限り，ユニークな私の個性は自意識の中で空回りするほかない。アイデンティティと承認の果たす社会的役割に基づき，テイラーのようなコミュニタリアンや，多文化主義の論者は，少数派の文化的アイデンティティの肯定を主張している（テイラー 2004：第 5 章）。

3 規律化した個人

　ここまで見てきた抽象的個人観，個性としての個人観は，その主張は大きく異なりながらも，両者とも個人を自由で自発的な主体として理解する点では共通している。抽象的個人観によれば，個人は環境に拘束されない自由な合理的主観として対象に自発的に働きかける存在である。個性としての個人の場合，環境が個人に影響を及ぼしもするが，個人の自発性は否定されていない。むしろ，周囲の環境とのかかわりの中に自らを位置づけたうえで主体的に自己および環境に働きかける態度が，真の自発性のあり方だとされる。

　だが，自由な主体という見方に対しては，懐疑的な意見も存在する。たとえば，20 世紀初頭に誕生した大衆社会論は，個人といっても所詮，付和雷同的で受動的な大衆でしかないという批判を繰り広げた。こうした批判の中には，理念としての個人は自由な主体であるにもかかわらず，現実では程遠いとして，現実が理想に追い付いていない点を問題にするものもある。それでも，このように個人の現状を批判することは，自由で自発的な主体として個人をとらえることと矛盾しない。だが，以下で取り上げる見方は，そもそも個人というものが，自由な主体とはいえない，という立場をとる。個人が個人として自由ではないとは一体どういうことだろうか。

フーコーの規律化論――主体化＝臣従化

　「私たちは自律した個人として，自らを律して主体的に行動できる責任ある

人間にならなければなりません……」。義務教育などで，このようなお説教を受けた経験は，皆さんにもあるだろう。だが，「自律的な個人になれ」というのは，むしろ無理やり個人を主体にしようとする，他律的な命令だといえるのではないか。こうした素朴な疑問に，独自の歴史研究によって答えたのが，20世紀フランスの思想家，ミシェル・フーコーである。彼は病院や学校，そして社会を対象として，個人主体が生み出される過程を分析した。それらの分析が示唆するのは，私たちが自由な主体（sujet, subject）であると思っている個人は，権力によって形成された臣従（sujet, subject）にほかならないということである。

　一例として，フーコーによる監獄の分析を取り上げてみよう（フーコー 1977）。フーコーが取り上げるのは，近代における刑罰のあり方の変化である。かつて盛んであった，被告の身体を傷つける身体刑は18世紀になると急速に姿を消し，犯罪者の矯正，更生を目的とする処罰に取って代わられるようになる。通常，より人間的な刑罰への変化とみなされるこの変化に，フーコーは，主体を作り出す新たな権力の誕生を見て取る（→10章）。

　とりわけ彼が注目するのは，哲学者ジェレミー・ベンサムが計画した（実際には建設されなかった）**パノプティコン**（一望監視施設）である（図9.1）。パノプティコンでは，囚人は建物に円周状に配された独房に収監されている。円の中心部分には監視塔があり，看守はここからすべての独房を監視することができるが，独房のほうから監視塔を見ることができない造りになっている。それゆえ，囚人は，自分が常に監視されているかもしれないという思いから，自身の行為を，いわば看守の視点から点検し，律するようになる。その結果，囚人は放埓，自堕落なそれまでの生活を自ら矯正し，自身の行動を律する主体的個人となるだろうというのが，ベンサムの計画であった。

　フーコーによれば，パノプティコンが体現する権力のあり方は，次のような点で，主体を権力の臣従にしている。第1に，ここで権力は，強制や暴力によらず，囚人自らが自発的に従うように差し向けている。なるほど，監視塔は存在しており，囚人は見張りの目をずっと気にしているかもしれない。だが，見張りは何かを強制することはなく，それどころか，見張りが本当にいるかどうかすら，囚人にはわからない。結果，囚人は，見張りの視点から見ればこうな

CHART 図9.1 ベンサムの構想したパノプティコン

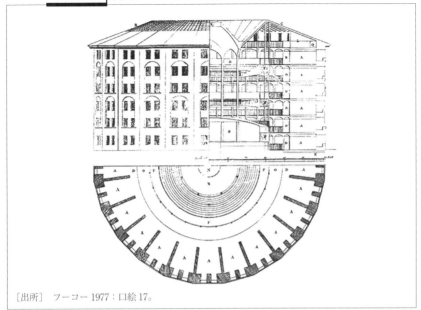

［出所］ フーコー 1977：口絵 17。

のではないか，という反省を通じて，想像上の見張りの視点に自分の主観を置き，行動を律していくことになる。言い換えれば，これは，先に見た抽象的個人のあり方を，権力に促されて実践していることにほかならない。

　第 2 に，ここで権力が狙いを定めるのは，犯罪そのものでも，また，身体刑や拷問といった形での身体でもなく，囚人の心である。ベンサムが問題とし，矯正しようとしているのは，犯罪ではなく，犯罪を起こす心なのである。実際，囚人は，自らの行動を律するような心＝内面を身につけることが，パノプティコンの効果として期待されている。これは言い換えれば，個性としての個人観が評価する内面もまた，権力によってつくられたものかもしれない，ということである。

　このように，パノプティコンについてのフーコーの分析は，本章で見た自由な主体が，実際には権力によってつくられた，**規律化**の産物でしかないことを示唆している。実際フーコーは，このようなしくみが，ベンサムの構想や監獄制度の変化のみに限られないと述べている。すなわち，近代のある時点以降，規律化を行う権力が社会の各領域に成立したと考えられるのである。

個人化の時代

現代ほど，個人の選択や行為が重視される時代は過去にはなかった。私たちは，今日は何をするのか，といった日々の生活から，大きなものではどのような職業に就くのか，家庭をつくるのか，老後の生活はどうするのか，などの選択を迫られている。こうした選択の多くは，近代以前の社会では考えられなかったことである。封建的な人間関係が残り，産業も未発達な社会では，人々はそれぞれの環境で与えられた職業や家庭環境で生きていたが，現代では，多くが個人の選択に委ねられている。

むろん，個人の選択に多くが委ねられているといっても，個人にすべてが可能なわけではない。たとえば，生まれた環境が貧しければ，高等教育の学費を調達することは困難になり，結果，職業選択の幅も狭まるだろう。だが近年では，各自の境遇は各自の選択の結果なのだから，困窮状態も自己責任ではないか，といった論調が目立っているという指摘もある。また，個性についても，自分らしい個性を追求しなさい，という風潮は，勢いを増すことはあっても衰える様子は見られない。しかし多くの場合，現代の「私らしさ」の追求は，自発的，主体的な自由の発露というよりも，既存の選択肢からの選択でしかない。広告のキャッチフレーズは「あなたらしくあるために」と煽るが，ここでの「私らしさ＝個性」は，他の人と同じ商品を選ぶ自由でしかない。現在，「個人であれ」という考え方は，抽象的個人観や個性としての個人観が想定したような自由で自発的な主体になるというよりも，むしろ，個人として生きることを強いられている，という点で不自由と結び付いているといえそうだ。

このような社会状況を，フーコーの影響を受けた社会学者は，**個人化**と呼んで分析している。代表的な論者の一人，ジークムント・バウマンによれば，それは次のようなものである。

> 簡単にいえば，「個人化」はアイデンティティを「あたえられるもの」から「獲得するもの」に変え，人間にその獲得の責任，獲得にともなって生じる（あるいは，付随する）結果を負わせることからなる。
>
> （バウマン 2001：42）

従来存在していた伝統的共同体や身分制度といった人間関係が完全に流動化した現在では，すべては個人の選択と責任に委ねられる。といっても，ここでの選択というのは，先にも述べたように，実際には何でも選べるという意味ではない。にもかかわらず，結果に伴う責任は，社会でなく，個人が負うことになる。一例を挙げれば，「自己責任」の掛け声のもと，生活保護や福祉が削減されたりするような状況である。リベラリズムと親和的で，自由の砦であったはずの個人は，バウマンのような論者にいわせれば，むしろ，個人であることを強いられ，また，社会に起因するような問題もすべて自己責任だとされる点で，不自由なものになってしまっているのである。

個人への処方箋――政治・社会の構想

　フーコーの規律化論も，バウマンらの個人化論も，ともに，一見自由で自発的な存在である個人が，その実，受動的な存在であると主張し，従来の個人観を打ち砕いている。彼らにとって，個人は否定的にとらえられているといってもよい。そのため，彼らの個人観から直接に積極的な社会や政治の構想が導かれるわけではない。だが，かといって，そのような受動的臣従，不自由な個人に代わるような肯定的な構想を彼らが全く語っていないわけではない。

　一つは，晩年のフーコーが展開した**実存の美学**といわれるものである。通常の主体が，規律権力を通じて，受動的に構成されてしまうものであるとするならば，フーコーの語る実存の美学は，受動的に構成された現在の自己のあり方を反省し，そこから身を引き剝がし，自発的に自己を作り変えていくような態度を指す。フーコーは古代ギリシアやヘレニズム期，古代ローマの実践に多くの着想を得ているが，近代におけるダンディズムのようなあり方にも注目を促している（フーコー 2004, 2006：379）。ダンディというと，今では渋い中年男性のような人物が想像されるが，この場合，社会から一歩身を引きつつ，自己の生活やあり方を禁欲的に律するようなあり方を指す。たとえば，貧困のうちにありながらも，身だしなみを整え，同時代を一歩引いた視点から観察しながら詩や評論を書き続けたシャルル・ボードレールのような人物が典型である。つまるところ，ダンディがめざすのは，世間が受動的に受け入れている考えや慣習を疑い，それとは異なった生き方を自発的につくりあげていくのだが，ここ

> **Column ❾ 分　人**
>
> 　本章で論じた個人観は多様だが、これらは皆、個人を分割不可能な単位とみなす点では共通している。だが、個人が単一だという想定に挑戦する「分人 (dividual)」と呼ばれる考え方もある。普通、私たちは自分たちについて、単一・不変の人格を備えていると考えがちだが、実際には多くの人格を使い分けているのではないかと、「分人」概念を支持する論者は説く（平野 2012）。時間の経過とともに人格が変化していくのは、本章で取り上げた「個性としての個人」観の持ち主も認めるところである（もっとも、彼らはその変化をあくまで「ほんもの」の自己に近づく発展としてとらえるのだが）。また、家族、学校、バイト先などで、場所に応じて「キャラ」が異なる、あるいは、積極的に使い分けている、という人も多いだろう。典型的なのはインターネットであり、ソーシャル・ネットワーキング・サービス（SNS）や掲示板、あるいはウェブ上のサービスでは、本名の代わりにそれぞれアカウントを使い分けることが通常となっている。ここで、個々のアカウントや、「キャラ」に相当するのが分人であり、個人は多数かつ分解可能、流動的な分人の集合として定義し直されることになる。
>
> 　「分人」という考え方は、政治にどのような影響をもたらすだろうか。たとえば鈴木健は、ネット上の電子投票を念頭に「分人民主主義」という考え方を提起している（鈴木 2013）。選挙において、一人一票と決めて、あらかじめ

でつくられていく個人は、抽象的な個人とも、個性としての個人とも異なる、別種の個人主義であるといえよう（箱田 2013：214）。

　だが、フーコー自身が認めるように、ダンディのあり方は美的な個人主義といえても、その政治的な意義については決して明確ではない（フーコー 2006：380）。他方、バウマンは、「個人化の時代」に対し、より直接的に政治的な処方箋を示している。すなわち、個人の外部にあって、個人を支えていた社会的つながりを再建するというものである。先に見たように、個人化の時代の大きな問題の一つは、従来は社会や国家が担っていた福祉や連帯という機能が現在では失われ、個人に委ねられてしまっている点であった。そこでバウマンは、個人が現在負わされている問題を公的な問題として定義し直すような場を、社会につくりあげることを提唱している（バウマン 2001）。

候補者に投票するのではなく，この政策についてはAさんに0.2票，この課題についてはBさんに0.4票……と自由に投票することで，従来の代表制下の党派対立や，有権者の意志が反映されにくい，といった問題を解決しようという構想である。

　こうして見ると，「分人」は，従来の単一的な個人観の息苦しさを解放し，政治を大胆に変革する，いいことづくめの考えに聞こえる。だが，否定的な側面も考えられる。第1に，「分人」概念が，どこまで妥当かという問題がある。分人論は情報ネットワークに範例を見出すことが多いが，インターネット上でしばしば「炎上」や「プライバシーの侵害」が問題になるように，むしろ，インターネットを用いたデータの集積は，単一の個人の脆弱性をより高めているのでないか，という疑問も成り立つ。また，規律化や個人化を逃れたとしても，分人には分人に対応した権力のあり方が存在すると考えるほうが妥当だろう。実際，「分人」概念を初めて提唱した哲学者のドゥルーズは，個人を対象とした規律化の時代に変わり，分人を対象とする管理社会の時代が到来しているとしていた（ドゥルーズ 2007：361）。

　いずれにせよ，「分人」という発想は，政治が必ずしも個人という単位を前提として存在するわけでないことを教えてくれる。

4　「個人」とどう折り合いをつけていくか

　本章ではここまで，抽象的個人観，個性としての個人観，規律化した個人観という3つの個人観について概観してきた。冒頭でも述べたように，これらはあくまで大まかな類型にすぎず，実際にはさらに多様な個人観がありうる。また，これらのそれぞれの個人観のうち，どれが現代の個人のあり方を最もよく表しているか，あるいは，どれが最も適切な政治構想を導いているか，ということも，ここでは深く論じなかった。ただ最後に，この3つの個人観が，お互いにどのような論争を繰り広げているか，簡単に見ておこう。

抽象的個人観については，個性としての個人観を主張する論者から，非現実的な，社会から遊離した個人を想定しているという批判が投げかけられてきた。それに対し，抽象的個人観は，個人を抽象化するのは，現実に個人が社会から遊離していると主張するためではなく，あくまで議論の便宜のために想定したに過ぎない，という応答がなされてきた。さらに，抽象的個人観の側からは，個性としての個人観が重視する社会的文脈の共有が，そのような文脈からの離脱を含む個人の自由を認めないことになりうるという批判がなされている。こうした応酬は，リベラル-コミュニタリアン論争の中でしばしば行われてきた。

　第3の規律化した個人という観点は，抽象的個人観，個性としての個人観が共有する自由な主体という想定を批判し，個人は受動的で不自由な存在に過ぎないと主張する。この規律化論に対しては，個人の否定的な一面を過剰に強調しているのではないかという指摘のほか，自由な政治社会の基礎を掘り崩してしまうという批判が投げかけられている。もし個人が自由でないとすれば，どこに自由の基盤を求めればよいのか，というわけである。この批判と関係して，受動的個人観は十分な政治社会構想を提出できていないという指摘もある。なるほど，先に述べたフーコーの「実存の美学」は，個人を超えた政治や社会への積極的な提言を欠いているし，「個人化論」の提起する社会の回復も，結局従来の市民社会論，デモクラシー論に回帰している印象を与える。

　これらの議論にさらに立ち入るには参考文献などに当たってもらいたい。本章の概観から明らかになったのは，個人という，一見政治とは対極に位置するかに見えるものが，政治と深くつながっていることである。

SUMMARY ●まとめ

☐ 1 個人といっても，政治・社会と完全に無関係でなく，特定の個人観はそれに応じた政治・社会観と結び付いている。

☐ 2 自律的個人観に代表される抽象的個人観は，社会契約説的なリベラリズムと親和性が高く，個性としての個人観は現在ではしばしばコミュニタリアニズムと結び付いて論じられる。

- ☐ 3 抽象的個人観，個性としての個人観とは対照的に，個人を規律化したものとしてとらえるフーコーやその影響を受けた個人化論は，個人を権力の産物として理解する。
- ☐ 4 規律化や個人化に対しては，実存の美学や，社会におけるつながりの再建が処方箋として提唱されている。

EXERCISE ●演習問題

1. 本章冒頭でふれた意見は，実のところ，本章でふれた個人観のどれか一つをそのまま反映しているわけではなく，個人観のさまざまな部分をいわばつまみ食いして成り立っている。それぞれ，本章で説明されている個人観のどの部分と親和的だろうか。また，これらの意見に対して，どのような反論が可能だろうか。
2. 主体化＝臣従化や個人化の例として，どのような現象が挙げられるだろうか。

さらに学びたい人のために　　　　　　　　　　　　　　　Bookguide ●

チャールズ・テイラー／田中智彦訳『〈ほんもの〉という倫理──近代とその不安』産業図書，2004 年。
　コミュニタリアニズムや多文化主義の代表的論者として知られる著者が，個人や自我について，その歴史的由来から現代の問題まで説き起こしたもの。著者の見方は，本章で扱った「個性としての個人観」と大きく重なるが，それが他のタイプの個人観とどう異なるかについても紙幅が割かれており，個人概念の来歴を知るのにも役立つ。

宇野重規『〈私〉時代のデモクラシー』岩波新書，2010 年。
　「私」という言葉が重視される時代状況を見据え，個人と社会，政治の関係を問い直した書物。著者の問題関心は，本章でふれた「個人化」をめぐる議論と交錯しており，個人化論についても論じられている。

引用・参考文献　　　　　　　　　　　　　　　　　　　　Reference ●

小野紀明　1988『精神史としての政治思想史──近代政治思想成立の認識論的基礎』行人社。
サンデル，M. J.／菊池理夫訳　2009『リベラリズムと正義の限界〔原著第 2 版〕』勁草書

房(原著 1998 年,初版は 1992 年)。
鈴木健 2013『なめらかな社会とその敵——PICSY・分人民主主義・構成的社会契約論』勁草書房。
テイラー,チャールズ／田中智彦訳 1994「アトミズム」『現代思想』22 巻 5 号,193-215 頁(原著 1985 年)。
テイラー,チャールズ／田中智彦訳 2004『〈ほんもの〉という倫理——近代とその不安』産業図書(原著 1991 年)。
テイラー,チャールズ／下川潔・桜井徹・田中智彦訳 2010『自我の源泉——近代的アイデンティティの形成』名古屋大学出版会(原著 1989 年)。
デカルト／谷川多佳子訳 1997『方法序説』岩波文庫(原著 1637 年)。
デカルト,ルネ／山田弘明訳 2006『省察』ちくま学芸文庫(原著 1642 年,初版は 1641 年)。
ドゥルーズ,ジル／宮林寛訳 2007『記号と事件——1972-1990 年の対話』河出文庫(原著 1990 年)。
トリリング,ライオネル／野島秀勝訳 1989『〈誠実〉と〈ほんもの〉——近代自我の確立と崩壊』法政大学出版局(原著 1972 年)。
バウマン,ジークムント／森田典正訳 2001『リキッド・モダニティ——液状化する社会』大月書店(原著 2000 年)。
箱田徹 2013『フーコーの闘争——〈統治する主体〉の誕生』慶應義塾大学出版会。
平野啓一郎 2012『私とは何か——「個人」から「分人」へ』講談社現代新書。
フーコー,ミシェル／田村俶訳 1977『監獄の誕生——監視と処罰』新潮社(原著 1975 年)。
フーコー,ミシェル／廣瀬浩司,原和之訳 2004『主体の解釈学』(ミシェル・フーコー講義集成 11)筑摩書房(原著 2001 年)。
フーコー,ミシェル／小林康夫・石田英敬・松浦寿輝編 2006『生政治・統治』(フーコー・コレクション 6)ちくま学芸文庫。
ベック,ウルリヒ／東廉,伊藤美登里訳 1998『危険社会——新しい近代への道』法政大学出版局(原著 1986 年)。
ミル,J.S.／塩尻公明・木村健康訳 1971『自由論』岩波文庫(原著 1859 年)。
ルークス,S.M.／間宏監訳 1981『個人主義』御茶の水書房(原著 1973 年)。
ルソー,ジャン=ジャック／桑原武夫訳 1965『告白(上)』岩波文庫(原著 1959 年)。

CHAPTER

第 10 章

私は何をどこまでできるのか？／できないのか？

権力論

INTRODUCTION

　権力は，政治にとって中心的な概念であり続けてきた。第 2 章で見たように，集合的な決定を伴う政治には，権力の行使がつきものである。たとえ私の意に沿わないものでも，集合的な決定に従わない場合，従うよう強制されたり，何らかの制裁が加えられたりするのが通常である。

　権力とはそもそも何だろうか。意に沿わないことを私に強制する点に権力が発揮されると述べた。だが，意に沿わないことといっても，直接の命令のようにわかりやすいものだけではない。どのようなものが権力の行使だといえるだろうか。この問いは，単に権力のみにかかわる問題ではない。権力の存在が政治にとって重要な要件であるとすれば，権力をどこに見出すか，という問題は，どこに政治を見出すかという問いと直接つながってくる（もっとも，権力が政治の存在の唯一の要件かといえば，そうとは言い切れない。親が子どもに振るう権力は政治だともいえるが，そうでないと考えることもできるだろう）。

　実際，多くの人は「権力」を，自分から縁遠い存在だと感じているかもしれない。「権力」といって，どのようなものが思い浮かぶだろうか。「権力の亡者」といった表現や，庶民の日常生活からはるかに離れたところにいる政治家たちだろうか。だが，権力は意外に身近なものである。たとえば，あなたが学校に遅刻しそうなとき，どれほど急いでいても，赤信号では停止するであろう。いや，そういうときには信号無視も止むをえない，という人もいるかもしれない（むろん，良くないことである）。そういう人でも赤信号無視を警察官に指摘されれば，おと

なしく交通違反を認める人がほとんどであろう。ここで，赤信号であなたを停止させたり，あるいは，警察官に従わせたりしているものが，権力の典型的な表れである。さらにいえば，学校に遅刻してはいけないと急(せ)かしているものも，権力であるといえるかもしれない（これが権力に当たるかは，あとで論じよう）。

政治理論では，権力を，他から独立して存在する制度や実体として扱う代わりに，権力が人々に対して，あるいは人々によって行使されるあり方に注目する。すなわち，権力を人々の関係の中に存在するものとして扱うのである。そのため権力は，人間関係にとって身近でありふれたものとして表れるのである。

本章では，①これまでの政治学で主に論じられてきたアクター中心の権力観と，②それとは異なる，フーコー的な権力観について概観する。簡単にいえば，前者の権力が，「私」が振るう，あるいは「私」に対して振るわれるものであるのに対して，後者の権力は，「私」自身をつくりあげるものである。

1 「私」に対する強制としての／「私」が誰かを強制するものとしての権力

権力とは何だろうか。先ほど用いた「意に沿わないことを私に強制する」という表現を精緻(せいち)化して，「AがBの意志に反してBに影響を及ぼす場合，Aは権力を行使している」と定義してみよう。この定義の特徴は，アクターの行為の観点から権力をとらえる点である。つまり，私の望む行為が誰かに禁じられている場合，私は権力を振るわれており，逆に，私が誰かに，その人物の意志に反して何かをさせる場合，私は権力を行使しているということになる。

この定義は一見，簡潔で議論の余地がないように思われるかもしれない。だが，検討してみると，曖昧(あいまい)さを抱えていることがわかる。たとえば「影響」という言葉一つをとっても，説得や勧誘は権力といえるか，といった問題が存在する。だが，ここではこれらの問題については踏み込まない（詳しくは，ルークス 1995；盛山 2000 などを参照）。それよりも，ここでは「意志に反して」という部分のもつ多義性を取り上げてみたい。「意志に反して」という言葉をどう解釈するかで，権力観はさまざまなものに分かれる。以下では，スティーヴ

ン・ルークスという政治学者の分類に従って，ここで述べた定義に潜むさまざまな権力観を整理してみよう。

ルークスによる権力の3類型

先に述べた定義から一番簡単に思い浮かぶのは，私が他のことをしようと望んでいるのに，他人がそれに反して，自分の希望通りのことを行わせようとするような権力である。たとえば，夏休みなので友達と遊びたいのに，度重なる門限違反のせいで親からしばらくの外出禁止を命じられたとする。このとき，あなたの親は，あなたに権力を振るっているといえる。このような，明白に対立する争点をめぐって行使される権力を，**一次元的権力**と呼ぶ。

だが，あからさまに他人の行為に干渉することは，権力の行使としては決してスマートではない。そこで親は，みだりに外出すべきでない理由を挙げ，あなたを説き伏せるかもしれない。曰く，夏休みの宿題を早く終えるべきだ，曰く，夜に出歩くのは危険だ，などである。このように，そもそも争点となること，つまり争点化を防ぐことで，アクターの意志を顕在化させないタイプの権力を，**二次元的権力**と呼ぶ。

ただ，争点化させないといっても，二次元的権力の場合，外出したいというあなたの意志は明確に存在している。だが，もっと狡猾な（？）親であれば，それ以前に子どもに外出したいという気すら起こさせないかもしれない。たとえば，幼い頃から外出に伴うリスクを説き続け，子どもが外出を望まないように育てる，などである。このように，相手の認識や意図自体を変更してしまうことで，他の選択肢も可能であるという意識自体をもたせないような権力のことを，**三次元的権力**と呼ぶ。

権力をこのように分類，分析したルークスの狙いは，政治学で古くからよく論じられてきた一次元的権力以外にも，争点化させない二次元的，三次元的権力のような現象が存在すると注意を促すことにあった。だが，このように争点が表れない事例では，権力の行使があったかどうかを確認することが困難である。とりわけ，アクターの認識自体が権力によって操作されている三次元的権力が行使されている事例の場合ではなおさらである。一例として，満足した奴隷を考えてみよう。奴隷が現状に満足して自由を望まないとき，奴隷を使役す

ることは，権力の行使といえるだろうか。ルークスは，この問いにイエスと答える。もし，その奴隷が，自由になれる可能性とその意味を認識したならば，もはや奴隷のままでいたいと思わないはずだからである。こうした反実仮想——もし権力が行使されていなかったら，こうなっていたであろう，という仮想——を用いることで，権力の存在を知ることができるとルークスは主張する。冒頭に挙げた遅刻の例でいうならば，学校からの何らかの制裁や成績評価上の不利益などが全く存在しなくても，あなたが遅刻したくないと思うのであれば，そこにはもはや権力は存在しない，とルークスは考えるのである。

　ルークスの反実仮想がどれほど機能するかはともかく，それでも，これらの権力観は，アクターによる主体的な行為として権力を定義しているため，私たちにとっても馴染(なじ)み深い考えであろう。本節の冒頭でも述べたように，権力は個人や制度が所有できるような，独立した存在ではなく，また，巧妙に隠されている場合もあるとはいえ，これらの権力の中心には，アクター——個人であるか，集団であるかにかかわらず——が存在しているからである。

アクターによらない権力は存在するか？

　だが，争点が顕在化しない事例において，アクターの意図によらない場合も存在するのではないだろうか。先に満足した奴隷の例を取り上げたが，類似の例として，階級に基づく権力を考えてみよう。産業社会において，工場で働く労働者は資本家より劣悪かつ下位の立場に置かれ，しばしば搾取(さくしゅ)されている。だがこれは，悪辣(あくらつ)な資本家が労働者を意図的に搾取しているからだとは限らない。また，労働者の側でも，自分にはこの立場が相応と考えて現状に不満を抱いていない場合もあるだろう。しかしながら，客観的に見て，資本家と労働者の間には力関係が成立している。実際，**カール・マルクス**の影響を受けた論者の中には，たとえ，個々の資本家，労働者が自覚的に権力を行使していなくても，社会関係それ自体が，多くの人が工場で労働者として働かざるをえない状況を作り上げ，資本家と労働者を作り出すことで，権力関係を創り出している，と説く者もいる（プーランツァス 1978：第1部第3章）。

　アクターによらない権力がある，という見方からは，次節で見るミシェル・フーコーの議論のように，アクターが権力を行使するのではなく，アクター自

身，権力によってつくられるのではないか，という議論まではあと一歩である。

2 「私」をつくる権力

アクターを，権力行使の主体および客体として所与のものとみなすのが，ルークスの整理した3つの権力観に共通の特徴であり，政治学における多種多様な権力観に一般的に共有された考え方でもあった。マルクスの影響を受けた権力論の中には，権力が社会関係や構造に由来すると考えたものもあるが，最終的にはこれまでの権力関係を規定していた社会の改革を通じて，権力から自由な主体を形成する可能性は残されていた。対して，第 9 章でふれたフーコーの主体化論は，アクターを権力の主体・客体として所与のものとみなさず，主体そのものを権力の結果とみなし，権力から自由な主体はありえないと論じるのである。

主体をつくる権力

刑罰の歴史的分析を通じて主体化の問題系を提示した『監獄の誕生』でのフーコーの議論をあらためて見てみよう（フーコー 1977）。彼が取り上げたのは，公開での処罰から，監獄を中心とした刑罰への変化である。被告の身体への拷問を伴い，見せしめや報復の要素を含んだ前者から，被告の矯正を目的とした後者への変化は，かつて無制限であった権力がより温和で人道的なものへと変化し，かつ正当に行使されるようになる過程であるかのように見える。だがフーコーによれば，両者の違いは，権力のあり方の違いである。かつての権力は，王を中心とした秩序を維持するために，赤裸々に行使されるものであった。公開処罰のような形で権力が誇示されるのは，秩序を乱した犯罪者への処罰を周知のものにすることで，王を中心とした秩序を回復するという効果があったのである。つまり，犯罪者を更生したり，王の従順な臣民へと改心させたりすることは問題となっていない。対して，監獄での処罰は，人々の見えないところで，囚人の矯正をめざして実施される。フーコーが分析したパノプティコン（一望監視施設）において，囚人は自らを看守の立場から点検し，模範的な主体

へと自らを規律していく。権力は，囚人に良心を植え付け正しい利益と善悪に目覚め，自律的に判断し，意志をもつことができる主体をつくりあげようとするのである。すなわち，監獄において，囚人は自発的に主体へと自らをつくりかえているようでありながら，実のところ，ますます権力に従属していく。

　フーコーの母語であるフランス語をはじめ，西欧言語の多くでは，主体（sujet, subject）と臣従（sujet, subject）が同じ言葉で表現される。この多義性をふまえ，フーコーは監獄に見られるような，権力が主体をつくるあり方のことを，**主体化＝臣従化**と呼んだ。つまり，主体であることが，そもそも権力の産物である，ということになる。フーコーによれば，主体化＝臣従化の権力は，監獄だけで機能しているわけではない。類似のメカニズムは，病院，学校，軍隊など，さまざまな場に浸透しているとした。私たちは，これらの場を通じて，気づかないうちに権力にからめとられているのである。

フーコーの権力観の特徴

　ルークスが整理したような従来の権力観においては，権力を行使されていないとき，私たちはアクターとして自由な主体であるという含意が存在していた。三次元的権力を判別するために，反実仮想——もし権力から自由な主体であれば，この状況を是認しないであろう，という想定——を持ち出したのもそのためである。だが，フーコーの分析からは，権力から自由な主体は存在せず，実は主体も権力の手中にあるという含意が導かれる。それゆえ，先にふれた遅刻の例の場合，ルークスから見るならば，いかなる処罰がなくても遅刻しない学生には権力は行使されていないことになるのに対し，フーコーであれば，まさにそのような学生こそが，最も徹底的に権力によって主体＝臣従化している，ということになるだろう。フーコーのこのような権力観の輪郭をよりはっきりさせてみよう。実のところ，フーコーの著作において，権力の定義はほとんど見当たらない。それでもいくつかの特徴を抽出することはできる。

　第1に，権力は，何かを禁止するというより，何かをつくり，生産するものである。冒頭に見た定義にも「意志に反して」という言葉が見られるように，従来の議論はしばしば，アクターの行為を禁止するものとして権力を描いてきた。だが，フーコーにいわせれば，権力はそそのかし，つくりあげるものであ

る。たとえば監獄において，看守のまなざしは，囚人の行動の自由を禁止するというより（自由を奪うことが目的であれば，身体を拘束するなど，他に効率的な方法がある），囚人の内面に自律的な意志や判断力をつくりあげるように働いている。

　生産する権力という観点から，フーコーは『性の歴史Ⅰ』で**生-権力**という考え方を提出している。フーコーによれば，かつての権力は，「死なせるか生きるままにさせておく権力」であった。公開処刑を行う王の権力は，犯人を殺すことに興味があるが，支配下にある人々が一般的にどのような生活を送るかには関心がない。これに対して，現在の国家・社会は，人々の生のあり方を大きな関心事としている。学校での健康診断や，栄養価を考えてつくられた学校給食，禁煙治療に対する保険適用，おせっかいにすら聞こえるような，各種の健康啓発事業などを思い浮かべてほしい。いまや人々の健康な生を管理し，増大させることが，権力の関心事となるのである（フーコー 1986）。

　第2に，権力はしばしば**知**（真理）と結び付く。先の生-権力の例でいえば，人々の健康へと権力の関心が向けられたことによって，健康，福祉，身体に関する医学や公衆衛生の知識が爆発的に増大する。これらの知識は，世界のありようを客観的に分析しているというよりも，むしろ，健康政策の指針となったり，「正しい健康の基準」を提供したりすることで，生-権力の一部を構成する。権力はここでも知識の産出という，生産的な局面で機能しているのである。たとえば，医学的な知を用いながら，特定の症状を「病気」として定めることは，定められた症状を患う人々を「病人」として扱い，隔離や保険治療などの政策の対象として作り出すと同時に，その症状から外れる人々は逆に公的な救済から遠ざけられてしまう。

　最後に，権力は，ミクロな次元で働く。ルークスの3類型を含め，主体を想定した従来の権力観では，支配者による命令や国家の法律など，マクロな次元での権力が主に想定されてきた。本章❶で用いた例のように，家庭内での権力関係を扱うこともあるが，その場合でも，権力行使は主体の意志と関連づけられ，比較的明瞭に観察できるものであった。だが，すでに見てきたように，フーコーの注目する事象において，権力が見出されるのは，看守のまなざし，学校での日常的なしつけ，医療行為など，個々のミクロな場である。加えて，

> **Column ⓾　アーレントの権力論**
>
> 　通常，権力といったとき私たちは何かしらの強制力，場合によっては暴力によって相手にいうことを聞かすような力を念頭に置いている。本章で取り上げたアクター中心的な権力観，アクターをつくりあげるものという権力観の2つも，お互いに大きく異なるにもかかわらず，ある種の強制として権力をとらえている点では共通している。だが，権力を強制・暴力の一種として理解する見方を真っ向から批判する権力観を，20世紀のユニークな政治思想家，ハンナ・アーレントは提起している（アーレント 2000）。
>
> 　アーレントによれば，権力はむしろ支配や暴力と区別される。通常，強制や暴力は，何かの目的を達成するために，アクターによって行使される。対して，権力は「集団に属するものであり，集団が集団として維持される限りにおいて存在しつづける」（アーレント 2000：133）ものであり，加えて，目的達成の手段ではなく，むしろ，人々が他の目的を達成すべく行為するための基礎として存在する。権力が発揮された具体例として彼女が挙げるのは，アメリカ独立革命におけるアメリカ合衆国憲法の発効に至る過程である。合衆国の歴史において，宗主国イギリスの支配からの独立戦争は，憲法制定（1787年）に先

　これらミクロな権力は，主体によって自覚的に行使されるというよりも，主体をつくりあげていくものであり，フーコーの言葉を借りるならば，個人に浸透して「シナプス的」「毛細管的」に作用するものである（フーコー 2006a：190）。

フーコー権力論のインパクト①──政治の領域の拡大

　従来の権力論が想定してきた主体，アクターを前提とする権力と，主体をつくるフーコーの権力論の違いは政治学，さらには政治理論にどのような影響をもたらしうるのだろうか。2点に絞って説明しよう。

　第1に，政治の領域の拡大が挙げられる。冒頭で述べたように，権力をどこに見出すのかという問いは，政治をどこに見出すのかという問いに結び付いている。たとえば，あからさまな強制に基づく一次元的権力から想起されるのは，国家や政府による強制だろう。三次元的権力の場合，人々の意見や意識もまた権力の対象に含まれることで，政治の射程は大幅に拡大しているようにも見え

駆けて終結しており（1783年），その意味で後者は何かの目的の達成のための手段ではない。同様に，合衆国の憲法制定は，暴力を用いて行われたものでも，各州に強制されたものでもない。むしろ，その中で人々が暮らし，さまざまな目的に向けて活動可能な政治体を構成することが，建国の意味であった。およそアーレントはこのように説明している（アレント 1995：3-4章）。

　権力を暴力とも強制とも切り離してしまうアーレントの議論は，あまりに突飛で，本章で論じてきたような，いわゆる権力論とはかけ離れたものに見えるかもしれない。だが，重要なのは，アーレントの独創的な権力観もまた，政治の本質をめぐる考察に根ざしているということである。政治学では，政治を暴力の行使と結び付けて語ることが一般的である。政治を，「暴力の正当な独占」を行う国家の活動と定義したマックス・ヴェーバーの見方などはその代表例である。対して，アーレントにとって，政治とは，複数の人間が共存するための活動であり，その主な手段は言論や行為である。それゆえ，複数の人々の言論を破壊する暴力は，政治の限界を画するものだとされる。すなわち，アーレントもまた，権力を政治の重要な一要素だとみなしているのである。

る。しかし，ルークスの反実仮想に見られるように，権力が行使される以前の，権力から自由な主体が存在している，という前提は揺るがないのである。

　これに対して，主体の形成に権力の作用を見出すフーコーの権力論では，権力から自由になりうる主体があるという想定は成り立たない。むしろ，一見最も私的で，政治から遠くにある主体の中でも権力が作用していることになる。

　また，国家レベルでの強制よりも，学校や病院などでのミクロな実践に権力を見出していく観点も，政治の領域を拡大することに寄与したといえる。フーコー権力論によるこうしたインパクトは，通常の意味での「政治」の背景にある「政治的なるもの」（→**2**章）に対する関心と共鳴しつつ，個人のアイデンティティ形成や，学校教育，医療，さらには，文学などの個々の実践での権力作用に注目した研究の登場を促した。

フーコー権力論のインパクト②——正統性や自由が問えなくなる？

　第2に，フーコーの権力観が，自由や正統性という，従来の政治理論にとって中心的な概念を掘り崩しかねないということが挙げられる。先に見たようにフーコーの権力観によって政治が拡大したということは，従来，政治から自由だとみなされていた領域が，実は政治の一部でしかないということにもなる。主体が権力の作用にすぎないとしたら，権力から自由な私は存在せず，すべては権力の効果に過ぎない，という結論になるのではないだろうか。

　実際，自由および，正統性あるいは正当性の従来の理解に対するフーコーの異議申し立ては，多くの批判を招いてきた。

　ここでは代表的な2つの批判を紹介しよう。第1は，フーコーは権力から完全に自由な状態は存在しないと主張することで，権力への抵抗と自由の可能性を否定してしまった，という批判である。

　第2は，フーコーの指摘は矛盾している，という批判である。もし，すべてが——知ですら——権力の効果に過ぎないのであれば，すべては権力の効果だというフーコーの主張もまた，権力の効果だということにならないだろうか。知や真理を権力の作用だとするフーコー自身が（権力であるはずの）知や真理に訴えるのは矛盾なのではないか（Taylor 1985）。

　これらの批判に対しては再反論も出されている。第1に，権力と自由についていえば，フーコーは，権力があるところには必ず抵抗も存在すると繰り返し主張してきた。権力が常に私たちを完全に支配しているのではなく，むしろ，権力はさまざまな抵抗を呼び起こしているというわけである（Connolly 1985；杉田 2015）。さらに，『監獄の誕生』でフーコーは，監獄に代表される規律化の試みが抵抗に遭うだけでなく，しばしば失敗したことを記している（重田 2011）。

　第2に，フーコーの示す知（真理）は権力から自由なのか，という疑問については，フーコーが自身の研究をフィクション（作り話）だと述べていたことを指摘しておこう（フーコー 2006b：31）。フィクションといっても，フーコーが適当に話をでっち上げたという意味ではない。自身の研究が客観的，普遍的な唯一の真実なのでなく，あくまで，一つのパースペクティブ（視座）から見

たものに過ぎないことを強調したかったのであろう。

権力のさらなる進化？
▶ 監視社会とリバタリアン・パターナリズム

　最後に，権力と権力論をめぐる最前線の議論として，**環境管理型権力**と呼ばれる権力のあり方と，**監視社会**と呼ばれる現象にふれておきたい。

　2001 年のアメリカ同時多発テロに代表されるテロリズムの増大は，安全保障が国家同士の戦争だけでなく，個人や集団からなるテロリストと，社会および国家の間の問題でもある，という認識をもたらした。それ以来，空港での厳重なセキュリティ・チェックや，入国時の指紋押捺（おうなつ）など，権力による個人の監視は増加，肥大化している。アメリカ政府による監視，情報収集の実態を暴いた元諜報機関職員が亡命に追いやられたことも記憶に新しい。

　また，こうした監視の増大を可能にした情報技術の飛躍的な発達は，単なる監視を超え，人間の行動を質的に変化させつつある。監視カメラに映された行動や，インターネットのアクセス記録などを分析すれば，個人の詳細な行動が容易に把握可能であるだけでなく，その情報を活かして，人々の行動を変化させることも可能になっている。たとえば，ある企業が小売業者に提案するシステムは，監視カメラと組み合わせた顔認証のシステムによって，過去に万引きを行った顧客の来店を検知し，警戒を高めるしくみを可能にしているという（『日本経済新聞』電子版，2015 年 11 月 20 日付）。仮にその顧客がまた万引きを企てていたとしても，警備が厳しくて断念せざるをえなくなる，という目論見である。また，特定の個人を対象にしていなくても，意識させることなく人々の行動に働きかける技術も存在する。有名かつ古典的な例としては，客の長居を防げる喫茶店の硬い椅子や，ホームレスが横になって眠れないように区切りを設けたベンチなどがある。環境を調整することで人間の行動をそれと意識させないまま変化させる権力を，環境管理型権力と呼ぶ。いわゆる「ビッグ・データ」の蓄積が進み，人間の行動パターンの解析が進むにつれ，環境管理型権力の行使はますます洗練されるとともに広範なものとなっている。

監視社会における権力は，従来の権力とはどのように異なっているのであろうか。ある面では，監視社会で行使される権力は，従来型のアクター中心の権力の延長線上にあるといえる。テロへの対策として監視を強化しているアクターは国家であり，正当な監視活動とそうでないものを区別する際に用いられるのは，権力が侵してはならない自由やプライバシーといった基準である。

　だが，監視社会における権力のあり方には，従来の国家，主体中心の権力には収まり切らない側面も多い。第1に，監視するアクターには，国家だけでなく私企業や個人も含まれる。グーグルのような大手IT（情報通信技術）企業であれば，平均的な国家と同等か，それ以上の個人情報の集収が可能であるし，非環境管理型の権力も行使できる。たとえば，俗に「グーグル八分」と呼ばれる，インターネットの検索結果に特定のサイトを表示しない手法を用いれば，当該サイトを閲覧することは困難になる。監視の主体の多様化は，グローバル化と相まって，従来型の権力論では説明が難しい状況を作り出している。

　第2に，環境管理型権力に見られるように，監視社会の権力のいくつかは，個人の行動にそれと気づかれないまま働きかけるものである。人々が主体的な意志に基づき行為したと思っていることが，実は，環境に規定された産物かもしれないのである。監視社会には，フーコーが見出した権力と類似した，主体をつくる権力が作用していると見ることもできる。

　他方で，環境管理型の権力を積極的に活用していこうと考える人々もいる。たとえば，第3章でふれた*リバタリアン・パターナリズム*と呼ばれる考え方（セイラー＝サンスティーン 2009）は，個人にそれとなく働きかけ，行動を左右する，ナッジと呼ばれるしくみに注目し，肯定的に評価している。第3章で見た例でいえば，カフェテリアで，サラダは手に取りやすい場所に，フライドポテトは取りにくい場所に配置するといった工夫である。結果，カフェの客は，生鮮食品を多く摂取するようになり，健康になる可能性が高まる。強制するのではなく，人々の行動にそれと気づかれないよう働きかけることで，望ましい行為の実現をめざす考え方がリバタリアン・パターナリズムである。個人の自由の最大化をめざす「リバタリアニズム」と，個人への介入を積極的に肯定する「パターナリズム」では，めざす方向が反対のようにも思われるが，ナッジによってこの2つの共存が可能になった，と彼らは考えるのである。

監視社会に反対する人々に対しては，環境管理的な技術の便利さや監視による安全を捨てることははたして可能なのか，という批判が投げかけられるであろう。他方で，リバタリアン・パターナリズムに対しては，ナッジが悪用されることはないのか，ナッジに支配されていても自由といえるのか，といった批判が提起されている。権力についての議論は，社会の変化や技術の進歩とも深く関係しており，今後も新たな展開を見せていくであろう。

SUMMARY ●まとめ

- □1 アクターが他の誰かに対して権力を行使するという馴染み深い構図においても，権力のあり方はさまざまであり，ルークスはこれらのあり方を一次元的，二次元的，三次元的権力として整理した。
- □2 フーコーが提起した権力観については，従来の権力論や政治理論の問い方に大きな変化を迫るものと考えられている一方，批判も投げかけられている。
- □3 近年は，監視テクノロジーや環境管理型権力の発達を背景にした監視社会の出現が問題になっているが，他方，リバタリアン・パターナリズムのような考え方も提唱されている。

EXERCISE ●演習問題

1. ルークスのそれぞれの権力観，フーコーの規律権力，生権力について，それぞれどのような実例があるかを考えてみよう。
2. 環境管理型権力の実例を探して，それが監視社会論が主張するように否定的なものなのか，それとも，リバタリアン・パターナリズムの考えるように，肯定的に用いられるものなのかを考えてみよう。

さらに学びたい人のために　　　　　　　　　　　　　　　　　　**Bookguide ●**

杉田敦『権力論』岩波現代文庫，2015年。
　　フーコー的な権力論を政治理論に導入する先駆的な試み。
盛山和夫『権力』（社会科学の理論とモデル3）東京大学出版会，2000年。
　　フーコー的な権力観に抗して，従来の政治学で論じられた権力観を洗練・

発展させようとする試み。

大屋雄裕『自由とは何か――監視社会と「個人」の消滅』ちくま新書，2007年。
　監視社会がどのような挑戦を投げかけているかわかりやすく論じた書。

リチャード・セイラー＝キャス・サンスティーン／遠藤真美訳『実践 行動経済学――健康，富，幸福への聡明な選択』日経BP社，2009年。
　リバタリアン・パターナリズムを提唱する著者たちによる本。行動経済学が明らかにしてきた，興味深い知見を多く含む。

引用・参考文献　　　Reference

アレント，ハンナ／志水速雄訳 1995『革命について』ちくま学芸文庫（原著1963年）。
アーレント，ハンナ／山田正行訳 2000『暴力について――共和国の危機』みすず書房（原著1972年，初版は1969年）。
大屋雄裕 2004「情報化社会における自由の命運」『思想』966号，212-230頁。
重田園江 2011『ミシェル・フーコー――近代を裏から読む』ちくま新書。
川崎修 2010『「政治的なるもの」の行方』岩波書店。
杉田敦 2015『権力論』岩波現代文庫。
盛山和夫 2000『権力』（社会科学の理論とモデル3）東京大学出版会。
セイラー，リチャード＝キャス・サンスティーン／遠藤真美訳 2009『実践 行動経済学――健康，富，幸福への聡明な選択』日経BP社（原著2008年）。
フーコー，ミシェル／田村俶訳 1977『監獄の誕生――監視と処罰』新潮社（原著1975年）。
フーコー，ミシェル／渡辺守章訳 1986『性の歴史I――知への意志』新潮社（原著1976年）。
フーコー，ミシェル／小林康夫・石田英敬・松浦寿輝編 2006a『権力・監禁』（フーコー・コレクション〈4〉）ちくま学芸文庫。
フーコー，ミシェル／小林康夫・石田英敬・松浦寿輝編 2006b『性・真理』（フーコー・コレクション〈5〉）ちくま学芸文庫。
プーランツァス，ニコス／田口富久治・山岸紘一・網井幸裕訳 1978・81『資本主義国家の構造――政治権力と社会階級』Ⅰ，Ⅱ，未來社（原著1968年）。
ライアン，デイヴィッド／河村一郎訳 2002『監視社会』青土社（原著2001年）。
ルークス，スティーヴン／中島吉弘訳 1995『現代権力論批判』未來社（原著1974年）。
Connolly, William E. 1985, "Taylor, Foucault, and Otherness," *Political Theory*, 13(4): 365-376.
Lukes, Steven, 2005(1974)*Power: A Radical View*, 2nd ed., Palgrave.
Taylor, Charles. 1985, "Foucault on Freedom and Truth," *Philosophical Papers 2: Philosophy and the Human Sciences*, Cambridge University Press: 152-184.
『日本経済新聞〔電子版〕』2015年11月20日（http://www.nikkei.com/article/DGXMZO92890410W5A011C1000000/　2016年1月28日最終アクセス）。

CHAPTER

第 11 章

「私のこと」も政治か？

政治理論としてのフェミニズム

INTRODUCTION

　「あなたと政治の関係は？」と聞かれたら，どのように答えるだろうか。「政治には興味がありません（ので，関係ありません）」と答えるだろうか。人によっては，「選挙では必ず投票に行っています（という形で関係しています）」と答えるかもしれない。前者の回答に対して，「そんなことではだめだ」と憤る人も，「そんなものでしょう」と「理解を示す」人もいるだろう。後者の回答に対しては，「立派だ」とする人もいれば，「当然のことだ」と思う人もいるだろう。

　「政治」とのかかわり方について聞けば，いろいろな答えがあり，そのそれぞれについてさまざまな反応がある。しかし，それらにはある共通点がある。それは，「政治とは，国家・政府にかかわるものだ」という点である。その典型として選挙がある。政治に興味がある人もない人も，多くの場合，政治を政治家や官僚が行うもの，そして市民にとっては選挙に行くことだと思っている。少し詳しい人ならば，ここに利益団体を加えるかもしれない。そのうえで，そのような意味での「政治」に関心があったりなかったりするのである。

　しかし，「政治」とは，国家や政府，選挙に限られるものなのだろうか。「私」が「政治と関係がある」というとき，そこには選挙しかないのだろうか。本章では，フェミニズムという思想を素材として，「政治」を考え直す。そこで示されるのは，「『私のこと』自体が『政治』でありうる」ということである。それは，どういうことだろうか。

1 フェミニズムから政治を考える

　前2章では,「個人」の問題（→**9**章），権力の問題（→**10**章）を通じて，政治理論が「私」にかかわる問題を扱うこともできる，と論じてきた。続く本章では,「私」と「政治」そのものとの関係を扱う。この問題について最も重点的に考えてきた思想的立場として，**フェミニズム**（feminism）がある。本章では，このフェミニズムをテーマとして，「私と政治」との関係について考えてみよう。

フェミニズムとは何か？

　その前にまず，フェミニズムとは何かについて，ごく簡単に説明しておこう。フェミニズムとは，大まかにいえば，社会における男女間の不平等や女性の権利保障の不十分さを明らかにし，より男女平等な社会をめざす思想のことである。フェミニズムが展開する中で，男女間の不平等をもたらす社会のあり方を把握するために，さまざまな概念が生み出された。たとえば，「男は仕事（を通じて家族を養う），女は家庭（で専ら家事や子育てを行う）」という形で男女間での役割分担が固定化していることを把握するために，「性別分業」概念が生み出された。また，男女の不平等が，決して生物としての男女間の「自然な」違いに由来するのではなく，「男は○○」「女は××」という私たちが社会的に共有する認識枠組みで人々を分類する考えや行為に由来していることを明らかにするために，**ジェンダー**という概念が提起された。これらの概念を用いることで，教育，社会保障，雇用・就業，育児や介護，アイデンティティのあり方，犯罪や訴訟など，私たちの社会生活のほぼあらゆる側面について，フェミニズムの立場から考えることができるようになった。

　もちろん，フェミニズムの中にもさまざまな考え方や立場がある。男女の不平等が何に由来するのか（社会の何らかの客観的な構造に由来するのか，それとも，私たちの意識や認識あるいは相互作用に由来するのか）は，フェミニズムにおける一大争点である。また，「男女平等」自体も，論争のテーマである。「男女平

等」とは，結局のところ（現在の）男性のあり方に合わせることを女性に求めるものであり，フェミニズムは「男女平等」に警戒的でなければならない，とする立場も存在する（上野 2012）。さらに，「性」はいわゆる「男性」「女性」に限られない多様なものであるとして，フェミニズムにおける「男女」への関心を問い直す動きもある。性の多様性の具体例としては，レズビアン，ゲイ，バイセクシュアル，あるいはトランスジェンダー（「男性」「女性」などの自己認識と身体的・生物学的性との間に違いが存在する人）の人々を想起してみるとよい。これらの人々は，近年ではしばしば，その英語の頭文字をとって LGBT と呼ばれる。LGBT も含めるならば，フェミニズムにおける「男女」という区分も，問題となりうる。

「政治」に注目すること

このようなフェミニズムに関する知識を前提としたうえで，本章での主たる関心は，「政治」である。つまり，本章の狙いは，フェミニズムそのものについてさまざまな考え方を解説することにはない。また，さまざまな「社会」問題を取り上げて，フェミニズムの視点から説明することもしない。そうではなく，本章で注目するのは，フェミニズムが「政治」をどのように考えているかである。なぜなら，この本は政治理論の本であり，そして，フェミニズムは，「私」と「政治」との関係について最も真剣に考えてきた思想の一つだからである。本章では，①「政治」に関するフェミニズムの問題提起が政治理論のあり方を根本から問い直すものであること，②フェミニズムの視点をふまえると，通常は「政治」とは思われないようなところにも「政治」を見出すことができること，を説明する。本章を読めば，「私のこと」が「政治」とよくかかわっていること，もっといえば，「私のこと」こそが「政治」なのだという見方を，きっとよく理解できるようになるはずである。

2 「私のこと」は政治ではない
▶ 政治理論における公私二元論とフェミニズムによる批判

政治理論における公私二元論

　まず，フェミニズムからいえることは，標準的な政治理論では，「私のこと」と「政治」とが全く別の事柄として理解されてきた，ということである。フェミニズムは，標準的な政治理論の中にこのような「私」と「政治」との区別を見出し，これを**公私二元論**と呼んで批判してきた。

　近代以降の標準的な政治理論では，国家と社会が区別され，その区別が政治と経済の区別と重なっていた。この場合，国家と同一視された政治の領域が**公的領域**，経済・労働の領域が**私的領域**である。このような区別に関心がもたれた理由の一つは，とりわけ近代になって経済が発展し，経済の領域において資本家と呼ばれる人々が力をもつようになったからである。資本家の側からすれば，自分たちの経済活動は，国家による規制や介入を免れた自由な領域であったほうがよい。そこで，経済領域と国家の領域の違いが強調されなければならなかった。他方，思想家の中には，**G. W. F. ヘーゲルやカール・マルクス**のように，そのような「自由な」経済の領域における活動がさまざまな問題を引き起こすことを批判する者もいた。たとえばヘーゲルは，私的領域としての経済の領域は，その利己主義と物質主義に基づく「欲求の体系」としての問題性ゆえに，公的領域としての国家によって最終的には乗り越えられなければならないと考えた。いずれにせよ，ここでのポイントは，近代の政治理論において，国家＝政治＝公的領域であり，市場＝経済＝私的領域であったという点である。

公私二元論への批判

　フェミニズムは，このような公的領域と私的領域との区別が男性と女性との間の不平等を覆い隠すものである点を問題にした。つまり，フェミニズムは，「自由」や「平等」を説いてきたとされる近代の政治理論において，実際には男女の不平等，とりわけ家族の領域における女性の男性への服従が自明視され

ていることを明らかにしてきた。たとえば，フェミニズムから見れば，ホッブズ，ロック，ルソーといった，よく知られた近代の男性の政治理論家たちの著作は，女性を「自然の役割」として男性に従属するものとみなす点で一致している（水田 1973, 1979；オーキン 2010）。彼らの議論では，女性はその「自然な」特性として，男性よりも受動的・依存的であり，有能でも理性的でもない存在として描かれている。したがって，女性はとりわけ家族内において男性に従わなければならない，というわけである。

このように考えるならば，公的／私的との間の境界線を国家と市場との間に見出すのでは，不十分だということになる。そもそも，このような区別では，女性の存在を見出すことさえできない。なぜなら，女性たちは，国家＝政治＝公的領域にも，市場＝経済＝私的領域にも存在しないからである。女性の居場所はどこかといえば，それは「家族」である。つまり，かつてならば「家長」，今でも「一家の稼ぎ手」である男性（夫）の下で，家庭の中で主に家事，育児，介護などに従事する存在が「女性」である。しかし，まさにそうであるがゆえに，女性は，政治においても，市場においても，その存在を十分に承認されることがない。たとえば，女性の政治家に対して「台所感覚では政治はできない」といった批判や，仕事をする女性に対して「女性に重要な仕事を任せられるのか」といった疑問が投げかけられることがあるとすれば，あるいは，一見それとは反対に，「男勝り」な女性の政治家や企業家に対して冷ややかな目が向けられることがあるとすれば，そのような「批判」「疑問」「冷ややかな目」の背後には，次のような考え方が存在する。それは，政治の場であれ経済の場であれ，女性が男性と対等に活動することを「不自然」とみなす考え方である。「普通に」考えると「家庭」にいるべき女性が，政治や職場で活動することは「不自然」であり，それゆえ，その「能力」に対して懐疑が向けられやすいのである。

もっとも，このように考えること自体が，標準的な公的領域と私的領域との区別を前提とする限り，まさに「不自然」なことである。だから，フェミニズムは，公的／私的の区別を概念的なレベルで見直すことを提案してきた。つまり，公的領域と私的領域との境界線は，国家と市場との間ではなく，一方の国家＋市場と，他方の家族との間に引かれているものとして考え直されなければ

ならない。国家＋市場を「公的領域」，家族を「私的領域」としてとらえることを通じて初めて，女性が政治や経済の領域には存在せず，専ら家族の領域に存在していることや，家族という「私的領域」に属するとみなされるがゆえに，「公的領域」としての政治＋経済の場において適切に評価されることが難しいことなどが見えてくるのである。これが，フェミニズムが考える公私二元論である。

　本章の主題である「私と政治」の関係に照らして，この公私二元論の特徴をまとめておこう。公私二元論の下では，「私のこと」と「政治」とは，まずは，全く別の事柄として考えられることになる。「政治」が「公的領域」において行われることであるのに対して，「私のこと」は「私事」であり「私的領域」に属するからである。したがって，政治理論が「私のこと」を扱うべき理由も存在しない，ということになる。

3　「私のこと」も政治である
▶ ラディカル・フェミニズムと公私二元論の問い直し

「個人的なことは政治的である」

　しかし，本当に私的領域には「政治」はない，ということでよいだろうか。前節で述べたように，確かにフェミニズムは，公私二元論の下では私的領域と政治とが切り離されていることを指摘した。しかし，フェミニズムの議論は，ここで終わるわけではない。フェミニズムは，ここからさらに進んで，「私的領域」とされる場においてこそ実は「政治」が存在する，と主張する。

　このことを最もシンプルに表現した言葉が，「**個人的なことは政治的である** (personal is political)」である。これは，1960年代以降の**ラディカル・フェミニズム**と呼ばれる潮流において，スローガン的に提起された表現である。これは，「私のこと」を私的領域に，「政治」を公的領域に割り振る公私二元論とは全く異なる考え方である。

　しかし，「個人的なことは政治的である」とは，具体的にはどういうことであろうか。公私二元論とは異なる表現だということ自体は，すぐにわかるかも

しれない。しかし，だからといって，私的領域に「政治」があるのだといわれても，どういうことなのか，具体的にはうまく想像できないかもしれない。通常，「政治」と聞いて思い浮かべるものは，政治家，政党，選挙，議会などであろう。もし「私」が政治家だとすれば，私の個人的な生活や体験は，確かに「政治的」であるといえそうな気もする。あるいは，「私」の生活の中には，選挙の際に，政党や候補者についての情報を集めたり，投票所に出かけて投票したり，開票速報を見ながら家族や友人と（あるいはインターネット上のソーシャル・ネットワーキング・サービス〈SNS〉で）あれこれ話をすることも，確かに含まれている。「個人的なことは政治的である」とは，そのような「私」の生活の中のある側面を指しているのだろうか。

私的な領域における政治

フェミニズムにおける「個人的なことは政治的である」は，主に，次の2つのことを意味している。第1に，通常は「個人的」とされてきた領域にも「政治」が存在する，という意味である。たとえば，**ケイト・ミレット**は，著名な小説の分析を通して，一般に「私的なこと」とされがちな男女の性愛関係の中に，男性による女性の支配という意味での政治を見出した（ミレット 1985）。また，**上野千鶴子**は，「暴力」という観点からは，国家と家族の共通性を把握することができる，という（上野 2012）。国家における戦争と家族におけるドメスティック・バイオレンス（DV）は，どちらも「暴力」の行使という点で共通しているからである。このように，暴力という観点から見れば，国家と家族とを別の領域として見る公私二元論的な考え方は意義をもたない，ということになる。

ミレットや上野が取り上げているような問題がなぜ「政治（的）」なのか，という疑問をもつ人もいるかもしれない。男女関係や家族間の関係は，それ自体は，政治家や選挙がかかわるものではないように思われるからである。しかし，彼女たちからすれば，そのような疑問こそが，通常の公私二元論にとらわれていることの証拠である。むしろ，「政治」とは何か，という政治の定義のレベルにまで遡って考え直せば，男女関係や家族の中にも「政治」を見出すことができるようになる。

Column ⓫　クオータ制

　本章では，私的領域に政治を見出すいくつかの議論を説明した。しかし，フェミニズムの立場から公的領域における政治を考え直すための議論も存在する。その一つが，クオータ制をめぐる議論である。クオータ制とは，議会の一定の議席（あるいは候補者枠）を女性（または他の社会的少数者）にあらかじめ割り当てるものである。

　クオータ制擁護論には，次のようなものがある（田村 2009：第 5 章）。第 1 は，不平等の是正である。公私二元論の下で，男女間での政治参加（この場合は議員になること）の平等は達成されていない。よって，男女の平等を実現するために，クオータ制は望ましいとされる。第 2 は，女性の利益や経験の表出・反映の必要性である。女性には女性独自の「利益」があり，それは女性議員が少ない状態では適切に表出・反映されない。仮に，すべての女性が特定の問題について同じ意見を有していなくとも，女性が男性よりも，より深刻なものとして経験する問題がある。たとえば，結婚や出産後の就業の問題である。こうした「女性の利益」あるいは「経験」を議会に適切に表出・反映するために，クオータ制は望ましいとされる。また，そもそも地理的な空間を単位とした選挙区という発想自体が，地理的空間を優先する一種のクオータ制であるとの主張によって，クオータそのもののイメージの再考を求める議論もある（スティール 2014）。

　クオータ制は，実際にはすでに世界の多くの国や政党（候補者の場合）で導入されている。とはいえ，選挙で選出されるはずの代表について，このような特別の措置をどのような根拠に基づいて認めるべきかどうかは，政治理論の重要な考察対象となりうるのである。

　実際，ミレットが小説分析において依拠するのは，**マックス・ヴェーバー**による権力と政治のとらえ方である。ヴェーバーは，政治の本質を権力とその行使による支配に見出した。ミレットは，そのヴェーバーの「政治」の定義を応用すれば，男女の性愛関係の中にも，権力行使に基づく支配の関係を見出すことができると考えた。上野の場合も，国家と家族に共通する「暴力」がキーワードである。ここでは，「政治」が暴力にかかわるものとして考えられていることが推測できる。実際，ヴェーバーも，いったんは「政治」を権力現象として定義するものの，最終的には，政治を「物理的暴力の正統な独占」によって

特徴づけられる「国家」と関連づけて理解している（ヴェーバー 1980）。このように，しばしば政治を理解する際には，「権力」や「暴力」といった用語が参照される。このような「政治」の理解の仕方をふまえれば，ミレットや上野の議論がまさに最も「個人的」「私的」とみなされがちな場所に，「政治」を見出そうとしたものであることがよく理解できるだろう。

国家によって形成される私的領域

　第2に，「個人的なことは政治的である」は，何が「公的」で何が「私的」であるかの区別は決して「自然」なものではなく，政治的につくられる，ということを意味する。たとえば，「私的」なはずの家族のあり方は，国家・政治によって「公的」に形成される家族や婚姻にかかわる法によって規定されている（オーキン 2013：209-211）。かつて女性には財産権がなかったが，それは国家・政治が形成する法によって，そのように定められていた。現在でも，「誰が誰と結婚できるのか」「誰が法的に誰の子どもなのか」「いかなる場合に結婚は解消できるのか（離婚できるのか）」といった問題は，すべて国家によって形成される法によって決められており，人々の家族生活のあり方はそれに大きく規定されている。これが，「個人的なことは政治的である」の第2の意味である。

ラディカル・フェミニズムのまとめ

　以上のことを，本章の主題である「私と政治」の関係に照らして，まとめておこう。ラディカル・フェミニズムが提起した「個人的なことは政治的である」は，公私二元論を批判し，私的領域においても「政治」は存在するし，また，「私的」であることそのものが公的領域における政治によって構成されたものであるとする見方を提示した。ここにおいて，「私のこと」は政治と無関係とはいえなくなる。私が「私のこと」と思ってやっていることが，実は，それ自体が（権力や暴力の行使という形での）「政治」であるかもしれない。また，私が「私のこと」であって他の人には関係ないと思っていることも，実は，「政治」によってつくられたものかもしれない。こうして，フェミニズム，とりわけラディカル・フェミニズムは，「私のこと」とみなされがちな事柄にこ

そ，「政治」を見出すべきである，と主張したのである。

4. 政治における人間像の見直し
▶ ケアを通じた共同性の構成

ラディカル・フェミニズムによる公私二元論批判を，政治理論はどのように受け止めるべきであろうか。政治理論の受け止め方として，少なくとも2つの方向性がある。一つは，政治理論における主体像の見直しに取り組むという方向性である。もう一つは，ラディカル・フェミニズムの公私二元論批判には賛成しつつ，その「政治」像には異議を唱える方向性である。本節では，前者について説明する。

ケアの共同性論

政治理論がラディカル・フェミニズムの問題提起を受け止める方向性の一つは，それを主体像の問い直しの手がかりとすることである（岡野 2012）。以下ではこの方向性を，ケアの共同性論と呼ぼう。この立場は，政治理論における公私二元論が，公的領域において政治を行う人々を自由で自立した主体であると想定していることを問題視する。第3章や第9章で述べたように，標準的な政治理論，とりわけリベラリズムと呼ばれるそれは，個人を，社会に先立って存在し，自律的に思考し判断することのできるという意味で自由な主体として考える。しかし，フェミニズムから見れば，この「自由な主体」「自律的な主体」という想定こそが問題である。なぜなら，とりわけ女性は，そのような主体であることができないからである。多くの女性は，私的領域においてケア（家事・育児・介護）を担う役割に置かれており，公的領域における政治や仕事にかかわろうとする場合でも，自分のケアを求めている人々（子どもや高齢者）を家に置き去りにするわけにはいかない。つまり，ケアをする／される関係に置かれざるをえない女性は，「自由」であることも「自律的」であることもできない。それにもかかわらず，標準的な政治理論は，私的領域におけるこのようなケアをする／される関係を捨象したうえで，「自由」で「自律的」な諸個

人から成る政治を語る。ここに問題が存在するのである（岡野 2012）。

そこでケアの共同性論は，政治理論における人間像，つまり「私」とは何かを問い直す。「私」は，自由で自律的な個人ではなく，他者との**依存関係**にある存在としてとらえなおされる（キテイ 2010）。「私」は，人生のある時期（典型的には幼年期と老年期）には，自分以外の誰かに世話をされるという意味で依存している。他方，また別の時期には，典型的には子育てや介護という形で，自分以外の誰かの世話をしている。もちろん，現実には，このようにして誰かの世話をしている人の多くは女性である。つまり，この構想においては，現実に世話をする／される関係に置かれている女性をモデルとした共同性が構想される。あるべき共同性とは，自律的な個人たちによって，たとえば社会契約を通じて構成されるものではない。そうではなく，依存関係にある人々によって構成されるものなのである。

ケアの共同性論における政治

ここで，ケアの共同性論はどのような意味で「政治」と関係しているのか，という疑問が生じるかもしれない。この議論では，「私」が依存関係によって他者とつながっていることが，共同性を構成する根拠となっている。この場合に「依存関係」は，「私」にとって変更不可能な「自然」となっているようにも見える。実際，**エヴァ・フェダー・キテイ**は，「私たち」は「生得的に他者と関係づけられた存在である」と述べている（キテイ 2010：161）。しかし，このような議論には，政治理論として見た場合には疑問も生じる。なぜなら，第 **2** 章でも述べたように，「政治」が「自然」とは異なる，作為的な営みであるということは，政治とは何かを考える際の出発点となる考え方だからである。そうであるとすれば，「私たち」が「生得的」に依存関係にあることを理由として，そこから（自由で自律的な主体によるそれとは異なる）共同性を構想するケアの共同性論は，ある重要な部分において政治理論と緊張関係に立っているのではないだろうか（田村 2011）。

このような疑問に対して，ケアの共同性論は，依存関係を単に生得的で「自然」な関係として理解するのではなく，そこから「私たち」が互いに他者を通じて学習し合うことを通じて共同性が生まれるような関係として理解すること

で批判に答えようとする。ケアをする／される関係とは,「私」にとって最も身近な場所で私とは異なる他者を知ることである。たとえば,私が自分の子どもの世話をするということは,私には十分に予想することも対応することもできない,その意味で「他者」としての子どもに出会うことである。その結果として,子どもの世話をする私は,自分の思うようにはならないものの存在を認識し,理解するようになる。言い換えれば,私は,子どもへのケアを通じて,私の個人としての意志の限界を知り,他者を尊重するとはどういうことかを学ぶ。こうして,依存関係を通じて,他者との間に非暴力的な共存関係をつくっていくことができるようになるのである(岡野 2012：210-218)。このように,依存関係から生まれるある種の学習の契機を重視することで,ケアの共同性論は,「自然」への回帰を避けることができる。

　以上のように,ケアの共同性論は,公私二元論批判を,政治理論における人間像の転換という形で引き取る。ケアの共同性論を受け入れるならば,政治理論が想定するべきは,もはや「自由な個人」「自律的な個人」ではなく,「ケアを通じて依存関係にある人々」である。依存関係にある人々はケアを通じて,他者の尊重と自己への謙虚な態度を学ぶことで,異なる人々が,それでも共存できるような共同体を構成することができると考えられるのである。

5　私的領域における「政治」

ラディカル・フェミニズムにおける「政治」への疑問

　公私二元論の克服をめざすもう一つの方向性は,私的領域における「政治」を擁護することである。この考え方をとる場合に,まず問題になるのは,ラディカル・フェミニズムにおける「政治」の理解である。本章3で見たように,ラディカル・フェミニズムにおいては,「政治」はしばしば,権力(の行使による支配)や暴力などとして理解されている。確かに,このような「政治」の理解の仕方がありえないわけではない。しかし,政治理論として見た場合には,権力,支配,暴力などの要素によって特徴づけられる政治の理解は,少々狭い理解ともいえる。ラディカル・フェミニズムは,「政治」の一部の要素を強調

しすぎているか，あるいは，政治ではないかもしれないものを「政治」として理解しているのではないだろうか。

フェミニズムと集合的意思決定としての政治

　本書では政治を，異なる人々の間に発生する紛争を解決するために集合的意思決定を行う試みとして理解している（→**2**章）。このような政治の理解に照らした場合，政治を権力，支配，暴力などによって理解することには問題がある。たとえば，権力は，確かにこのような意味における「政治」にも伴うものである。しかし，それは，「政治」の一つの要素にすぎない。フェミニズムの理論家の中でも，**キャロル・ペイトマン**は，このことをよく理解している理論家の一人である。彼女は，フェミニズムの政治論における政治と権力の同一視を批判し，それとは異なる「政治」概念を探究するべきだと述べている（ペイトマン 2014：第 6 章）。確かに「政治」には権力がつきものである。しかし，単に権力を行使し，そのことによって他者を支配しようとするだけでは，「政治」と呼ぶには不十分である。そのためには，権力や支配とは異なる要素，たとえば，相互尊重，言葉による説得，話し合いといった要素が不可欠なのである。また，暴力についても，それが行使される状況というのは，それ自体が政治なのではなく，むしろ，上記のような意味での「政治」がうまく行われていない状況として把握されるべきであろう。つまり，ある問題を政治によって解決できない場合に，暴力による解決という方策が浮上するのである。

望ましさの問題

　しかし，フェミニズムから見た場合の疑問は，集合的な紛争解決の試みとして政治を理解することが，フェミニズムが問題としてきた男女の不平等などの問題解決に貢献するのか，ということである。問題は，この意味での「政治」を行うことがただちに特定の解決策を導くとは限らない，ということである。たとえば，暴力ではない形で問題解決を行うからといって，その結果が女性にとって望ましいものになるとは限らない。そうだとすれば，結局のところ，政治には意味がないということにならないだろうか。

　このような疑問に対しては，次のように答えることができる。すなわち，確

かに「政治」は唯一の「正しい」答えをもたらすわけではない。しかし，政治は，現状が「自然」ではないということ，別の可能性や選択肢があるということを示すことができる。ゆえに，その意味で政治が存在することは，そうでないよりも望ましいのである，と。

したがって，もしもこのような意味での「政治」が行われるならば，これまでは自明と思われていた男女の不平等な関係がその自明性を失い，見直される可能性が生じている，ということができる。たとえば，妻が夫婦間での家事の分担のあり方について，見直しを求める声を上げたとしよう。そのことで，夫婦間に対立が起こるかもしれない。しかし，家事分担の見直しを求める妻の声は，これまでの家事分担が自明ではないこと，したがって別の分担の可能性があることを明らかにしたのである。「別の可能性がある」ということ自体は，その可能性が「望ましい」ものであることを保証するわけではない。それは，「望ましくない」ものであるかもしれない。それでも，現状がすべてではないと知ることは，望ましい社会形成のための前提条件なのである（盛山 2011）。

最後に，「私的領域における政治」を「私と政治」の関係という観点から整理してみると，次のようになる。すなわち，「私のこと」であっても，それが他の人々との間で問題になるのであれば，「私」は，たとえ「私的領域」であっても「政治」にかかわることになる。そのような「政治」にかかわったからといって，他の人々との間で問題が望ましい形で解決できるかどうかはわからない。しかし，このような「政治」が行われることは，それが存在しない場合よりも，現状とは別の可能性を見出すことに資するかもしれない。このような意味でも，「個人的なことは政治的」なのである。

SUMMARY ●まとめ

☐ 1 政治を考え直すために，フェミニズムの議論を見ることは有用である。なぜなら，フェミニズムは，「私」と「政治」の関係を問い直し，「私のこと」こそが「政治」であることを主張してきたからである。

☐ 2 フェミニズムとは異なり，近代以降の標準的な政治理論では，公私二元論の

考え方に基づき，政治とは公的領域で行われるものであり，私的領域＝「私」の領域には関係のないものだと考えられてきた。

- □ 3 フェミニズムの中でもラディカル・フェミニズムと呼ばれる潮流は，公私二元論を最も厳しく批判し，私的領域にも「政治」が存在することを明らかにした。
- □ 4 公私二元論批判を政治理論が受け止めるときの一つの方向は，個人像の見直しである。ケアの共同性論では，自律的な「私」ではなく，他者との依存関係にある「私たち」という人間像に基づいた政治が構想される。もう一つの方向は，私的領域にも集合的意思決定としての政治を見出すことである。

EXERCISE ●演習問題

1. 公私二元論のために，具体的にはどのような問題が発生していると考えられるかについて，話し合ってみよう。
2. 私的領域に「政治」を見出すことに対する批判として，どのようなものが考えられるだろうか。
3. 私的領域における「政治」を実現するために，どのような条件が求められるかについて，考えてみよう。

さらに学びたい人のために　　　　　　　　　　　　　　　Bookguide ●

キャロル・ペイトマン／山田竜作訳『秩序を乱す女たち？——政治理論とフェミニズム』法政大学出版局，2014年。
　フェミニズムに基づく政治理論が何をどのように論じるのかをよく伝える著作。

スーザン・M・オーキン／山根純佳・内藤準・久保田裕之訳『正義・ジェンダー・家族』岩波書店，2013年。
　ロールズの正義論をフェミニズムの立場から批判した本。公私二元論への批判の仕方を学ぶことができる。

岡野八代『フェミニズムの政治学——ケアの倫理をグローバル社会へ』みすず書房，2012年。
　本章でいうケアの共同性論の立場から政治を構想しようとした意欲的な著作。

引用・参考文献 Reference

上野千鶴子 2012『生き延びるための思想〔新版〕』岩波現代文庫。
ヴェーバー，マックス／脇圭平訳 1980『職業としての政治』岩波文庫（原著1919年）。
岡野八代 2012『フェミニズムの政治学――ケアの倫理をグローバル社会へ』みすず書房。
オーキン，スーザン・モラー／田林葉・重森臣広訳 2010『政治思想のなかの女――その西洋的伝統』晃洋書房（原著1979年）。
オーキン，スーザン・M／山根純佳・内藤準・久保田裕之訳 2013『正義・ジェンダー・家族』岩波書店（原著1989年）。
キテイ，エヴァ・フェダー／岡野八代・牟田和恵監訳 2010『愛の労働あるいは依存とケアの正義論』白澤社（原著1999年）。
スティール若希 2014「多様な政治的アイデンティティとクオータ制の広がり――日本の事例から」三浦まり・衛藤幹子編『ジェンダー・クオータ――世界の女性議員はなぜ増えたのか』明石書店。
盛山和夫 2011『社会学とは何か――意味世界への探求』ミネルヴァ書房。
田村哲樹 2009『政治理論とフェミニズムの間――国家・社会・家族』昭和堂。
田村哲樹 2011「シティズンシップの再構想――政治理論はどのようにパラダイム・シフトするのか」辻村みよ子編『壁を超える――政治と行政のジェンダー主流化』（ジェンダー社会科学の可能性3）岩波書店。
ペイトマン，キャロル／山田竜作訳 2014『秩序を乱す女たち？――政治理論とフェミニズム』法政大学出版局（原著1989年）。
水田珠江 1973『女性解放思想の歩み』岩波新書。
水田珠江 1979『女性解放思想史』筑摩書房。
ミレット，ケイト／藤枝澪子・加地永都子・滝沢海南子・横山貞子訳 1985『性の政治学』ドメス出版（原著1970年）。

CHAPTER

第 **12** 章

「国民である」とはどういうことか？
ナショナリズム

INTRODUCTION

　現代世界ではグローバル化によって，情報や金銭，商品，人や文化が国境をまたいで頻繁に出入りしている。東京のスポーツ・バーでドイツ国籍の友人とリアルタイムで，ブラジルで行われているサッカー中継を，韓国製のテレビで視聴しつつ，ベルギー産のビールを飲むとしても不思議ではない。私たちは，グローバル化の進展する世界で，日本という単一の「私たち」という集団の構成員としてだけではなく，複数の「私たち」の構成員となっている。たとえば，サッカーファンによって成り立つ「私たち」の構成員の国籍は日本国籍にとどまらず，多国籍にまたがっているだろう。「日本は単一民族国家である」という意識は徐々に相対化されてきているが，その国内でもさらなる多文化社会化が進展している。

　他方で，「同じ日本人」という言葉は急速に現実味を失っている。1億円の新築マンション購入を決めた夫婦が談笑する不動産会社のビルの下では，借家を見つけられないホームレスが横たわり，その傍（そば）を駆け抜ける契約社員は契約更新への不安を抱きながら営業に余念がない。格差社会で分断された彼らは「同じ日本人」なのだろうか。

　このような潮流に逆行するように，世界各地でナショナリズムの高揚が見られる。旧ユーゴスラヴィアをはじめ冷戦の終焉（しゅうえん）後には諸地域で民族紛争が多発した。現在のヨーロッパでは中東・アフリカ地域の戦乱から逃れてきた難民に対して，ナショナリズムを掲げて移民排斥を主張する諸政党が躍進し，排外主義運動も広がっている。イギリスは欧州連合（EU）からの離脱を国民投票で決定し，

アメリカでは自国優先を唱えるドナルド・トランプが大統領に当選した。

アジアでは，領土，資源，歴史認識や安全保障を争点に，「外国の脅威」と「愛国心」を各国政府が強調する国家主導型の「上からのナショナリズム」の高揚が見られる。とりわけ中国と近隣諸国との軍事的緊張は地域の安定を揺るがしている。

他方で，排外主義やレイシズム，歴史修正主義とつながった，社会の側から「下からのナショナリズム」も台頭している。国境を越えるはずのインターネット空間において，他民族や他国を敵視するナショナリズムの増幅が指摘されている。街頭でも他民族や他国を敵視するデモは各国で広がり，中国における「反日デモ」の暴徒化，日本におけるヘイトデモなどが多発している。

1 国民は「実在」するか？

ナショナリズムと国民

ナショナリズムとは何であろうか。ナショナリズムは「言語，文化，宗教，エスニシティなど何らかの属性を共有する同質的な人間集団」と「国家（state）が管轄する人々の全体」の一致を志向する思想・運動として定義できる。ここで注目すべきは，ナショナリズムが希求し，同時にナショナリズムの条件ともなる「国民（nation）」という概念である。

では，国民とはどのように定義できるのであろうか。一つの答えは，**エルネスト・ルナン**に代表される「意思」という定義である。ルナンは国民を**日々の人民投票**である，と論じた。人々の言語や出身地の相違ではなく，その国家の有する理念に賛同した人間こそが国民であるべき，と考えたのである。国民が「政治」共同体であるならば，問題となるのは人々の政治的な意思である，という考えは説得力がある。言語や出自，文化などの条件が一人一人異なっていても，同じ意思をもっていれば共通の国民国家を作り上げることができる，とする考え方である。このように民主主義と密接に関連するルナンによる国民の定義は，普遍主義の装いをまといつつ，フランスという限定された個別主義に

基づく「人々の意思」によって形成される単位としての国民像を提唱したのである。もっとも、ルナンもまた、国民を「豊かな記憶の遺産」「精神的な共同体」と位置づけ、その「魂」についても論じている。その点では後述する**ヨハン・ゴットリープ・フィヒテ**の議論とも接近する。

　それに対して、国民の定義に関するもう一つの答えは、フィヒテに代表される「本質」による定義である。フィヒテは、ナポレオン戦争（1803-15 年）の敗北に際して、フランスの文明に対抗するドイツの文化として「言語・文化」を掲げ、それをドイツ国民の核心に据える国民像を『ドイツ国民に告ぐ』において打ち出した。フィヒテの「言語・文化」に国民の基礎を求める本質主義的なナショナリズムは、その後も多くのナショナリズムの原型となっていった。人々は長い時間をかけてつくられてきた言語や文化に囲まれて育っていく。仮にルナンのいうように人々が政治的意思をもつにせよ、そうした意思自体も言語や文化に影響されているのではないだろうか。そうならば言語や文化などの本質にこそ、国民の真の条件がある、というフィヒテの答えは説得性をもつものになる（フィヒテ 1940）。

　しかし、このような国民についての説明は、一定の説得力があるとはいえ、それだけでは歴史的な国民国家（nation state）の成立を説明することは難しい。

　国民の条件が「意思」によって決まるとするならば、どの範囲で「人民投票」をすべきなのであろうか。その範囲は誰が決めるのだろうか。「人民投票」に招かれない人はいないのだろうか。国民ではなく部族や信徒でありたい者は、国民を決める「人民投票」に参加しなければならないのか。人類はこのような「投票」を行い「国民」としてまとまってきた、という説明は史実であろうか。

　他方で、言語や文化といった「本質」を想定する説明だけから、現実の国民国家の成立を説明することも難しい。確かに人間は言語や文化をもった集団の中に生まれ、そこで育っていく存在である。しかし、そうした言語や文化が一国内で単一であるとは限らない。また、言語も文化も「育ち」の中で身につけていく後天的なものであるため、さまざまな人が身につけることができ、時代の推移によって変化にも富む。言語や文化の時間的・空間的な広がりを同定することも難しいが、そうした「本質」と現実の国民の広がりの間には乖離がある。

1　国民は「実在」するか？　●179

しかし人々の意思を国民の条件としたルナンや，言語や文化という「本質」を国民の条件としたフィヒテの議論が無意味である，ということではない。むしろ彼らの議論は，「国民はどのようなものであるべきか」「どのような国民を作り上げるべきか」をめぐるものであり，国民を作り上げていくための規範的なナショナリズムの思想として解釈できる。

国民はいかにしてつくられてきたか？

ここで「歴史的に国民はいかにつくられたか」という分析を通じて，国民の定義に迫った人々の議論を取り上げよう。ナショナリズムは国民を長い歴史をもつ悠久の存在として主張するにもかかわらず，歴史的にはそのような国民は存在せず，むしろナショナリズムという思想や運動によって，近代になって「誕生」したものである，と論じる3つの議論を見ていこう。

第1の議論は，**アーネスト・ゲルナー**によるものである（ゲルナー 2000）。ゲルナーはナショナリズムを「政治的な単位と文化的な単位の一致を求める政治原理」と定義したうえで，産業化に着目する。産業化以前の農業社会においては，農村共同体を中心とするローカルな空間と，階層によって人々は分断されていた。しかし，産業化はローカルな共同体と階層を流動化させ，人々をそれらから解き放ち，平等な存在へと変えていくダイナミズムをもつ。このような産業社会の発展においては，文字を読み書きする能力が要請される。以前の農業社会においては，リテラシー能力は一部の階層のみがもっていた「ハイカルチャー」であったが，産業社会ではこの能力はすべての人々が身につけるべき能力として要請される。このハイカルチャーを人口の大半を占める人々に教育する組織が学校であり，それを統制できるのは国家にほかならない。それ以前の国家とは異なり，近代国家は領土内の人々を一元的に管理する権力を有している。そして学校における画一的な教育によって，人々は同質的な言語能力や文化をもつ国民へと生まれ変わる，とされる。

第2の議論は**ベネディクト・アンダーソン**の議論である（アンダーソン 2007）。ゲルナーの議論に対して，アンダーソンは同じく言語に着目しつつも，異なった議論を展開する。アンダーソンは国民形成における出版物の役割を強調し，新聞や本など出版物を通じて人々に広まった俗語によって国民が構築されてい

く過程を描き出す。「出版資本主義」と名づけられたこの現象は，人々が新聞の記事を読むことを通じて，同じ時間に同じ出来事を共有しているに違いない，という感覚を人々に抱かせる。これが**想像の共同体**であり，国民である。一度も会ったことのない見知らぬ人間であっても，今この瞬間に同じ空間を共有する「私たち」の「共同体」の一員であると人々が「想像」することで，広範囲に生活する国民は想像上のものとはいえ，同じ共同体に所属しているという感覚を手にすることになる。アンダーソンの指摘する「想像の共同体」の生成は，人々の空間に関する認識の変化が国民を誕生させたことを指摘したが，**エリック・ホブズボーム**は，ナショナリズムによって，人々の時間に対する認識の変化が生まれ，国民が形成されることを指摘する（ホブズボーム 2001）。国民が祖先から受け継がれてきた自分たちの伝統であると信じているシンボルは，時には国家によって最近になって「捏造(ねつぞう)」されていたことを明らかにする。人々は「捏造」された伝統であっても，時間を超えて，見知らぬ先人を伝統を受け渡した「祖先」と認識し，歴史を共有する国民へと生まれ変わるのである。

　第3の議論は，**アンソニー・スミス**の議論である（スミス 1998）。産業化を重視するゲルナーや，出版資本主義に着目するアンダーソン，**伝統の創造**を指摘するホブズボームの議論はナショナリズムの起源を近代に求めるため**近代主義**と呼ばれた。これ対してスミスは国民の起源を近代「だけ」には求めない。ゲルナーの弟子であるスミスは，国民の起源として**エトニー**の存在を指摘する。エトニーとは，固有の集団の名前，祖先に関する神話，同質的な文化，歴史上の記憶，特定の故国への絆，集団の一体感をもつ集団であり，前近代から存在するものとされる。スミスはこのエトニーを基礎にして近代になって国民が構築された，と主張する。近代主義者によれば国民は近代に入ってから「誕生」したことになるが，スミスはたとえ国民が近代に入って誕生したにせよ，無から誕生したのではなく，国民形成の核となったエトニーの役割を重視する。この意味で，スミスは前近代と近代の連続性／非連続性を論じる折衷論ということもできよう。

　国民の構築をめぐる議論を通じて理解すべきは，国民という今日では「当たり前」とされている単位が，近代に入って産業社会や資本主義の発達という条件下で，国家や民衆などのアクターによって，時には前近代にまで遡(さかのぼ)るエト

ニーなどの「素材」を戦略的に使いながら政治的に構築されていった点である。

ナショナリズムの普及と変容

　近代になって世界の一部の地域に国民国家をつくる原動力となったナショナリズムは，それを追う「後発型」の諸国を生み出すことになった。さらに植民地化された地域の人々もまたナショナリズムを模倣し，民族独立を掲げて自前の国民国家形成へと進んでいった。こうしてわずか100〜200年の間に，世界は相互にその存在を承認し合う国民国家から成り立つ「国民国家システム」へと変貌していったのである。歴史的には帝国や都市国家，部族社会など多様な統治のしくみの類型が存在したにもかかわらず，時間的にも空間的にも限定されていた国民国家という統治のしくみと，国民という「私たち」の単位は「普遍的」な装いをもつに至ったのである。

　しかし近年，ナショナリズムは大きく変容している。グローバル化と新自由主義が進展する中で，先進国であっても国家が国民を守るとは限らず，「自己責任」の下に見捨てられる国民は増え，日本でも格差社会・貧困社会が問題化している。国家は国民を保護するどころか，グローバルな企業の利益に即するように企業の誘致を競い合っている，という指摘も多い。このような情勢を背景に国家から見捨てられることをおそれて，「少数民族や移民を切り捨てることによって，私たち普通の国民の福祉を維持したい」という「パラノイア・ナショナリズム」が広がりつつある。ナショナリズムは今や少数民族を含めて同質的な国民を形成し，人々を包摂して統合する思想ではなく，自分たちとは異なるとみなした人々を排除して国民の範囲を狭めていく排他的な思想へと変化している。同化と包摂から，異化と排除へと重点を移したとはいえ，ナショナリズムが終焉していない点には留意してほしい。

2 ナショナリズムは必要か？

　ナショナリズムという思想を，どのように評価することができるだろうか。今日，グローバル化が進展する中で，ナショナリズムという思想は必要なのか，

Column ⑫　ナショナリズムの両義性

　ナショナリズムは未来へのプロジェクトとしての側面をもつと同時に，現在だけではなく遠く過去に遡る側面をもつ。また国民は構築された側面が強いにもかかわらず，何かしらの本質をもって実在するかのように現れる。広範囲にわたる人々を国民として包摂する「普遍主義的な」側面と同時に，そこから漏れ出た他の人々を排除する「特殊主義的」な側面を有している。作為的な「政治」の理念であるとともに，自明であると人々を思考停止させる自然のような「非・政治」的側面をももつ。

　ナショナリズムはこうした数々の相反する性質に加え，他の思想・価値観とも緊密に結び付く柔軟性をもっている。したがってナショナリズムは，一義的に肯定することも，批判することも，きわめて困難な思想である。しかし，グローバル化が進展する世界においては，ナショナリズムも国民国家も自明性を失いつつあるがゆえに，批判論や衰退論と同時に，擁護論や持続論も説得力をもつ時代である。グローバル化が進む現代という時代は，ナショナリズムを必要としない人々が増える一方で，ナショナリズムなしには生きていけない人々もまた増えていく時代であるといえる。

　近代という時代においては，人は人間として生まれ，その後に国民へと育てられてきた。もしこれが事実であるならば，21世紀の今日，さらに私たちは国民であることを第1に選択するのか，それとも人間であること，市民であること，地元民であることなどを第1に選択するのか。もしくは，それらに優先順位をつけないのか。各人がナショナリズムをどの程度受容し，同じナショナリズムを選択した人々との間でどのような関係を築いていくのか。国民ではない単位を第一に選択する人々との間や他の諸価値や考えをより重視する人々との間で，いかなる関係を築いていくのか。国民になること，ナショナリズムにかかわることによって何を得て，何を失うのか。こうした問いを精査することが求められよう。「貧困な思想」と言われ続けてきたナショナリズムにも両義性と柔軟性を活かしつつ，「対話」をするために十分な蓄積が求められている。

それとも否定すべきなのか，規範をめぐる問いについて考えていこう。

内在的擁護

　ナショナリズムそれ自体を擁護する論として，ナショナリズムが人々に国民

や国家への帰属意識をもたせ，「私は誰なのか」という**承認**（recognition）をめぐる問いに一定の応答をすることが挙げられる。近代という時代は，人々を伝統や地方に根差した伝統的な共同体から解き放ち「個人」という主体を産み出したと同時に，その個人から，従来の故郷を奪うダイナミズムをもっていた。「故郷喪失者」となった「個人」に，「国民」という安定した帰属意識をもたらす共同体を与えたものが，ナショナリズムにほかならない。同質性が高い文化をもつと考える人々が生きる広大な共同体と，その共同体の構成員が住む範囲と合致する空間を統治する国家という政治機構を個人に与えたのである。

さらにナショナリズムは，その場限りの共同性や空間だけではなく，時間軸の側面でも現在を生きる人々を過去と未来につなぎとめた。ナショナリズムはすぐれて近代的な政治プロジェクトであるにもかかわらず，悠久の昔から続くとされる領土や領海，はるかな過去から連綿と継続してきたとされる伝統や物語を作り出し，その担い手としての役割を人々に与えたのである。人々は運命を共有する共同体の構成員であり，その子孫を通じて，はるかなる未来へも永久に受け継がれていく共同体の存在を約束することで，人々を国民という主体へと生まれ変わらせてきた。空間的にも時間的にも，つなぎとめられた「故郷喪失者」たちは，安定したアイデンティティを与えられてきたのである。

外在的擁護

ナショナリズムは他の要素との関係においても，重要な機能を果たしてきたことを指摘する議論も多い。ナショナリズムは歴史的にも自由主義，保守主義，社会主義，共産主義，民主主義，ファシズム，フェミニズムなどさまざまな主義や思想と結び付く柔軟性を見せてきた。擁護すべき思想や価値，制度とナショナリズムが不即不離とみなされれば，それはナショナリズムを擁護する「外在的」な理由となる。

第1に，1648年に締結されたウェストファリア条約に起源をもち，近代の国際政治の体系とされてきた**ウェストファリア体制**の下で，領域主権国家は戦争の唯一の正当な単位とみなされてきた。その後を受けて形成された国民国家においても，国家は戦争を担う唯一の正当な単位であり，安全保障の担い手としての機能を果たしてきた。国家の機能の一つである安全保障の観点から，ナ

ショナリズムは個人の生命を国家のため，もしくは国民のために捧げることを正当化してきたのである。

　第2に，国民がもつ同質性や身分制の否定という性質は，20世紀の世界大戦期を経て，冷戦期には東西両陣営において一国単位で社会保障が機能することを促した。「想像の共同体」は国民的連帯の基盤として機能した。こうしたナショナリズムの機能は，冷戦終焉後にグローバル化と手を結んだ新自由主義が世界を席巻する中で，近年，再度注目を集めている。新自由主義は，私的所有権の擁護を主張して民営化を推進するが，公的支援を得られなくなった一部の国民は社会から排除されてしまう。これに対してナショナリズムこそが，グローバル化や新自由主義の荒波から国民を守る「防波堤」として機能する，という考えである。

　第3に，ナショナリズムは，民主主義を機能させてきた側面がある。リンカーンの言葉に倣い，民主主義を「人々の，人々による，人々のための自己決定」として把握するならば，ナショナリズムは国民という単位を形成することを通じて，国民という「人々」による自己決定を可能にしてきた。ナショナリズムによる身分制の否定や同質性の肯定という特徴は，民主主義における政治的平等性や集合的かつ拘束力をもつ決定を補完してきた，といえよう。

内在的批判論

　ナショナリズムそれ自体を批判する議論は，肯定論と鏡合わせの関係になる。ナショナリズムは人々に国民や国家への帰属意識をもたせ，承認をめぐる問いに一定の応答をしてきた。それは同時に，個人よりも国民という集団を重視し，人々が国民以外の何者かになる可能性を封じ込め，国民ではないとみなされた者を排除する性質をもっている。ナショナリズムは，人々が国民という主体となり，国民国家の構成員となることを重視する。そのため人々は国民以外の他の主体，たとえば信徒や部族になることなど，他の単位へと帰属することを妨げられる。ナショナリズムが国民という集団を最重視する思想であるので，集団よりも個人を重視する思想（個人主義）や自由な行動（自由主義）は制約されるリスクがある。

　確かに，「家族の一員であり，郷土の民であり，国民であり，世界市民であ

る」といったように，同時に複数のアイデンティティをもつことは不可能ではない。しかしナショナリズムは，こうした複数のアイデンティティの中で国民を最優先することによって，他の単位への帰属や他の何者か（それが現時点では不明であっても）になる権利を阻害する。自らが何者であるのかを選択／再選択する自由や，自らを何者にしていくのかを模索する権利が人々にあるとするならば，ナショナリズムはこうした権利や自由を奪うことになる。

　また，ナショナリズムが要請する国民像から逸脱する少数派——たとえば言語的・宗教的・文化的マイノリティなど——は，外部へと排除される。もしくは国民内部に包摂され統合されたとしても同化を強要され，「二級国民」として国民内部で序列化された処遇を受ける可能性も高い。少数派であっても，適切な承認を受ける権利があれば，ナショナリズムは常に多数派と少数派を生み出す点において，「不適切な承認」を生み出す可能性がある。もっとも，少数派への適切な承認を付与することを重視する多文化主義という形をとるナショナリズムの場合は，こうしたリスクは低くなるかもしれない。

　ナショナリズムは，このように集団よりも個人を重視する思想，また国民よりも他のさまざまな単位を重視する思想，国民ではない何者かになる自由と衝突する可能性を秘めている。したがって，これらの思想を擁護する観点からは，人々を国民という主体にする「暴力」を行使する思想として批判される。そして，この内的な暴力は，戦争を行う際には外的な暴力となり，他国や他民族の人々へと向けられる。人間の生命や実存へと訴えるナショナリズムが政治的な妥協や対話の可能性を狭め，人々の生命を消し去る戦争に強く寄与してきたことは疑いがない。二度の世界大戦における破滅的な惨禍は，ナショナリズムなしでは起こらなかったであろう。短期間に多くの人々の生命を奪い，その後にも負の影響を残し続けてきた歴史を考えると，ナショナリズムそれ自体に対する批判は今日でも強い。

外在的批判論

　外在的批判論は，2つの類型に分かれる。一つは，ナショナリズムと密接に結び付いてきた思想に対する批判に根差すものである。たとえばファシズムや共産主義に対する批判の観点から，それらと密接に結び付いていたナショナリ

ズムも同時に批判するものである。もう一つは，ナショナリズムと結び付いてきた思想自体は擁護するが，ナショナリズムとの「結び付き」について批判するものである。ここでは，後者の類型に焦点を当てよう。

　第1に，すでに述べたように，領域主権国家は安全保障の担い手とされてきたが，現代世界においては安全保障の単位を国民ではなく，人間に移行することの現実味が増している。国民をひとまとめにしてその安全を保障することよりも，個々人がもつ異なった安全保障についてのニーズ（要望）を，国家のみならず，さまざまな主体によって保障することの重要性が指摘されている。このときナショナリズムは，安全保障を支える思想としての役割を相対的に低下させることとなり，場合によっては人間の安全保障を阻害するリスクももつ。加えて自国民のみを対象とするナショナリズムと結び付いた安全保障概念が，人道的介入など他国の人々の救済の要請が高まった場合には「足かせ」となることも想定できよう。

　第2に，ナショナリズムは一国単位で社会保障が機能することに寄与してきた。しかし，他方でナショナリズムがうまく機能していない社会保障の回復に有効に寄与できないならば，両者の結合は批判されるだろう。他方で国境を越えて人々の社会保障が要請されるとするならば，社会保障とナショナリズムの結合は批判の対象となる。ナショナリズムによる社会保障への寄与は，裏を返せば国境を越える社会保障の分断にほかならないからである。

　第3に，ナショナリズムと民主主義の機能的な結び付きがある一方で，一国単位の民主主義では解決できないグローバルな問題群（グローバルな経済危機，環境問題，国境を越えるテロリズムなど）や少数民族の自治要求の拡大や移民をめぐる政治が，重大な政治課題となっている。こうした現状において，民主主義を国民という単位から解放することが求められているとするならば，ナショナリズムと民主主義の結び付きは，民主主義の潜勢力を阻害するものとして批判されよう。

SUMMARY ●まとめ

- [ ] 1 国民という単位は古代から存在していたと思われがちだが、ナショナリズムは近代以降に表れた政治構想であり、国民はそのナショナリズムの産物としての側面をもつ。
- [ ] 2 ナショナリズムはさまざまな人々を国民として包み込む普遍性をもつ半面、異質とみなした人々を強制的に同化し、また外へ排除するといった特殊性を併せ持ち、擁護と批判の双方の議論がある。
- [ ] 3 国境を越える問題が増えていくグローバル化の時代においても、ナショナリズムは必要とされる思想なのかが、議論されている。

EXERCISE ●演習問題

1. 日本で、どのようなナショナリズムが存在したのか、また存在するのか、具体的な事例を挙げてみよう。
2. ナショナリズムのメリットとデメリットを挙げて、ナショナリズムを擁護すべきか、批判すべきかについて、議論しよう。
3. グローバル化の進む現代世界でも、ナショナリズムは擁護されるべきか、そうではないか。その理由を議論しよう。

さらに学びたい人のために | Bookguide ●

ベネディクト・アンダーソン／白石隆・白石さや訳『定本 想像の共同体——ナショナリズムの起源と流行』書籍工房早山、2007年。
　ナショナリズム研究を一新させた現代の古典ともいうべき研究。「出版資本主義」「公定ナショナリズム」など独自の概念からネーションの形成を描き出す。

アントニー・D. スミス／高柳先男訳『ナショナリズムの生命力』晶文社、1998年。
　ナショナリズム研究の第一人者によるナショナリズム論。ネーション形成におけるエトニーの影響力に着目した議論。

ディヴィッド・ミラー／富沢克・長谷川一年・施光恒・竹島博之訳『ナショナリティについて』風行社、2007年。
　現代世界におけるナショナリズムを規範的に擁護する議論。自由主義とナ

ショナリズムの関連に踏み込む問題提起の書。

引用・参考文献　　　　　　　　　　　　　　　　　　　　Reference

アンダーソン，ベネディクト／白石隆・白石さや訳 2007『定本 想像の共同体――ナショナリズムの起源と流行』書籍工房早山（原著初版 1983 年）。
鵜飼哲・酒井直樹・テッサ・モーリス-スズキ・李孝徳 2012『レイシズム・スタディーズ序説』以文社。
大澤真幸 2007『ナショナリズムの由来』講談社。
大澤真幸・塩原良和・橋本努・和田伸一郎 2014『ナショナリズムとグローバリズム――越境と愛国のパラドックス』新曜社。
大澤真幸編 2002『ナショナリズム論の名著 50』平凡社。
姜尚中・森巣博 2002『ナショナリズムの克服』集英社新書。
姜尚中・大澤真幸編 2009『ナショナリズム論・入門』有斐閣。
ゲルナー，アーネスト／加藤節監訳 2000『民族とナショナリズム』岩波書店（原著 1983 年）。
塩川伸明 2008『民族とネイション――ナショナリズムという難問』岩波新書。
塩原良和 2012『共に生きる――多民族・多文化社会における対話』弘文堂。
スミス，アントニー・D.／高柳先男訳 1998『ナショナリズムの生命力』晶文社（原書 1991 年）。
ハージ，ガッサン／塩原良和訳 2008『希望の分配メカニズム――パラノイア・ナショナリズム批判』御茶の水書房（原著 2003 年）。
橋川文三 1968『ナショナリズム――その神話と論理』紀伊國屋新書。
フィヒテ／大津康訳 1940『改訂 ドイツ国民に告ぐ』岩波文庫（原著 1807-08 年）。
ベンハビブ，セイラ／向山恭一訳 2006『他者の権利――外国人・居留民・市民』法政大学出版局（原著 2004 年）。
ホブズボウム，エリック＝テレンス・レンジャー／前川啓二・梶原景昭ほか訳 1992『創られた伝統』紀伊国屋書店（原著 1983 年）。
ホブズボーム，E. J.／浜林正夫・嶋田耕也・庄司信訳 2001『ナショナリズムの歴史と現在』大月書店（原著 1992 年，初版は 1990 年）。
ミラー，ディヴィッド／富沢克・長谷川一年・施光恒・竹島博之訳 2007『ナショナリティについて』風行社（原著 1997 年）。
ルナン，E. = G. フィヒテ = J. ロマン = E. バリバール = 鵜飼哲／鵜飼哲・大西雄一郎・細見和之・上野成利訳 1997『国民とは何か』インスクリプト（原著 1990 年）。
Brubaker, Rogers 1996, *Nationalism Reframed: Nationhood and the National Question in the New Europe*, Cambridge University Press.
Hutchinson, John and Anthony D. Smith eds., 1995, *Nationalism*, Oxford University Press.
Mudde, Cas 2007, *Populist Radical Right Parties in Europe*, Cambridge University Press.
Smith, Anthony D. 1995, *Nations and Nationalism in Global Era*, Polity.

CHAPTER

第 **13** 章

異文化体験でわかりあえるか？

多文化主義

INTRODUCTION

　2004 年夏，静岡県浜松市の五島海岸で予定されていたブラジル人の夏祭り「ルアウ」が急遽中止になった。前年の祭りで騒音などに悩まされた地元住民から強い反対の声が出たためだ。浜松市は，製造業などに従事するブラジルからの移民が多く住むことで全国的に知られている。祭りの主催に協力した日系ブラジル人の一人は，「ルアウは，日本人が浜松まつりに対する思いと同じぐらいブラジル人にとって価値がある。互いの文化を尊重してこそ本当の国際交流なのでは」と疑問を呈している（『朝日新聞』2004 年 8 月 31 日付朝刊）。

　こうした多文化共生をめぐる問題は，日本社会で決して例外的ではない。なぜなら私たちは，さまざまな場面で文化の多様性を包含する社会に住んでいるからである。アイヌ民族，琉球民族のような先住民族，在日韓国・朝鮮人，さらには日系ブラジル人のような移民集団など，多数派民族である大和民族とは異なる民族，さらには宗教的少数派など，多数派の人々とは異なる言語・宗教・慣習をもつ／もっていた人々が，多数派とともに同じ土地で生活を営んでいる。良し悪しの問題ではなく，現在の私たちは多文化共生という事実の中に生きているのである。

　多文化共生という事実に取り組むための政策方針の一種として，多文化主義がある。「多文化主義」とは，1960 年代後半からカナダ，オーストラリア，イギリスといった国々で漸次採用され始めた，自国内の少数派文化の支援を積極的に推進しようとする政策や思想のことである。多文化主義は，それまで抑圧や差別

の対象になってきた文化的少数派に対して，支援や免除などを認めることで，その社会的待遇を改善しようとするのだ。

　本章では，これまで主として西洋（特に英語圏）の諸国で発展してきた多文化主義を，政治理論の観点から紹介・検討する。その中心的な問いは，多文化共生という事実に直面して，私たちが一体どのような理由で，多文化主義を採用すべき，あるいはすべきでないのかということである。

1　多文化主義をめぐる問題状況

　はじめに多文化主義について簡単に紹介しておこう。『オックスフォード英語辞典』によれば，「多文化主義(マルチカルチュラリズム)」という単語が公式文書で初めて用いられたのは，カナダの二言語・二文化王立委員会が1965年に作成した予備報告書においてである。当時のカナダでは，1960年のケベック自由党政権の成立に端を発して，イギリス系カナダとフランス系カナダとの間で連邦制の再編成が進められていた。その中心にあった同委員会は，中間報告においてカナダがイギリス系とフランス系以外に，ネイティブ・アメリカンやイヌイットのような先住民族によっても構成された多元的国家であることに言及する。その際に用いられた言葉が多文化主義であった。

政策としての多文化主義

　政策面では，カナダ首相ピエール・トルドーが1971年にその導入を公式に宣言して以来，多文化主義はカナダの文化政策の基本方針となった。その後は，国内の文化対立を防ぎ，多様性の中で社会の公正性や安定性を実現するための有力な施策として，オーストラリアやイギリスなどの先進諸国にも広まっている。政策の具体的内容としては，服装規定の免除，少数派文化の維持・繁栄を目的とした財政支援，一定地域内の自治権の付与，少数派文化の伝統的な法律や規則の施行の承認など多岐にわたっている（表13.1）。

　国際的に見ても，多文化主義を支持する土壌は整えられつつある。たとえば，

CHART 表13.1 多文化主義政策とその概要

免除	文化慣習を禁止するなど文化的少数派に不利となるような法律や規則の適用を免除する。
支援	文化の維持・繁栄，文化的少数派の社会的地位の向上を目的として，多数派には認められない特別な国家的支援・財政援助を行う。
自治	文化的少数派に一定地域内の自治権を与える。
外的規制	文化慣習を保護するため，文化的少数派に属さない人々の自由を一部制限する。
内的規制	文化慣習を保護するため，文化的少数派に属する人々の自由を一部制限する。
承認／施行	刑法・家族法・土地法などにおける文化的少数派の伝統的な法律や規則の施行を認める。
代表	議会・裁判所などにおける文化的少数派の代表枠を保障する。
シンボル的要求	少数派文化の価値や地位，存在を公式的に認知・促進する。

［出所］ 松元（2007：29-33）を要約。

　1966年の国際人権規約B規約第27条では，少数派民族が自文化の維持・繁栄を享有することが人権の一種として明記され，92年には，国民文化に包摂されない少数派民族に対していっそう広範な権利を承認する「マイノリティの権利宣言」が国連総会で採択された。2007年には，起草から20年以上の紆余曲折を経て，先住民の自決権および資源管理に対する権利を承認する「先住民族の権利に関する国際連合宣言」が国連総会で採択されている。

　こうした土壌が国際的に生まれてきたことの背景には，先住民の発言力が高まりつつあること，ヨーロッパ諸国で旧植民地からの移民が継続していること，またグローバル化の波を受けて労働者の国際移動が増大していることなどが挙げられる。私たちはもはや，国内の文化的多様性という事実から目を背けていることはできない。政策としての多文化主義の登場は，単一の民族(ネイション)と単一の国家(ステイト)が重なり合う国民国家のモデルから，多民族国家のモデルへと移行していく戦後世界の社会的現実と符合しているのである。

バックラッシュ

　とはいえ，多文化主義の導入と普及が諸手を挙げて歓迎されているわけでは

ない。逆に，国内の文化的多様性を尊重し，促進しようとさえする多文化主義は，しばしば批判の対象になってきた。たとえば，『文明の衝突』という著書で有名なサミュエル・P. ハンチントンによれば，1990年代以降のアメリカでは，ソ連の崩壊，多文化主義の勃興，移民の大波，スペイン語を第一言語とする移民の増大といった社会の変化によって，ナショナル・アイデンティティの衰退とサブナショナル・アイデンティティの台頭という事態が生じつつあるという（ハンチントン 2017：第1章）。

　こうした事態に対して，ハンチントンが示す処方箋は単純明快である。すなわち，アメリカのナショナル・アイデンティティの構成要素には，あくまでアングロ=プロテスタントの民族文化が中核にある（べきだ）という点を再確認することである。近年の社会の変化にもかかわらず，アメリカの信条は依然として文化面や宗教面での国民統合を必要としている。そこで彼は，過去の移民がそうしてきたように，近年の移民も自らの出自を捨てて多数派の民族文化への同化を果たすべきだと公言してはばからない。

　すると，多文化共生という事実を指摘するだけでは，政策としての多文化主義を正当化することはできない。全く逆に，同じ事実に基づきながら，それが国民的連帯を損ない，国家の分断と内紛を招いてしまうため，一国家としてのまとまりを得るためには，より徹底的に同化政策を推し進めるべきだと主張することも可能だからである。経験的事実そのものは意味を語らない。そこにどのような意味を付与するかは，それぞれの論者が抱く価値観次第なのである。

　このように，制度や政策に関して賛否両論があるときにこそ，いったん原理原則の時点に立ち返り，その根拠について問い直す作業が必要である。多文化主義は，一体どのような目的を果たすために存在しているのか。文化的少数派は何を求め，文化的多数派は何を危惧しているのか。本章では以下，多文化共生という国内の現今の事実を前提として，多文化主義の是非という問いに，どのように答えるか，またそれが妥当かどうかを見ていくことにしよう。

2 多文化主義の理論的根拠

　政治理論としての多文化主義に先鞭をつけたのは，その母国といえるカナダの学者たちである。すでに**第3章**で見たように，1980年代の英語圏の政治理論では**リベラル-コミュニタリアン論争**が活況を呈していたわけだが，その中で，カナダを拠点とするリベラル，コミュニタリアン（共同体論者）の両陣営から，それぞれ独自の理由づけで多文化主義を擁護する議論が現れた。本節では，その代表的論者として，**ウィル・キムリッカとチャールズ・テイラー**を取り上げよう。

道具的価値からの正当化

　キムリッカは個人の自由を重視するリベラリズムの観点から，多文化主義の必要性と正当性を説いている。リベラリズムの根本には個人の**自律**（オートノミー）への配慮がある（→**3章**③）。人々が自由に生き方を決める自律的存在になるための条件整備として，リベラルは伝統的に言論の自由や結社の自由，教育機会の保障などを重視してきた。しかしキムリッカは，これに加えて，個人一人一人が所属する文化の存続と繁栄が必要であると考える。なぜなら，自文化こそ，人々が自律的に振る舞うための「選択の文脈」になっているからである（キムリッカ1998：第5章第3節）。

　いざ人々が自律的選択を行おうとしても，彼らにとって選択に値する有意味な選択肢が手元に存在しなければ，選択の機会それ自体が意味を失ってしまう。そして，この有意味な生の選択肢を人々に提供するものが，人々の属する文化だという。もしそうであるとすれば，「選択の文脈」としての自文化を失いつつある文化的少数派に対しては，その自由を保障するために，文化を支援するための施策が必要となってくる。この意味で，リベラリズムの自由への配慮は，多文化主義の文化への配慮と表裏一体である。

　また，自由への配慮は同時に，平等への配慮を要請する。たとえば，公立学校の休日が日曜日に固定されるなら，それは金曜日に礼拝日を定めるイスラー

> **Column ⓭　リベラルな多文化主義の誕生背景**
>
> 　あるインタビューでキムリッカは次のように語っている。
> 　「カナダで育つ者にとって，少数派の権利の問題を避けて通ることはできません。私が子どもながらにはっきりと覚えている最初の政治的記憶は 1970 年代前半に遡 りますが，それはたまたまケベック・ナショナリズムと先住インディアンの政治的動員の双方が復活した時期と一致しています。覚えている限り，当時ケベックでは分離独立の明白なおそれが存在していましたし，インディアンの状況もカナダの国内的・国際的恥辱の最大の要因でもありました。そこで，こうした少数派に対しては何らかの特別な対処が必要であるという感覚を身につけながら私は育ったのです。
> 　けれども，私が哲学的問題として少数派の権利に関心をもつようになったのは，ようやく 1980 年代半ばのオックスフォード大学院時代のことです。当時，私は幾人かの英語圏で最も卓越した政治理論家——ロナルド・ドゥオーキン，スティーヴン・ルークス，G. A. コーエン，ジョセフ・ラズ——の講義に出席していました。彼らは，リベラルな政治理論，とりわけ分配的正義についてのリベラルな平等主義理論，当時ちょうど勃興しつつあったリベラルと『コミュニタリアン』の論争について講義を行っていました。私は彼らのリベラルな平等主義についての仕事に非常に感銘を受け，興奮しましたし，彼らがコミュニタリアニズムを棄却することにも完全に賛成でした。私の考えでは，彼らは個

ム教徒の通学を不利にしてしまうし，バス運転手の服装規定に髭を剃ることが含まれるなら，それはシーク教徒の就業を不利にしてしまう。社会生活に際して，自らの属する文化ゆえに特別な困難に直面する人々に対しては，市民の公正処遇という観点から，特別な施策を認める余地がある。どの文化に属するかを問わず，市民個々人が真の意味で自由に生き方を選べるためには，こうした格差の是正がはかられるべきである（キムリッカ 1998：第 6 章）。

　キムリッカのリベラルな多文化主義論は徹底して個人ベースである。文化支援に意味があるのは，その文化に属する人々に対して自由と平等を保証するためである。文化は個人の生き方を豊かにするための資源の一種であり，文化それ自体がもつ意義はそれ以上でもそれ以下でもない。キムリッカがいうように，「私のリベラリズム理論において政治権力や政治的資源にたいする要求を基礎

人の自律と資源の平等というリベラルな発想を説明し擁護しようとするすばらしい仕事を果たしていたのです。

　ある日，チャールズ・テイラーがワークショップのためにオックスフォードを訪れ，彼独特のコミュニタリアニズムを披露しました。私はその前から彼の仕事について知っていて，他のコミュニタリアンと同様，彼に対しても賛成しかねていました。けれども，その話の中で，テイラーはカナダ政治を論じることから始め，コミュニタリアニズムだけがケベックや先住インディアンのような集団の特別な権利を擁護しうるのだと論じました。私は，ワークショップに出席しているドゥオーキンや他のリベラルな理論家が，その点について彼に異議を唱えるだろうと思っていましたが，そうではありませんでした。彼らもまた，リベラリズムがそうした特別な権利を排除するという点で，テイラーに同意したのです。これは私をひどく困惑させるものでした。なぜなら，私はリベラルな平等主義的正義論に強く惹かれると同時に，正義はケベックやアボリジニに対する何らかの『特別な地位』を要求するという前提で育ってきたからです。私は，自分の見方にあるこの一見したところの矛盾を整理する必要を感じました。そこで，政府向けに生殖技術についての仕事を何年かこなしたことを除いては，それ以来これが私の研究の主要領域となったのです。」(Kymlicka and Marín 1999: 133-134)．

づけるのは，文化の内在的価値ではなく道具的価値である」(キムリッカ 2012：88，訳語は変更した)。

内在的価値からの正当化

　ケベック州で生まれ，フランス系の血も引くテイラーは，コミュニタリアン寄りの視点から多文化主義を論じている。リベラルは選択の自由を重視するが，コミュニタリアンにいわせれば，選択の自由に価値があるのは，選択する能力それ自体よりも選択される対象に価値があるからである（→**3**章③）。古典的自由主義，ルソー，カント，マルクス主義に至る自律の観念を擁護する論者たちが主張する，自分自身だけに依存するという自由の観念は，生を権威づける地平としてのあらゆる価値を拒絶し，結局は自己肯定としてのニヒリズムに帰着

するおそれがある（テイラー 2000：第3章第3節）。

　こうしたコミュニタリアンの観点からすると，リベラルが想定し，擁護する文化の価値は弱すぎる。人々は必ずしも，自分の生を豊かにするための道具としてのみ，自文化の支援を必要としているのではない。そうではなく，自文化がそれ自体で重大であり尊重と繁栄に値すると思うからこそ，自文化の支援を必要としているのである。たとえばテイラーは，キムリッカの多文化主義論が現存している人々しか考慮しておらず，将来世代を通じた文化共同体それ自体の存続を保障していないと批判している（テイラー 1996：105-106）。

　しかし逆に，コミュニタリアン寄りの多文化主義論に対しては，それが文化共同体の維持・繁栄に熱心なあまり，個人の自由の制約という大きな代償を支払っているとの批判が寄せられる（アッピア 1996）。なぜならそれは，一方では国家共同体内部の多様性を主張しているにもかかわらず，他方では文化共同体内部の同質性を仮定してしまっているからである。文化の尊重を求める個人と，文化の尊重を求める集団を安直に同一視してしまうならば，文化共同体の中に潜む異なる声を塞いでしまうことにもなりかねない。

　実際，少数派文化が内部の女性や子どもに対して，教育や政治参加，婚姻，財産分与といった場面において差別的・抑圧的処遇を行う場合もありうる。少数派が，これらはあくまでも私たち自身のやり方なのだと抗弁することは許されるのだろうか。あるいは，私たちは文化的少数派だけではなく，「少数派内部の少数派」（Eisenberg and Spinner-Halev 2005）の声にも真剣に耳を傾けるべきではないか。こうした議論を敷衍していくと，結局，支援の連鎖は文化それ自体ではなく，古典的にリベラルが想定してきたように，個人一人一人に落ち着くかもしれない。

3　文化的寛容とその限界

　ここまでの検討が示していることは，たとえ少数派文化の支援にそれなりの根拠があるとしても，あらゆるものをその対象に含めるわけにはいかないということである。すなわち多文化主義は，どこかで支援に見合う文化と見合わな

い文化を見分ける一線を引く必要がある。たとえば，公的空間でのブルカ（イスラーム教の衣服の一種）の着用はどうだろうか。ペヨーテ（麻薬）の宗教的使用はどうか。ユダヤ教正統派の男女分離政策はどうか。私たちが住む自由民主主義社会を前提とすると，その寛容の限界はどこに設定されるべきだろうか。

良い権利と悪い権利

この点について，キムリッカが興味深い区別を導入している。先に見たように，彼の多文化主義論は個人の自由を基礎としている。少数派にとって自文化の維持と繁栄が必要なのは，それが自分の生き方を決める際の「選択の文脈」として機能するからである。少数派文化の存続と繁栄は，あくまでも個々人の自律成就のための道具にすぎない。すると，こうした個人の自由それ自体を抑圧しかねないような文化慣習に対してはどのように対処すべきだろうか。

キムリッカが下す判断は明確である。構成員個々人の自律を重視しない少数派文化は，支援に値しない。そもそも個人の自由を尊重することが政策の根本にあるのだから，支援の対象となる少数派文化は，個人の自由を尊重するリベラルな政治文化をある程度受け入れていることが必要条件である。こうして，キムリッカにとって寛容の一線は，「個人の権利の制約を意味する『悪い』少数派の権利と，個人の権利を補完するとみなされうる『良い』少数派の権利とを区別する」ことに存するのだ（キムリッカ 2005：492）。

この区別を明確にするため，キムリッカは少数派が掲げる権利要求を以下の2つに分類する（キムリッカ 1998：第3章第1節；2005：第8章第2節）。

○**外的保護**：集団を外部の決定による衝撃から保護することを意図する。
○**内的制約**：集団を内部の異論のもたらす不安定化から保護することを意図する。

前者の「良い」少数派の権利は，少数派文化を保護することで，構成員の自由を促進することを意図しているが，逆に後者の「悪い」少数派の権利は，構成員の自由を抑圧することで，少数派文化を保護することを意図している。どちらも結果的には少数派文化の維持と繁栄に資するものであるが，後者の内的制約は文化構成員の自由の抑圧を含んでいる点で，リベラリズムとは相容れな

い。逆にいえば，その射程を前者の外的保護に限定する限り，多文化主義はリベラリズムと矛盾しないどころか，積極的に結合しうるということだ。

　もっとも，こうした線引き自体，リベラルな政治文化を押し付ける文化帝国主義の一例だということになるかもしれない。しかし，文字通り「何でもあり」の文化相対主義を採用するのでない限り，私たちはどこかで寛容の限界を線引きせざるをえないだろう。問題は線引きするかしないかではなく，どこにするかである。キムリッカの引いた一線はハードルが高すぎるという者は，自分自身の理論的根拠を基に，どこで線引きするのが妥当かを，代わって示す必要がある。

　たとえばリバタリアン（→3章④）のチャンドラン・クカサスは，もう少し緩やかな基準で多文化主義を考えている。彼は良心の自由という宗教改革・宗教戦争以来のリベラリズムの伝統に立ち返り，少数派・多数派を問わず，文化共同体を個々人の良心に基づく私的結社とみなしている。文化共同体が私的結社である以上，その存続は，ひとえにどれだけの人間を結社内に引き止めておけるかにかかっている。構成員の離脱の権利が形式的に保障されている限り，文化共同体を積極的に支援する理由もないが，その内部事情に外部が干渉する理由もない（Kukathas 2003）。

寛容の政治か，承認の政治か

　とはいえ結局のところ，どの文化が寛容に値するかという問いの立て方自体が，多文化共生の政策方針として必ずしも十分ではない。なぜなら，そもそも寛容とは，強者が弱者に見せる片務的な寛大さのことであり，権力の不均衡を前提としているからである。たとえば，「生徒の口調に寛容な先生」とはいうが「先生の口調に寛容な生徒」とはいわない。その言外の含意は，自分にとって認めがたい他者の思想や行動を，仕方なく我慢する，大目に見るということである。

　はたしてこれが，異質な他者に接したときの正しい態度であるだろうか。他者が抱く思想や行動に対してより積極的な意義づけをする場合，私たちはそれを寛容ではなく承認するという。すると多文化主義は，権力の不均衡を前提とした寛容の政治ではなく，「文化的・象徴的変革を通じて，周辺集団の軽視さ

れているアイデンティティや文化的産物を再評価したり，文化的多様性を積極的に評価する」承認の政治であっても良いはずである（キムリッカ 2005：483）。それは異質性との出会いを通じて，自分自身の従来の価値観が変わる経験をも含むものである。

　承認の政治は，必ずしも少数派文化を希少生物の保護や希少文化財の保全のように扱うことではない。結局のところ，文化はそれ自体で存在するのではなく，そこで日々生きる個々の人間の営みに帰着するのである。その意味で，承認の政治は多数派側の積極的な意識変革を必要とする。すなわち，自らの意味の地平を広げ，異質なものに対する感受性を高め，自分と異なる生き方を，自分と同じく真摯に追求する他者の存在を認知することである（Galeotti 2002）。

　本章の冒頭で挙げたルアウのような事例は，文化と文化が衝突する機会であると同時に，文化と文化が理解し合う機会でもある。しかし，多文化主義を単なる社会的弱者への特権付与としてとらえる限り，多数派と少数派の間の相互理解はおぼつかない。問われているのは，単なる共存を真の意味での共生に置き換えるための視点の置き方である。今後ますます異文化間の出会いが増していくであろう日本では，政策としての多文化主義のみならず，理論としてのそれについて議論を深めていくことが不可欠の作業となるだろう。

SUMMARY ●まとめ

- [ ] 1　多文化主義とは，1960年代後半からカナダなどで採用され始めた，自国内の少数派文化の支援を積極的に推進しようとする政策や思想のことである。
- [ ] 2　多文化主義の理論的根拠づけは，文化の道具的価値に依拠するリベラリズムと，その内在的価値に依拠するコミュニタリアニズムの2つに大別される。
- [ ] 3　多文化主義は寛容の限界の問題に直面する。しかしながら，それは寛容の政治と同時に承認の政治の一部分としても理解されうる。

EXERCISE ● 演習問題

1　カナダ，オーストラリア，イギリスなど，諸外国における多文化主義政策の

実態について調べてみよう。

2　多文化主義がなぜ必要となるのか，リベラルの意見とコミュニタリアンの意見の違いを指摘し，それぞれの妥当性を比較してみよう。

3　東京都でキリスト教徒が日曜日教会学校の出席と日曜日参観授業の欠席への配慮を要求したこと（日曜日授業参観事件）を具体例として，少数派の要求とそれに対する多数派側の対処の仕方について議論してみよう。

さらに学びたい人のために　　　　　　　　　　　　　　　Bookguide

ウィル・キムリッカ／角田猛之・石山文彦・山崎康仕監訳『多文化時代の市民権——マイノリティの権利と自由主義』晃洋書房，1998 年。
　　リベラルな自由と平等の観点から，政策としての多文化主義を理論的に体系化した著作。是非はともかく，多文化主義をめぐる明快な「論法」を普及させた意義は大きい。

マイケル・ケニー／藤原孝・山田竜作・松島雪江・青山円美・佐藤高尚訳『アイデンティティの政治学』日本経済評論社，2005 年。
　　アイデンティティというより広い文脈から，多文化社会における市民性，差異の政治，承認の政治のあり方を探る。本章で論じたことの応用編として最適。

引用・参考文献　　　　　　　　　　　　　　　　　　　　　Reference

アッピア，アンソニー／佐々木毅・辻康夫・向山恭一訳 1996「アイデンティティ，真正さ，文化の存続——多文化社会と社会的再生産」エイミー・ガットマン編『マルチカルチュラリズム』岩波書店（原著 1994 年）。

キムリッカ，ウィル／角田猛之・石山文彦・山崎康仕監訳 1998『多文化時代の市民権——マイノリティの権利と自由主義』晃洋書房（原著 1995 年）。

キムリッカ，ウィル／千葉眞・岡崎晴輝訳者代表 2005『新版 現代政治理論』日本経済評論社（原著 2002 年，初版は 1990 年）。

キムリッカ，ウィル／岡崎晴輝・施光恒・竹島博之監訳 2012『土着語の政治——ナショナリズム・多文化主義・シティズンシップ』法政大学出版局（原著 2001 年）。

テイラー，チャールズ／佐々木毅・辻康夫・向山恭一訳 1996「承認をめぐる政治」エイミー・ガットマン編『マルチカルチュラリズム』岩波書店（原著 1994 年）。

テイラー，チャールズ／渡辺義雄訳 2000『ヘーゲルと近代社会』岩波書店（原著 1979 年）。

ハンチントン，サミュエル・P.／鈴木主税訳 2017『分断されるアメリカ——ナショナル・アイデンティティの危機』集英社文庫（原著 2004 年）。

松元雅和 2007『リベラルな多文化主義』慶應義塾大学出版会。
Eisenberg, Avigail and Jeff Spinner-Halev eds. 2005, *Minorities within Minorities: Equality, Rights and Diversity*, Cambridge University Press.
Galeotti, Anna Elisabetta 2002, *Toleration as Recognition*, Cambridge University Press.
Kukathas, Chandran 2003, *The Liberal Archipelago: A Theory of Diversity and Freedom*, Oxford University Press.
Kymlicka, Will and Ruth Rubio Marin 1999, "Liberalism and Minority Rights: An Interview," *Ratio Juris*, 12(2): 133-152.

CHAPTER

第 **14** 章

公共性はどこにある？

市民社会論，コミュニティ論

INTRODUCTION

「公共性 (publicness)」とは何であろうか。公共性は私的な事柄ではない。「私的 (private)」の語源は「奪われていること (deprived)」だが，何を奪われているのであろうか。「私」の対義語が「みんな」であるならば，私的であることによって奪われているのは公共性であり，それは「みんなにかかわること」であるといえよう。

公共性を「みんなにかかわること」と考えたとして，「みんな」とは誰のことであろうか。これについて，3 つの考え方がある。第 1 の考え方は，「開放性」である。つまり，「みんな」とはすべての人間のことであり，ゆえに「公共性」はすべての人に開かれている (openness) というものである。たとえば，公園は誰もが入場できる場であり，お金がなければ入場できない営利施設とは異なる。この考え方によれば，公共性は条件をつけることなく，誰にでも開かれているという意味において開放性をもっている。第 2 の考え方は，「共通性」である。つまり，「みんな」とは，ある共通のもの (common) に関係をもつ人々の集まりのことであり，ゆえに「公共性」とはすべての人にかかわるのではなく，その範囲は何かしら共通のものに対する関係者のみに限定されている，とする考え方である。共通性を掲げることが，共通ではない人々をそこから除外するという意味合いを含んでいることに注意しておこう。たとえばインターネットはそれを利用する「みんな」のものであるが，「みんな」とはインターネットの利用者という点で共通性をもつ人々であり，インターネットを利用しない者を排除している。

この考え方によれば，公共性は特定の人のみに関係し，その意味で閉鎖性をもっている。第3の考え方は，第2の共通性の範囲を特定し，「みんな」を「国家の構成員」，もしくは「国民」とする考え方である。たとえば，「公共事業」は原則的には国家による公的（official）な性格をもつ事業であり，特定の誰かでも，万人に開かれたものでもなく，国民全員に関連するとされる事業である。この考え方によれば公共性とは，国家や国民と結び付いたものである。

　これらの3つの考え方のいずれかが正解である，ということではない。公共性の想定する「みんな」は，時には世界の人間すべてに開かれているという意味で開放性をもつものの，時にはある特定の事柄に関係をもつ一部の人だけのものという意味で排他性をもっている。さらに，「みんな」は，国民国家と結合しているものとして考えられることもあれば，そうではないこともある。「公共性」は，こうした多義的な性格をもっているのである。

1 公共性の諸類型

古代における公共性

　公共性はどのような形をとってきたのであろうか。古代における公共性を考える際に，手がかりとなるのはアリストテレスによる「ポリティケ・コイノニア」という概念であろう。「ポリティケ・コイノニア」とは政治的共同体であり，コイノニアの形容詞であるコイノス（koinos）は「公の」「公共の」という意味である。アリストテレスは，古代都市国家であるポリスの中で公共の営みである政治へと参加する限りにおいて人々は自由な市民であり，女性や子ども，奴隷はそこから排除されている非市民である，と考えていた。このような「公共性」についての理解は，その後，古代の共和制ローマにも継承され，共和国，ひいては「公共のもの」を意味する**レス・プブリカ**（res publica）として概念化されている。

近代における公共性

これに対して近代における公共性の変遷を，ユルゲン・ハーバーマス『公共性の構造転換』を紹介する形で追ってみよう（ハーバーマス 1994）。まず君主や貴族が，領民の前にその姿を現し領民がそれを見ることで「公の場」が成立する，身分制的な「顕示的公共性」が存在した。やがて身分制社会が解体すると，平等な個人間において「市民的公共性」が成立する。新聞や雑誌などのメディアや，コーヒーハウスのような議論の場が成立し，公共の事柄について議論する公衆が現れ，これらの市民が世論という公共の意見を形成する。世論は選挙を通じて議会における立法へと結実し，市民的公共性は国家とのつながりを作り出したのである。さらに福祉国家が形成されると，市民的公共性を支える社会的な基盤も確立していく。もっともハーバーマスは，1960年代には，巨大な資本やメディアによって市民は操作されるようになり，市民的公共性は「操作的公共性」へと変貌し，肥大化した官僚制の行政サービスを享受する「顧客」と化していく，と批判していた。

また「市民的公共性」も「操作的公共性」も，ともに「みんな」の範囲を国民の範囲と一致させてきた。ここでは公共性がもつ開放性の性質は抑えられ，国民という政治的・文化的共同体へと埋め込まれる。いわば公共性は国民化されたのである。その意味で公共性がもつ民主主義の可能性は，ナショナリズムや国民統合と高い親和性をもったのである。

しかし，公共性が国民や国家という公的領域へと完全に回収されることはない。公共性は公的領域と密接な関連性をもちながらも，それに回収されずに国家や国民のあり方を見直し，再編する力を潜在させているのである。ハーバーマスはのちに，国家とも市場とも区別された，市民の自発的結社（association）のネットワークから成り立つ**市民社会**（Zivil Gesellschaft）を基礎として生成される「政治的公共性」に着目していくことになる。

ここで，近代の公共性の形成を**私的領域**との関連からも描いておこう。私的領域とは，具体的に市場と家族の領域である。近代の公共性の形成過程は，私的領域である市場の発展と近代家族の形成と歩みをともにしたものであった。公共性は私的領域とは区別されるが，近代の公共性は，その存立基盤として，

不可視化される近代的な私的領域の構築を要請したのである。近代において公共性が形成されていく裏面では，生産／消費の場としての市場と再生産の場としての家族が発達していった。こうした私的領域の家族と企業に公的領域の政府が組み合わさり，人々に福祉をもたらすしくみである**福祉レジーム**が形成されていったのである。この福祉レジームが公共性を支えていくことになった。相互に顔見知りである人々の人称的連帯と，見知らぬ他人でありながら国民としてはつながっているという非人称的連帯との双方を人々のニーズに合わせて組み合わせた福祉レジームは，戦後日本においては家族と企業を軸として，公共性を支え，私的領域における社会的連帯の場として機能してきた。しかし今日，公共性の衰退が指摘されている。次節では，具体的にその様相を述べていこう。

公共性の衰退

公的領域からの視点

まず，公的領域と公共性の連関から見ていこう。国家との関係においては，公共性を国家へと伝達する重要なルートの一つである代表制民主主義の形骸化が指摘されている。選挙における投票率が低下し，政党による民意の集約や代表が困難になっている。既成政党への反発として，たびたびポピュリズムが噴出し，代表制という制度の外部ではデモが多発している。公共性，すなわち「みんなにかかわること」と人々の間で考えられていることが立法化されない状態が継続すると，たとえ選挙制度や議会制度が存続したとしても，「みんなにかかわる」と思われていない議会の立法による政策は「一握りの人間が決めた公共性を欠如させたもの」と受け取られるだろう。

第 2 に，1980 年代以降の**新自由主義**の世界的な席巻によって，みんなにかかわるものとして国家が運営していた交通，電力，通信，教育などの事業も民営化されていく。民営化が進み，市場の範囲が拡大していくと，さまざまな事柄は，「みんな」ではなく「私」にかかわることに変わっていく。その結果，以前は「みんな」の関心事であった年金や労働に関する問題は，「私」が「自

己責任」でどうかかわるか，という性格が強くなりつつある。

　第3に，国民との関係でも公共性の衰退が生じている。グローバル化と個人化の進展は，国民「みんな」の共通性を低めている。一方では国民の範囲を超えて，国境の外部の人々と共通するものが生成されると同時に，他方では同じ国民の中で共通することが減少している。たとえば，教育期間や教育内容がどれだけ必要であるかについて，国民の間での意見の同質性は低下している。具体的には，グローバルな経済競争が激化する今日，高度な語学力と専門性が必要と考え，難易度の高い大学院を修了しなければならないと考える人がいる一方で，保護者の経済的困窮や文化資本の低さから，義務教育以上の教育を受ける選択肢を断念する，もしくは想定できない人々が増えている（橘木・迫田 2013；新井 2014）。両者の乖離が進めば，同じ国民であっても教育について同じ価値観や認識をもつことは困難になる。その結果，教育は「国民＝みんな」にかかわることではなく，個人レベル，家庭レベルで対処すべき事柄とみなされるようになる。それは，教育にかかわる公共性の衰退にほかならない。

私的領域からの視点──社会的連帯

　次に，近代の公共性は，それを支えてきた私的領域の側面からも衰退していることについて述べよう。すでに述べたように，公共性の「みんな」は私的領域における社会経済的基盤を必要としてきた。この社会経済的基盤を匿名の人々の間につくられる**社会的連帯**として把握しよう。社会的連帯は具体的には，家族，企業，政府などのアクターによって形成される福祉レジームとして形成されてきた。

　しかし，近代の公共性を支えてきた社会的連帯を形作ってきた市場と家族において，変化が生じているのである。このことを企業と家族を中心に福祉レジームを形成してきた日本を念頭に置いて説明すると，次のようになる。第1に，企業の形態が変わりつつある。「完全雇用」型の社会を形成してきた年功序列型で終身雇用の企業は，能力主義型で非正規雇用型の企業へと変化しつつある。非正規雇用者は20.0％（1990年）から37.9％（2014年）へと上昇している。第2に，家族の形態が変わりつつある。以前は，「皆婚社会」と呼ばれた日本も生涯未婚率（50歳時の未婚率）は男性2.6％，女性4.4％（1980年）から男性20.1％，

> **Column⓮ 親密圏をめぐって**
>
> 　公共性をめぐる問題と関連して，親密圏（intimate sphere）についての議論が存在する。親密圏とは，18世紀半ばになって登場する小家族という家族形態に代表される領域である。それは両性の自由意思によって結ばれる愛の共同体であり，教養によって彩られるものである。一方では親密圏を公共性からの「逃避の場」や，公共性を奪われた人間の居場所として把握する人々が存在するが，他方では人々が公共性，すなわち「みんなにかかわること」に関心をもつためには，その背後に，そうした人間になっていく（become）ための場所としてとらえる人々もいる。元来，傷つきやすさを抱いている人々を育み，守り，抵抗するための力をもつようにケアがなされる親密圏の役割は，新たな公共性の創出のためには不可欠なのかもしれない。
>
> 　しかし，親密圏は複数の人間から成り立つといっても，公共性と同じような開放性はなく，かつ「具体的な他者の生や生命への関心や配慮」によって成り立つ（齋藤 2000）領域である。そこには家父長制や異性愛至上主義，ドメスティック・バイオレンス（DV）といった問題も存在する。また家族以外にも，セルフヘルプ（自助）・グループなど，多様な形の親密圏が存在する。近代の小家族という家族形態の衰退を背景に，いかなる形の親密圏が求められるのか，また公共性との関係はいかなるものになるのか，公共性をめぐる議論と密接にかかわる議論として，政治学における大きな課題となっているのである。

女性10.6％（2010年）に上昇しており，国立社会保障・人口問題研究所は，2030年の単身世帯が全世帯の37.4％に上ると予測している。このようにして，私的領域において福祉レジームを支える領域であった家族と企業に大多数の人々が包摂されるという前提は消失しつつあり，したがって，その両者を拠点とする形態での社会的連帯は衰退している。

　このような私的領域における変化による社会的連帯の後退は，公共性のあり方とどのように関係するのだろうか。それは，公共性の「みんな」を支える社会経済的基盤の動揺という形で，公共性と関係する。公共性は私的領域とは区別されるが，同時に私的領域における社会的連帯は，公共性や公的領域における「みんな」の問われざる前提である。私的領域のセクターを通じて社会的連帯が規定されるとするならば，それを通じて公共性における「みんな」の形も

また規定されていく。したがって，私的領域における「みんな」の形が多様化し，福祉レジームという形で制度化されてきた社会的連帯が衰退していく現代においては，公共性における「みんな」の形もまた衰退しているのである。

公共性の衰退がもたらす問題

公共性の衰退はどのような問題を引き起こすのであろうか。公共性は，私的領域と公的領域のどちらにも回収されず，両者を媒介する。公共性を掲げることは，私的領域，すなわち個人，家族や企業の問題を，「私だけの問題」「家族の問題」「企業の問題」として放置しないということである。公共性という基準を掲げることで，ある問題を，私的で個別的なことから「みんなにかかわること」へと変換し，それに国家をはじめとする公的領域において対応することが可能になる。たとえば，公共性の観点から見ることで，企業内における上司から部下への過度の残業指示は，その上司の下で働くことを選択した部下の「不運」ではなくなる。それは，「みんなが体験しうる，みんなの問題」であり，潜在的にみんなの生命や健康を脅かす「不正義」であるということになり，したがって，公的領域における議会の立法や行政による法の運用によって，対処されるべき政治課題となるのである。

これに対して，公共性が衰退していくと，たとえ個人の取り組みだけでは解決不可能な問題群であっても，「私的な不運」や「私だけの問題」と位置づけられたままになり，「自助」を要請される。公共性が衰退した社会では，人々はさまざまな「不運」とみなされるリスクに直面しながらも，それを公的に解決する術をもつことができないままになってしまうのである。

では，「みんなにかかわること」である公共性をどのようにして復活させることができるであろうか。次節では，公共性の再興もしくは強化をめぐる，いくつかの考えを論じていこう。

3 公共性の模索

公共性の模索①——公共性の縮小

　公共性を強化する考え方の一つは，逆説的にも新自由主義により公的領域の範囲を減らす道である。新自由主義は，私有財産の擁護に価値を置き，「小さな政府」を志向し，公的機関が対応すべき領域を縮小させる。「みんなにかかわること」の範囲が縮小すれば，公的機関が対応する必要性も減っていく。やや逆説的だが，このようにして公共性はその範囲を限定されることで，その限定された範囲においては強化されるのである。たとえば，ある政府が「みんなにかかわること」の内容から社会保障（social security）を外し，公的機関の任務をもっぱら安全保障（security）に特化したとしよう。一見すると，この場合に公共性は縮小しているように見える。しかし，安全保障への特化は，公的機関が対応すべき範囲が縮小された結果である。したがって，その限定された範囲での取り組みさえ充実させていれば，必ずしも公共性が衰退したことにはならない。

　より具体的に，近年の日本における「母子」の取り扱いの違いを示す事例を見ることで，安全保障と社会保障の違いを確認しておこう。安全保障については，集団的自衛権行使の賛否をめぐる論議が参考になる。集団的自衛権行使の必要性を訴えるために，安倍晋三首相は「外国の戦場に取り残された日本人の母子の救出」の事例を出した。このような事例に対しては，安全保障にかかわる問題として，自衛隊の派遣などの形で国家は積極的に課題に取り組み，公共性の強化がめざされる。その一方で，社会保障については，必ずしも国家の積極的な取り組みは見られない。たとえば，厚生労働省『平成23年度 全国母子世帯等調査』によれば，子どものいる家庭の平均年間就労収入が658万円であるのに対して，母子家庭では181万円にとどまっている。就労しているにもかかわらず貧困状態にあり，すでに子どもの相対的貧困率は16.3％で約6人に1人と悪化している。また，子どもの貧困につながる世代を越えた「貧困の連鎖」の拡大も指摘されている（阿部 2008）。同じ「母子」であっても，どれだ

け「みんなに関すること」として取り組むか，（仮想の）安全保障と（現実の）社会保障の比較とはいえ，その相違はきわめて大きい。

　もう一つの「公共性の縮小」の方向は，排外主義的なナショナリズムの強化である。公共性が国民と強いつながりをもっていることはすでに論じたが，排外主義的なナショナリズムは，このつながりをさらに強化する。つまり，これは，「みんな＝国民」の範囲を縮小させ，新たに純度の高い新たな「みんな＝国民」を再興させることを通じて，公共性を再興する考えである。たとえば，英語を母語とする白人キリスト教徒のみが「真のアメリカ人」である，としてスペイン語を母語とするメキシコ人移民や，黒人イスラーム教徒を排斥する政策が，このような形での公共性の縮小の事例として挙げられる。このように「国民＝みんな」の範囲を，人種，民族もしくは道徳を利用して切り詰める排外主義的ナショナリズムは，世界各国で噴出している。ヨーロッパ諸国で台頭している右派ポピュリズム政党は，移民に対する排外主義を掲げている（水島 2016）。日本においても，少数民族の排斥を主張するレイシズム運動によるヘイトスピーチが問題化されている。こうした排外主義的ナショナリズムは，「みんな」の範囲を再定義することで，公共性の範囲をも再定義しようとする。その典型として，福祉排外主義（福祉ショービニズム）の主張を挙げることができる。すなわち，社会保障擁護という公共的な主張が排外主義的な立場と結び付いて提示されるのである。そのため，たとえば「福祉を受ける権利をもつ者は多数派民族のみであり，権利にフリーライドする移民は排斥せよ」といった主張が展開される。

　しかしながら，これらの2つの「公共性の縮小」は，「公共性の衰退」に正面から対応してはいない。前者の社会保障を脱政治化する試みは，公共性にかかわる問題の範囲を狭く安全保障に絞ることで，公共性の再興を試みる。しかし，ここでは，個人や家族の力では対応不可能な社会経済問題は私的領域に封じ込められており，事態は解決しない。後者の排外主義的ナショナリズムも，「公共性」に関する人々の範囲を民族や人種によって縮小させているだけならば，これも一面的な公共性の再興であり，そこから排斥される人々の「公共性の衰退」へ対応する道は失われる。

公共性の模索②——市民社会論とコミュニタリアニズム

　公共性の範囲を縮小することで「公共性の衰退」を食い止めようとする議論とは異なり，ここでは「公共性」を模索する議論として，市民社会論と共同体論を論じよう。

　(1) 市民社会論　「市民社会」の概念の源流は2つある。一つはすでに公共性の起源として論じた古代ギリシアにおける「ポリティケ・コイノニア（政治的共同体）」であり，共和制ローマにも継承されて「レス・プブリカ（res publica）」とされたものである。この言葉は政治社会，もしくは国家に近い概念として継承されていく。もう一つは，18世紀以降の国家とは異なる領域としての，私人間の関係としての市民社会である。特に市場は市民社会のモデルの一つとして把握されるようになった。この流れに対して，20世紀に入り国家でも市場でもない，第3の領域として市民社会を把握する議論が登場する。アントニオ・グラムシは，人々を同意により支配する（ヘゲモニー）場として市民社会を把握していた。

　現代の市民社会論は，国家でも市場でもない，自律性をもった領域として市民社会を把握している。市民社会は，人々の自発的結社から成り立つ。この自発的結社について，ハーバーマスは，自由な意思に基づく非国家的・非経済的な結合関係をもつ組織として，教会，文化的なサークル，学術団体，独立したメディア，スポーツ団体，レクリエーション団体，市民運動，組合，政党などを挙げている（ハーバーマス 1994）。

　現代の市民社会論の背景としては，次の3点を挙げることができる。第1に，冷戦を終焉に導いた東欧革命において，教会や労働組合，市民のアソシエーションといった，国家でも市場でもない，社会におけるさまざまな諸組織が果たした役割が注目されたことである。第2に，自由主義体制の諸国でも既存の労働運動とは異なる，環境運動や第2波フェミニズム，消費者運動，平和運動，反核運動などの「新しい社会運動」が活性化し，それを生み出す母体として市民社会が着目されたことである。第3に，環境問題や経済危機などグローバルな課題が顕在化し，それに対して国境を越えて対応を模索するトランスナショナルな社会運動が着目されたことである。

このような市民社会が，公共性とどのように関係するのだろうか。市民社会は，人々が強制されることなく，自発的に目的をもって結社をつくることによって形成され，国家や市場と共存しながらも，その圧力に抗する自律性をもち，人々を個人化させずに，さまざまな形で交流する場を作り出し，そこから「公共性」の空間を立ち上げるのである。まず，「みんなにかかわること」については，人々は国家や市場がもたらす人間関係のあり方とは別に，さまざまな自発的結社に参加し，市民社会をアリーナとして，理性的な対話ともいうべき熟議（deliberation）を通じて，何が「みんなにかかわること」かについての世論を形成していくと考えられる。また，社会的連帯については，多様な自発的結社のネットワークから成り立つ市民社会自体が，国家や市場から自律性をもった社会的連帯をつくっていくと考えられる。このようにして，市民社会論においては，市民社会こそが新たな公共性を作り出す場であるとされる。

　(2) コミュニタリアニズム　　これに対して，もう一つの「公共性」を模索する議論として，共同体（community）を重視する**コミュニタリアニズム**（共同体主義）を挙げることができよう（→**3章**③）。コミュニタリアニズムは，ジョン・ロールズに代表されるリベラリズムにおける自我のとらえ方を批判する。抽象的で個人化された自我像を掲げるリベラリズムに対して，**マイケル・サンデル**たちはコミュニタリアニズムを主張し，人が生まれ育った環境を重視し，とりわけ共同体の影響を強調する（サンデル 2009）。市民社会論における自発的結社が個人の自由な選択によって形成されるものだとすれば，コミュニタリアニズムにおける共同体は，個人がそれを自由に選択することが困難なほど，所与ともいうべき存在である。つまり，コミュニタリアン（共同体論者）は，人間が共同体に根差した存在であり，またそうあるべきだ，と主張する。このようにして共同体に位置づけられた自我（situated self）をもった人々が，自らが所属する共同体（多くの場合，国民が念頭に置かれる）において，**共通善**（common good）を実現することを志向する（べきだ）とされる。コミュニタリアニズムでは，この過程で，人々に共通するものに関連する「公共性」が実現されていくことになるのである。

　このようなコミュニタリアニズムの立場からの公共性の模索の背景には，個人を重視するリベラリズムの浸透により，人々の間における社会的連帯が崩れ

去り，さらに政治的な統合も危うくなっているとの危機感がある。しばしば，コミュニタリアニズムは，復古的な共同体を美化し，共同体内部での同化圧力や外部に対する排他性などの問題を軽視していると批判される（スウィフト=ムルホール 2007）。

しかし，たとえコミュニタリアニズムがそのような側面を持ち合わせているとしても，コミュニタリアニズムが共同体のもつ「みんな」を束ねる凝集性に注目していることは，「公共性」を回復させる構想の一つとして，注目に値するものであろう。

(3) 市民社会論とコミュニタリアニズムの違い　本項の最後に，市民社会論とコミュニタリアニズムの違いについて，両者における公共性のイメージの違いをふまえつつ確認しておきたい。まず，市民社会と共同体の相違を指摘しておこう。2つの構想の文脈の相違はすでに論じたが，市民社会は，あくまで自由な個人が自発的に組織する自発的結社がその基礎となっている。それゆえ，市民社会は，生まれ育った背景が異なる人々でも容易に参加できるように開放性が高く，また所与性は低い傾向をもつ。これに対して，共同体は，個人の自由は認められるものの，共同体への所属を自由に選択できるというよりは，むしろ所与性が高いものである。そのため，同質性が高く，ある共同体で育った人が別の共同体へ参加することの障壁は高くなる。しかし，だからこそ濃密な人間関係が形成される場となりやすい，ともいえる。

「公共性」の観点からは，開放性を重視するのであれば，市民社会を通じた公共性の模索が望ましいが，共通性（限定性）を重視するのであれば，共同体を通じた公共性の模索が望ましい。いずれにせよ，市民社会と共同体は全く相容れないものではなく，重複する部分がある。また，「公共性」自体が開放性と共通性（限定性）という両義的な性格をもつため，いずれも，「公共性」をめぐる構想であるといえる。両者の違いは，「公共性」の2つの側面のうち，どちらの契機を重視するかの違いである。そして，社会的連帯との関係では，市場が席巻し，国家による再分配が困難となった現代において，社会的連帯を支えるものとして，共通善に裏づけられた互酬性（たとえば贈与と返礼）に基づく共同体と，自由と平等を背景にした市民社会が注目を集めている。

公共性の模索③——公共性の脱国民国家化

　最後に，国境を越える公共性の模索について論じておこう。公共性は，国家もしくは国民と結び付けられて考えられてきた歴史をもつ。しかし今日，生態系の破壊や感染症，経済危機，テロリズムといった諸問題は，一国内で完結する問題ではない。このようなグローバルな問題群がもたらす危機に晒（さら）される「みんな」や，問題に関心を寄せる「みんな」の範囲は，一国の国民に限定されない。

　そこで，公共性を国民という枠から開放し，国民を超える公共性が模索されている。現実に，国民の枠を越えて，さまざまな国籍をもつ人々が，インターネットを通じて自分たちに共通する問題に関心を寄せ，国境を越えた議論を行い行動する空間が生まれつつある。たとえば，対人地雷禁止条約（オタワ条約）は，地雷が引き起こす問題に関心を寄せたアメリカとドイツの非政府組織（NGO）による地雷禁止キャンペーン（1991年～）に始まった。メディアを駆使して60カ国以上から1000以上のNGOが参加し，国境を越える公共性によってつくられた国境を越える世論を背景に，1996年に地雷禁止に積極的な姿勢を見せるカナダのオタワで対人地雷禁止の国際会議が開催された。1997年には対人地雷禁止条約の起草会議で条文が作成され，現在に至るまで150カ国を超える国が批准している（足立 2004）。地雷が引き起こす問題を一国レベルの問題とはとらえずに，この問題に関心をもつ人々が国境を越えてグローバルな規模で世論を喚起（かんき）し，その結果として，世界で150を超える国家が条約を批准したことを考えると，「国境を越える公共性」は，すでにある程度は現実化されているといえよう。「みんな」の範囲と国民国家の範囲が必ずしも一致しない世界へと，公共性は歩みを進めているのである。

　ただし，国境を越える公共性は，必ずしもナショナルな公共性を否定するものとは限らない。上記の対人地雷禁止条約の事例では，国境を越えるNGOのネットワークが国際世論の形成の主導権を握るなど，国境を越える公共性の担い手となり，国民国家は公共性を独占できなかった。その意味で国民国家と公共性の結び付きは相対化されたといえる。他方で，国境を越える公共性は「国際世論の支持」という形で批准国の行動の正統性を高め，また批准国は，対人

地雷禁止条約の締結に向けた国境を越える公共性の形成に寄与するなど，相互に強化し合っている側面もある。

　公共性はすべての人々を包み込む開放性と同時に，一部の人々にだけかかわり，他の人を排除する排他性を持ち合わせてきた。その範囲が国民国家と強い結合関係をもってきた歴史も存在する。公共性が「みんな」にかかわる以上，公共性をめぐる問いは政治と不即不離であり続ける。「みんな」の範囲はどこまで開くのか，それは正統性をもつのか，「みんなにかかわる」事柄とは何であるのか，それを誰が決められるのか，国民や国家がどこまでかかわるのか。公共性をめぐる問いは開かれたままであり，それをめぐる問いこそが公共性を生成していくのである。

SUMMARY ●まとめ

- □1　公共性は，一方ではあらゆる人々に開かれておりながら，他方では何かをともにもたない人々を排除するという，両義的な性格をもっている。
- □2　公共性は，国家に関する事柄と必ずしも同一視することはできない。
- □3　現代社会では，さまざまなレベルで既存の公共性が衰退し，人々の分断と孤立化が進んでいる，と指摘されている。
- □4　公共性の復権を模索する議論として，市民社会と共同体に着目する議論や，国境にとらわれない公共性を模索する議論が着目を集めている。

EXERCISE ●演習問題

- ①　公共性にかかわる「みんな」の範囲には，誰まで含まれるべきか，その理由は何か，話し合ってみよう。
- ②　公共性の衰退と考えられる具体的事例を調べ，なぜ衰退しているのか議論してみよう。
- ③　市民社会と共同体の相違を確認して，公共性の模索におけるメリットとデメリットを話し合おう。

さらに学びたい人のために　Bookguide

ユルゲン・ハーバーマス／細谷貞雄・山田正行訳『公共性の構造転換――市民社会の一カテゴリーについての探究』未来社，1994 年。
　近代における市民的公共性の形成とその構造転換を歴史的・思想的に検討した大著。公共性論の代表的研究書。第 2 版（1990 年）には冷戦終焉直後に書かれた序言が加えられている。

ジグムント・バウマン／中道寿一訳『政治の発見』日本経済評論社，2002 年。
　現代における公共性の衰退が何をもたらすか，警鐘をならす著作。公共性との関係から「政治の発見」を説く本書は現代においても強いリアリティをもつ。

齋藤純一『公共性』（思考のフロンティア）岩波書店，2000 年。
　開かれた公共性の可能性を，アーレントの思想から模索する。とりわけ現代社会の現状を強く念頭に置き，社会的連帯や親密圏の問題まで考察した好著。

引用・参考文献　Reference

足立研幾 2004『オタワプロセス――対人地雷禁止レジームの形成』有信堂高文社。
阿部彩 2008『子どもの貧困――日本の不公平を考える』岩波新書。
新井直之 2014『チャイルド・プア――社会を蝕む子どもの貧困』ティー・オーエンターテインメント。
アレント，ハンナ／志水速雄訳 1994『人間の条件』ちくま学芸文庫（原著 1958 年）。
エーレンベルク，ジョン／吉田傑俊監訳 2001『市民社会論――歴史的・批判的考察』青木書店（原著 1999 年）。
川崎修 1998『アレント――公共性の復権』講談社。
小林正弥・広井良典編 2010『コミュニティ――公共性・コモンズ・コミュニタリアニズム』勁草書房。
齋藤純一 2000『公共性』（思考のフロンティア）岩波書店。
阪口正二郎編 2010『公共性――自由が／自由を可能にする秩序』（自由への問い　第 3 巻）岩波書店。
サンデル，M. J.／菊池夫訳 2009『リベラリズムと正義の限界』勁草書房（原著 1998 年，初版は 1982 年）。
篠原一 2004『市民の政治学――討議デモクラシーとは何か』岩波新書。
スウィフト，アダム＝スティーヴン・ムルホール／谷澤正嗣訳 2007『リベラル・コミュニタリアン論争』勁草書房（原著 1996 年，初版は 1992 年）。
橘木俊詔・迫田さやか 2013『夫婦格差社会――二極化する結婚のかたち』中公新書。
デランティ，ジェラード／山之内靖・伊藤茂訳 2006『コミュニティ――グローバル化と社会理論の変容』NTT 出版（原著 2003 年）。

中岡成文 1996『ハーバーマス——コミュニケーション的行為』講談社。
ハーバーマス,ユルゲン／細谷貞雄・山田正行訳 1994『公共性の構造転換——市民社会の一カテゴリーについての探求』未來社（原著1990年，初版は1962年）。
ハーバーマス,ユルゲン／川上倫逸・耳野健二訳 2002・03『事実性と妥当性——法と民主的法治国家の討議理論に関する研究』上・下，未來社（原著1992年）。
フレイザー・ナンシー／向山恭一訳 2013『正義の秤（スケール）——グローバル化する世界で政治空間を再想像すること』法政大学出版局（原著2008年）。
水島治郎 2016『ポピュリズムとは何か——民主主義の敵か，改革の希望か』中公新書。
山口定・佐藤春吉・中島茂樹・小関素明編 2003『新しい公共性——そのフロンティア』有斐閣。
山口定 2004『市民社会論——歴史的遺産と新展開』有斐閣。
Linklater, Andrew 1998, *Transformation of Political Community: Ethical Foundation of the Post-Westphalian Era*, Polity.

CHAPTER 第 15 章

「市民である」とはどういうことか？
シティズンシップ

INTRODUCTION

　近年，国民でも階級でもなく，「市民」と呼ばれる人々が注目を集めている。市民とは誰であろうか。たとえば日本では福島第一原子力発電所の事故以降，脱原発を求めて首相官邸前で多くの人々が集まるデモが繰り返された。アメリカでは 2011 年に「1％の人々」による富の寡占を正当化する「強欲資本主義」を批判して，「残り 99％の人々」が経済的な不正義の是正を訴え，ウォール街を中心に占拠を繰り広げた。この占拠運動は世界中に拡散した。さらにヨーロッパではギリシャ金融危機に端を発して南欧諸国を中心に，構造的な失業と格差，貧困がはびこる経済社会のあり方に抗議する運動が活性化し，数多くの大規模デモが行われた。ここで述べた政治や経済，社会の現状に抗議して，広場を占拠し街頭でデモを行うだけではなく，被災地の復興や人道支援に尽力するボランティアや非営利組織（NPO）も世界的な広がりを見せている。東日本大震災で被災した東北地方に対して多くの支援がなされ，国内のみならず，世界中から支援が寄せられた。

　また歴史を振り返ってみても，1989 年から 90 年にかけて東欧諸国の旧共産主義体制を瓦解させた「東欧革命」，さらには 70 年代から世界各地で権威主義体制を倒した「民主化の第三の波」においても，人々は広場や街頭に集まり，既存の体制を根底から覆してきた。さらに，自由民主主義体制の諸国でも 1960 年代後半から，従来の労働のあり方を中心的なテーマとしてヒエラルヒーや組織の原理が明確な労働運動に代わって，環境やジェンダー，平和，消費や

人権など多様な論点を掲げ，人々が水平的に結集して抗議活動を展開する「新しい社会運動」が台頭して，さまざまな非政府組織（NGO）やNPOが組織化されてきた。

では，こうした運動や活動を行っている人々は誰なのであろうか。それは20世紀の世界政治を規定した世界大戦の担い手である「国民」や，冷戦の担い手である「階級」に解消されない人々である。時に運動は国民の範囲を越えて展開される一方で，ある国のすべての国民がそろって参加したり国家によって動員されたりすることはない。そして，特定の階級，たとえば労働者階級の人々が運動の中心となっている，とも言い難い。

ここで着目されるのが「市民（citizen）」という概念である。国民や階級ではない，世界を覆う新たな運動や活動の担い手である「市民」とは，どのような人々なのだろうか。本章では，「市民であること」，すなわちシティズンシップが歴史的にどのように変化してきたのか，を論じていこう。

1 古代型と近代型のシティズンシップ

古代のシティズンシップ

シティズンシップ概念の歴史的起源は，古代に遡る。古代ギリシアでは「市民であること」は戦士であること，そして政治共同体の構成員であることと同義であった。古代ギリシアにおける市民は「古代の自由」を享受したが，それは「近代における自由」，すなわち絶対的な権力や権威に抗する自由ではなく，戦争を含む政治参加自体や**市民的徳**（civic virtue）の体得に価値を置く自由であった。個人と共同体が未分化の状態にあった古代ギリシアではシティズンシップは義務であり，また同時に特権としての性格をもっていた。

近代のシティズンシップ──リベラリズムとナショナリズム

近代におけるシティズンシップは，リベラリズムとナショナリズムという2つの思想の影響を強く受けている。

第1のリベラリズムから見ていこう。リベラリズムは，王や封建諸侯，教会

などの権力や権威に対して,経済的および精神的な自由を擁護する点に核心がある。近代においてシティズンシップは,リベラリズムが擁護する「近代の自由」を実質化する,個人の権利概念へと変化していく。言い換えれば「市民権」への変化である。市民であることは,市民権をもっていることと定式化されたのである。

シティズンシップ論の古典的名著を著した**トマス・H. マーシャル**たちは,中世において「1本の糸」へと寄り合わされていた(未分化であった)シティズンシップが権利概念へとその姿を変え,さらに**市民的権利,政治的権利,社会的権利**として分化したことを指摘する。そしてそれぞれの市民権は,18世紀(市民的権利),19世紀(政治的権利),20世紀(社会的権利)に,主に西欧諸国において市民権として制度化されていった,と論じている(マーシャル=ボットモア 1993)。

各国による相違はあるが,18世紀には,移動や居住の自由などの市民的権利が制度化され,自由主義経済の発展に大きく寄与することになる。19世紀には,自由主義経済の発展の下で都市と農村,また都市内部に巨大な格差が現れ,産業化によって大量の労働者層が生まれた。結果としてシティズンシップの範囲は労働者層にまで広がり,成人男子普通選挙権という形で参政権を含むものへと拡大した。20世紀には,共産主義とファシズムの台頭に対抗する形で社会的権利が制度化されていく。社会的権利は国家単位で編成され,自由民主主義諸国における福祉国家レジームへと結実していったのである。

リベラリズムの影響下で,市民権と同一のものとされたシティズンシップは,人権を市民権という形で制度化して実質化したが,一方で資本主義が生み出してきた「不平等の体系」を市民的権利の結果として許容しつつも,他方ではそれに抗して「平等の体系」である参政権や社会権を制度化してきた。その意味で,リベラルなシティズンシップはどこまで権利を拡大するか／制限するか,という争点と同時に,元来は異なる系譜の市民権相互の間の緊張関係を内包したものとなったのである。そして市民権は「近代における自由」の権利の実質化であり,古代のシティズンシップのように政治参加や市民的徳の体得,義務に価値を置くものではなかった。

また,市民権となった近代のシティズンシップの範囲は国民国家の枠内に限

定されていた。近代のシティズンシップは，ナショナリズム（→**12**章）の影響を強く受けてきた。近代社会が生み出した人権という概念は，中世の身分制社会を否定し，世界へと広がる普遍性をもつものであったはずである。しかし現実には，その実質化のために国民国家という制度を必要としたのである。人権の享有主体としての人間，市民権をもつ市民，そして国民の三者は近代のシティズンシップにおいて同一のもの，とされたのである。

近代のシティズンシップにおける排除と解体

外部の創出——私的領域と国際社会

　近代のシティズンシップは市民的権利，政治的権利，社会的権利という3つの権利が結合し，国民国家という制度の枠組みの中で市民権として定着するに至った。ナショナルかつリベラルな市民権の制度化は，「非市民であること」を正当化する領域を作り出してきた。それは私的領域（家族と市場）と国際社会にほかならない。

　前者から見ていこう。公的領域から区分された私的領域においては，市民権を構成する3つの権利が妥当しないことが正当化されてきた。男性は賃労働（生産労働），女性は家事・育児などの不払い労働（再生産労働）をあてがわれ，家父長制と性別役割分業がさらにそれを浸透させたのである（→**11**章）。リベラリズムのシティズンシップは「自立した父親としての市民」をモデル化した権利であり，自立する機会を奪われた女性や子どもを市民から排除してきたのである。家庭という私的領域に封じ込められた女性は，市民的権利，政治的権利，社会的権利を制約されてきた。

　次に後者について見てみよう。国際社会においても市民権は妥当しないことが正当化されてきた。政治的権利や社会的権利は国民国家の枠内に限定されたものであった。言い換えれば，ナショナルなシティズンシップの成立は，世界の人々を市民権という形で人権をもった国民，という単位に分割する営みであり，国境を越えて人権や市民権を保障する制度を否定したのである。このシティズンシップの国民化，すなわち市民＝国民という等式の制度化が進展する過

程で,国民＝市民とみなされなかった人々は市民権の享有主体とはみなされず排除され,人権を奪われていった。たとえば少数民族や移民という民族的マイノリティは市民権を制約され,国民であることを否定された難民はどの国の市民権も得られず,人権までも実質的に奪われていったのである。

近代のシティズンシップは私的領域（家族と市場）と国際社会という「外部」を作り出すことによって,国内の公的領域で,「自立」した多数派民族の男性成人をモデルとした国民が「市民であること」を可能にしてきたのである。

このような近代のシティズンシップは現在,解体の危機に瀕している。

解体の原因①――新自由主義

近代のシティズンシップの解体を引き起こしている潮流の第1は,近代のシティズンシップの形成に影響を与えてきたリベラリズムから派生した**新自由主義**である。1980年代以降,世界を席巻した新自由主義は,私的所有権の擁護を主張し民営化を推進し,「大きな政府」から「小さな政府」への路線転換を行ってきた。その結果,「大きな政府」によって保障されてきた社会的権利は後退している。具体的には**社会的排除**（social exclusion）が挙げられる。就労能力が低く失業を余儀なくされた人々は,公的支援なしには社会的排除に陥るリスクが高い。社会的に排除された人々は,経済力を喪失するのみならず社会に自らの居場所をもつことができない。その結果,未来における潜在能力の開発が困難となり,過去に作り上げた人間関係すら断ち切られがちである。

また,新自由主義はグローバル化と結合し,国境を越えるグローバルな市場を作り出したが,その結果,領土に縛られそれぞれが分断された諸国家は,市場を制御することが困難になった。もはや国民が参政権の行使という形で政治的権利を保証されていたとしても,グローバルな市場を制御する力は国家から奪われ,政治的権利も形骸化している。加えて,各国の政府に対して直接的な働きかけや間接的な資本の出入りを通じて圧力をかけ,選挙制度とは異なった経路で政治的権利を得る多国籍企業や個人も現れている。ある意味では従来とは異なったルートで政治的権利が発生しているのである。

市民的権利の行使の幅にも格差が生じている。一方で世界中の都市を自由に移動する権利を行使できる人々が誕生し,他方でスラム街から物理的に抜け出

す権利を行使できない人々も増加している。グローバル化と新自由主義が席巻する現代世界では，一方である人々の市民権は拡大し，他方で多くの人々の市民権が損なわれる過程が進行している。

　市民的権利，政治的権利，社会的権利という，近代のシティズンシップを構成する3つの権利の削減は，並行して進むとは限らない。たとえば失業保険の削減という社会的権利の後退にもかかわらず，参政権の制度それ自体は変化しない状態は，社会的権利と政治的権利が結合するとは限らない別種の体系であることを示している。マーシャルたちが述べたように，3つの権利はそれぞれ自律した歴史的な経路をもち，市民権はそれらが結合したものであった。言い換えれば，3つの権利の結合は歴史的・文脈的なものであり，論理的な必然ではない。3つの権利の結合は再び解かれ始めており，近代のシティズンシップは解体しつつある。

　それに加えて，近代のシティズンシップのもう一つの特徴であったシティズンシップと国民の結合もまた揺らいでいる。人類学者の**アイファ・オング**は現代のシティズンシップをめぐる風景を次のように描き出す。

> グローバル市場のなかで，教養ある闊達な人たちは，市民権に準ずる権原と利益を，領土化された市民権を手放してまでも主張しようとする。母国を去った有能な人々は，たとえ公的な市民権を失ったとしても，どこででも通用する権利を保有している。非常にのんきで，新自由主義的な潜在能力に欠けているとみなされる市民は，価値のない主体として扱われるかもしれない。技術力をあまりもっていない市民や移民たちは新自由主義的なメカニズムのなかで例外化され，発展地域内外を行き来する排除可能な人々として構造化される。市場価値のある有能な人々にはある種の権利や利益が分配され，このような潜在能力を欠くと判断される人々に対してはそれらの権利は否定される。（オング 2013：37）

　もはや国民と市民は同一視できず，同じ国民であり同じ領土に居住しているからという理由で人々が同一の市民権をもつのではなく，個人の能力や属性に基づき権利の幅が変化する「段階的な（graduated）シティズンシップ」へと姿を変えている。拡張・深化されるグローバルな市場において，資本の増殖に資

する潜在能力があるとはみなされない人々は，どこかの国家の国民であったとしても市民から排斥されているのである。

解体の原因②――排外主義

　近代のシティズンシップを解体させている，第2の潮流は**排外主義**である。ナショナリズムは人々に市民＝国民としての「承認（recognition）」を保証し近代のシティズンシップを制度化してきたが（→**12**章②），そのナショナリズムの重心が同化主義から排外主義へと移動する中で，人種や民族に基づく排外主義が，同化主義のナショナリズムが作り上げてきた近代のシティズンシップを掘り崩しているのである。

　排外主義は市民の範囲を新たに確定するために，人種，民族，言語，宗教，性的志向など変更が困難な属性を指標とした排斥を主張して，国民の一部を非市民化するように主張している。レイシズムを掲げる政党や社会運動によって市民から排斥された人々は，居場所を喪失し，同一の共同体で共存するための技法として政治的な対話をすることも不可能となる。彼／彼女らは非市民として排斥され，さらに市民にとっての治安や安全保障上の脅威というイメージを投影され，「敵」として生命や自由を奪われる危険に晒されている。ここにおいて，近代のシティズンシップが前提としていた国民＝市民という等式は崩されている。かつては国民＝市民であったまとまりの内部に市民と非市民を分断する境界線が引かれ，それが，かつての国民＝市民間での暴力の可能性を高めているのである。

3　現代のシティズンシップ論の課題

　リベラルでナショナルな市民権という近代のシティズンシップの自明性が後退していく中で，シティズンシップの原義である「市民であること」とは，どのような状態を指し示すのか，という問いかけが現在，浮上している。そして市民の内実の再考は，「誰が市民であり，誰が市民ではないか」「誰が市民として包摂され，誰が市民からは排除されるのか」という問いを引き起こすもので

ある。近代のシティズンシップが引いてきた市民への包摂／排除の境界線が，新たにどこに引かれるのか，そして，その境界線はどのように正当化されるのか，をめぐる駆け引きがなされているのである。

現代のシティズンシップ論の課題は，2つ存在する。

第1は，近代のシティズンシップ，すなわちリベラルでナショナルな市民権の背後で切り捨てられ，私的領域と国際社会で「非市民」として扱われてきた人々のあり方を再考する，という課題である。第2は，近代のシティズンシップの危機によって，新たに「非市民」へと排除されていく人々のあり方を考える，という課題である。

現代のシティズンシップ論は，近代のシティズンシップの再審と近代のシティズンシップの解体への対応という，2つの課題を求められており，そのどちらかの選択では不十分な応答となる。言い換えれば，現代シティズンシップ論の課題は，市民／非市民の配置のあり方を問うだけではなく，近代のシティズンシップとその分解の双方に通底する問題へと対処することである。では，現代のシティズンシップ論はいかにして，この課題に応答することができるのであろうか。

政治を再興する市民①──リベラリズムと新自由主義に抗して

第1の対応は，シティズンシップを規定する要素に，新自由主義が主導する経済的論理や排外主義が主導する文化的論理だけではなく，「政治の論理」を取り戻す方法である。いわば「政治の再興」といえる。それは市民と非市民を分かつ境界線の正統性を，資本の蓄積に資するか否か，という経済的論理や，「どの民族か」といった文化的論理に求める潮流へと抵抗する市民の要請である。

このような「政治の再興」を志向する現代シティズンシップ論として，まずはリベラリズム，そしてリベラリズムから派生した新自由主義の論理に基づく市民／非市民の包摂／排除に対抗するシティズンシップ論を見ていこう。

(1) **共和主義のシティズンシップ論**　第1に，政治共同体（もしくは政治社会）を「政治の再興」の舞台として念頭に置く**共和主義**のシティズンシップ論が挙げられる。共和主義のシティズンシップ論は，古代のシティズンシップ論

もしくはフランス革命との連続性を主張し、市民的徳や政治へと参加すること自体の意義、政治共同体（もしくは政治社会）における義務を重視する。共和主義のシティズンシップ論はリベラリズムを否定するものではないが、このような共和主義のシティズンシップ論が重視する要素はリベラリズム的なシティズンシップ論においては重視されていない。リベラリズムや、そこから派生した新自由主義では、公（政治）／私（経済）の区分において、私（経済）的な領域、特に市場が重視されてきたが、それに対して、市場の論理に対抗するために国家を中心とする公的領域を支える市民像を打ち出したものといえよう。

(2) **熟議民主主義のシティズンシップ論**　第2に、熟議民主主義のシティズンシップ論が挙げられよう。熟議民主主義のシティズンシップ論においても政治参加の意義は重視される。しかし共和主義のシティズンシップは、市民と国民を同じものと考え、さまざまな少数派に対する寛容が欠如する可能性があり、義務を重視するためにリベラリズムが獲得した権利に抵触する可能性が指摘されてきた。この共和主義的なシティズンシップ論の難点を克服するために、まず共和主義とリベラリズムの中間に自らのシティズンシップ論を位置づける。ここでは、国家でも市場でもない、**市民社会**（Zivil Gesellschaft）から生成する公共圏において、市民が相互の存在が可能となるルールの形成を目的として、理性的に熟議を行い、相互の意見や利害を変容させて法を作り出していくことが期待されている。その法こそが、人々を市民として結合させる媒体となる。市民は法によって結合するのだが、結合はあくまで理性的な熟議を通じて得られた合意に基づくものであり、リベラリズムや、そこから派生する新自由主義の原理による結合ではない。むしろ、こうした熟議へと参加する「公的自律」が可能となるために、市場原理によって奪われない市民の「私的自律」を擁護するなど、市場原理を通じた排除に対して警戒的である点が特徴的である。

(3) **差異化されたシティズンシップ論**　第3のシティズンシップ論は、公／私の区分の再審という形で「政治の再興」を主張する「差異化されたシティズンシップ論」である。差異化されたシティズンシップでは、民族、ジェンダー、セクシュアリティなどの観点から、現実の市民が異質性を帯びた多様な人々から成り立つことを指摘し、特定の属性をもつ多数派、たとえば成人男性や多数派民族をモデルとした市民像に対する異議申し立てを行う。人々のもつ

多様な差異は私的領域に閉じ込められるべきではなく，公／私区分を再編することで，公的領域においても適切に承認されるべきだと主張するのである。

　より具体的に，フェミニズム（→12章）と多文化主義（→13章）によるシティズンシップ論を論じよう。フェミニズムのシティズンシップ論では，まず参政権など，成人男性と同等の権利の獲得がめざされた。しかし公的・法制度的な「男女平等」の追求にもかかわらず，社会経済的・文化的不平等は解消せずに残存したため，男／女の関係性を変容させる市民像が追求された。家庭から職場に至るまで，女性は「女らしさ」を内面化すべきであるという規範，家父長制や性別役割分業が批判され，公的領域にとどまらない平等を求めるシティズンシップ論が提唱されたのである。フェミニズムのシティズンシップ論は，近代のシティズンシップにおいて想定されてきた「男性であること」と「市民であること」とは同じである，という観念を批判し，女性に市民としての可能性を開いてきた，といえよう。

　次に，多文化主義のシティズンシップは，国民の内部にも多数派民族と少数派民族が存在し，「多数派民族であること」と「市民であること」は異なることを明らかにする。言い換えれば多数派民族中心の同化主義に対抗して，少数民族の文化を維持するシティズンシップを要請するのである。そして少数民族集団がそれぞれの独自の文化を維持した状態で，多数派民族と共存するシティズンシップ像を提唱する。多文化主義のシティズンシップは，近代のシティズンシップを構築してきたリベラリズムやナショナリズムとも両立可能である。しかし権利の主体として個人だけではなく，民族集団ごとの**集団別権利**（group-differentiated rights）を求める点で，個人主義に重きを置くリベラリズムと，また国民＝市民＝多数派民族という等号に批判的である点で同化主義に重きを置くナショナリズムとは一線を画すシティズンシップ論である。

　「差異化された市民」によるシティズンシップ論は，近代のシティズンシップが想定する市民像が中立なものではなく，「多数派（多数派民族や成人男性など）」を想定しており，少数派を市民から排除してきたのではないか，という異議申し立てを行うことによって，リベラリズムによる公／私区分に規定されてきた近代のシティズンシップ論を問い直している，といえよう。

Column ⓯　シティズンシップ教育について

　「市民」とは誰かをめぐるさまざまな議論を見てきたが，はたして人々はいかにして「市民」として成長していくのであろうか。そこで近年着目されているものが「シティズンシップ教育（citizenship education）」である。子どもが成人した際に，市民として行動ができるようになるために，近年さまざまな国で模索されている。

　イギリスでは，1997年にブレア労働党政権の下で政治学者のバーナード・クリックを長とする諮問委員会が組織され，2002年から中等教育にシティズンシップ教育が導入されている。クリックはシティズンシップで重視する課題として「社会的・倫理的責任」「コミュニティとのかかわり」「ポリティカル・リテラシー」の育成を挙げ，「公共生活に影響を与える意思，能力，素養をもった能動的な市民として，人々が自身について考えられる」能力の育成を目的として教育がされている。具体的には，社会にある問題の解決のための情報収集・判断能力，目的達成のための手段の検討，他者との合意形成のスキルなど，より現実的な政治参加の訓練がなされている。

　またアメリカでもクリントン民主党政権の下で，政治学者で参加民主主義の提唱者であるベンジャミン・バーバーや，ハリー・ボイドの下，1998年に『新しいシティズンシップのための白書』が編纂され，シティズンシップ教育が模索されている。

　他方で「シティズンシップ教育」については，それが共同体への奉仕活動や忠誠心の強制，さらには共同体の構成員とみなされない人々への敵対心の醸成につながる，といった懸念もある。

　人は人として生まれるのであり，「市民」となるために教育が必要であるとするならば，どのような「市民」が望ましいのか，を考える力をもった人々——「市民」——の育成は必須であろう。その意味で，シティズンシップ教育の導入と検証は，シティズンシップを重視するすべての社会において，重要な政治課題であり続けるだろう。

政治を再興する市民②——ナショナリズムと排外主義に抗して

　現代シティズンシップ論に求められる第2の応答は，ナショナリズム（→**12**章），そしてナショナリズムから派生した近年の排外主義に基づく排除に対抗することである。これらの現代シティズンシップ論においては，国民国家と市

民の結合という,近代のシティズンシップにおける重要な要素が再考される。それは,国民国家では制御不可能なグローバルな課題,たとえばグローバルな経済危機や環境問題,グローバルなテロリズムへの対応と,人種や民族,宗教に基づく国民社会の分断への対応に基づいている。

(1) ポストナショナルなシティズンシップ論　第1に,ポストナショナルなシティズンシップ論が挙げられる。ポストナショナルなシティズンシップ論は,人々は国民であること (nationhood) ではなく,人間であること (personhood) に基づいて政治共同体を構成するべきだ,と提唱する。民族的な属性(エトノス)と緊密な関係にある国民という概念とは異なり,このような属性によっては規定されない市民こそが,自らが創り出す法によって結合して国家を形成することを提唱するのである。

それは,近代のシティズンシップの特徴であった「国民化されたシティズンシップ」とは異なるシティズンシップを示している。すなわち,近代の同化主義的なナショナリズムにも,排外主義に重心を置く現代のナショナリズムにも対抗可能な,国家を担う成員の構想としてのシティズンシップ論である。それは同時に,国民による世界の分断に抗する市民による世界秩序を構築する構想でもあり,国民の範囲を越えてグローバルな政治課題へと対応するシティズンシップ構想へと連なる議論である。

(2) コスモポリタニズムのシティズンシップ論　第2に,コスモポリタニズムのシティズンシップ論が挙げられる。グローバルな政治課題に対して,「政治の再興」を担う単位が主権国家ごとに分断されていては,問題への対応は困難である。コスモポリタニズムのシティズンシップ論は,古代に遡るコスモポリタニズムの思想に基礎を置く。そして,ポストナショナルなシティズンシップ構想からさらに議論を展開して,主権国家とだけ排他的に結び付く市民像を問い直すシティズンシップ構想である。ここでは,市民は国民と同一のものでないことはもちろん,主権国家とのみ排他的に結合するものでもない。国際政治学者アンドリュー・リンクレーターは,主権国家を越えて,世界政府や世界国家の樹立を提唱するわけではないが,市民が重層的・多元的なレベルの政体や諸制度に積極的に政治参加することを提唱する (Linklater 1998)。それは,国際政治／国内政治という区分を越え,グローバルな課題の解決に向き合

い「政治の再興」を果たす市民像である。同時に，このシティズンシップ論は，必ずしもナショナル・レベルのシティズンシップの可能性を否定するものではなく，両立を主張する点にも注意が必要である。このようなシティズンシップの萌芽は，すでに欧州連合（EU）構成国の市民に対して，他国であってもEU域内ならば自由に移動，居住，労働する自由を認め，また地方選挙と欧州議会選挙の参政権を認めている「EUシティズンシップ」として制度化されており，シティズンシップが主権国家を超えることは必ずしも不可能とはいえないのである。

4 シティズンシップの価値的な擁護

　古代から近代に至るシティズンシップの歴史的な変遷と，近代のシティズンシップの動揺とそれに対応する現代のシティズンシップ論について論じてきた。現代世界において危機に晒されているのと同時に，危機の打開において着目されているシティズンシップには，いかなる価値があるだろうか。本章で論じてきたように，シティズンシップは人々を市民として包摂すると同時に，非市民とみなした人々をその外部に排除してきた。しかし，包摂と排除を分かつ境界線は，可変的なものであった。歴史の中でかつての境界線を乗り越えて，かつての非市民を市民へと包摂してきたこともある。また逆に境界線を引くことで，市民と非市民を作り出してきたこともある。その正当化のあり方によってシティズンシップは，共和主義，リベラリズムやナショナリズムのみならず，時には民主主義，フェミニズム，多文化主義，コスモポリタニズムなどの価値を実質化する媒体ともなってきた。そして何よりシティズンシップが人間を暴力や排除に抗する「諸権利をもつ権利」を保証される市民へと包摂する可能性を提供するのであるならば，シティズンシップはたえず人々が市民であることを実質化するための境界線を引くと同時に，その境界線を再審して包摂と排除の境界線を乗り越えていく技法としての価値を持ち続けるであろう。

SUMMARY ●まとめ

- ☐ 1 「市民であること」を意味する citizenship という言葉は，古代と近代では意味が異なる。
- ☐ 2 近代のシティズンシップは国民国家の枠内で，公民権，政治的権利，社会経済的権利が結び付いた「市民権」として成り立ってきたが，同時に女性，子どもや外国人を排除してきた歴史をもつ。
- ☐ 3 現代世界では，先進国の人々が当然と考えてきた，こうした「市民権」が揺らいでいる。一方では新自由主義が格差を拡大し，他方では排外主義が台頭する中で，「市民」の内部に亀裂が生じている。
- ☐ 4 「市民権」がもっていた問題点を見直すと同時に，現代世界における新たな脅威に対抗すべく，誰を市民として包摂すべきなのか，その基準をめぐる「市民とは誰か」をめぐる政治が活性化している。

EXERCISE ●演習問題

1. 近代の市民権によって，可能となっている具体的事例を挙げてみよう。
2. 国民ならば同じ市民権をもつべきか，それとも市場における能力に応じて市民権をもつべきか，理由を含めて考えてみよう。
3. 世界中のすべての人々が同じレベルの市民権をもつべきか，そうではなく自分の国に限定し一部の人々のみが市民権をもつべきか，その理由を含めて考えてみよう。

さらに学びたい人のために　　　　　　　　　　　　　　Bookguide ●

トマス・H. マーシャル＝トム・ボットモア／岩崎信彦・中村健吾訳『シティズンシップと社会階級――近現代を総括するマニフェスト』法律文化社，1993 年。
　シティズンシップ論の古典的名著。近代の市民権の確立の経緯を整理している。不平等をもたらす資本主義と平等をもたらす市民権のバランスを重視する。格差社会が問題化される現代において再読する価値が高い。

デレック・ヒーター／田中俊郎・関根政美訳『市民権とは何か』岩波書店，2002 年。
　シティズンシップについての議論の包括的な見取り図を提供している。古

代的シティズンシップと近代のシティズンシップの比較，グローバル化時代のシティズンシップ論の整理を行っている。

引用・参考文献

上野千鶴子 2006「市民権とジェンダー」『生き延びるための思想――ジェンダー平等の罠』岩波書店。

岡野八代 2009『シティズンシップの政治学――国民・国家主義批判〔増補版〕』白澤社。

オング，アイファ／加藤敦典・新ヶ江章友・高原幸子訳 2013『アジア，例外としての新自由主義――経済成長は，いかに統治と人々に突然変異をもたらすのか？』作品社（原著2006年）。

小玉重夫 2003『シティズンシップの教育思想』白澤社。

デランティ，ジェラード／佐藤康行訳 2004『グローバル時代のシティズンシップ――新しい社会理論の地平』日本経済評論社（原著2000年）。

ハーバーマス，ユルゲン／高野昌行訳 2004『他者の受容――多文化社会の政治理論に関する研究』法政大学出版局（原著1996年）。

ベンハビブ，セイラ／向山恭一訳 2006『他者の権利――外国人・居留民・市民』法政大学出版局（原著2004年）。

マーシャル，トマス・H.＝トム・ボットモア／岩崎信彦・中村健吾訳 1993『シティズンシップと社会階級――近現代を総括するマニフェスト』法律文化社（原著1992年）。

ヨプケ，クリスチャン／遠藤乾・佐藤崇子・井口保宏・宮井健志訳 2013『軽いシティズンシップ――市民，外国人，リベラリズムのゆくえ』岩波書店（原著2010年）。

Linklater, Andrew 1998, *The Transformation of Political Community: Ethical Foundations of the Post-Westphalian Era*, Polity.

Lister, Ruth 2003, *Citizenship: Feminist Perspectives*, 2nd. ed., Palgrave.

Soysal, Yasemin Nuhoglû 1994, *Limits of Citizenship: Migrants and Postnational Membership in Europe*, University of Chicago Press.

事項索引

* 太字（ゴシック体）の数字書体は，本文中で重要語として表示されている語句の掲載ページを示す。

◆ ア 行

アイデンティティ（identity） 105, 107, **135**, 136, 184, 186
アトミズム（原子論的個人主義，atomism） 136
依存関係（dependency relations） **171**
一望監視施設 →パノプティコン
因果的推論（causal inference） **5**
ウェストファリア体制（Westphalia system） **185**
運の平等主義（luck egalitarianism） **59**, 61, 62
エートス（心性，ethos） 92, 93, 110
エトニー（ethnie） **181**
エリート主義民主主義論（elitist democracy） **83**
オートノミー →自律

◆ カ 行

外的保護（external protections） **199**
格差原理（difference principle） **56**
家父長制（patriarchy） 26
関係説（relationalism） **70**
監視社会（surveillance society） 157, 158
完成主義（パーフェクショニズム，perfectionism） **42**
間接民主制（indirect democracy） **81**
議会（parliament） 100, 101
危害原理（harm principle） 40, **72**, 73
記述的推論（descriptive inference） **5**
義務（duty） 66, 72
　消極的―― **66**, 73
　積極的―― **66**
共通善（common good） 136, **215**

共同体主義　→コミュニタリアニズム
共同体論者　→コミュニタリアン
共和主義（republicanism） **228**
規律化（dicipline） **139**
近代主義（modernism） **181**
均等原理（equal share principle） 52, 53, 56
偶然性（contingency） 24, 25, 27, 28, **31**
クオータ制（gender quota） 104, 168
グローバル化（globalization） 182, 225, 226
グローバル・リスク社会（global risk society） **117**
ケアの共同性論（connection through care） **170**-172
経験的政治学（empirical political science） 12, 21, 30
ケイパビリティ（潜在能力，capability） **68**
原初状態（original position） **134**
原子論的個人主義　→アトミズム
権力（power） 24-27, 148, 152, 154, 155, 173
　一次元的―― **149**
　環境管理型―― 157, 159
　三次元的―― **149**, 152
　二次元的―― **149**
公共圏（public sphere） **123**
　サバルタン対抗的―― **105**
　サバルタン的―― 124
　ディアスポラ―― 124
公共性（publicness） 206, 209, 212, 213, 218
　顕示的―― 207
　国境を越える―― 217
　市民的―― 207
　政治的―― 207
公私二元論（public/private distinction）

237

164, 166, 167, 169, 170
功績（デザート，desert）　54, 58
公的領域（public realm）　164-166, 170, 207, 208, 211, 224, 225
功利主義（utilitarianism）　**41**, 67
国民（nation）　178, 193
国民国家（nation state）　117, 120, 122, 179, 182, 193
個人（individual）　132
　抽象的——　132-136
個人化（individualization）　**100**, 140
「個人的なことは政治的である（the personal is political）」　**166**, 169
コスモポリタニズム（世界市民主義，cosmopolitanism）　69, 121, **232**
　弁明的——　75
国家（state）　117, 178, 193
コミュニタリアニズム（共同体主義，communitarianism）　136, **215**
コミュニタリアン（共同体論者，communitarian）　43, 44, 46-48, 137, 195, 197, 198
コンセンサス会議（consensus conference）　100
コンドルセの陪審定理（Condorcet's jury theorem）　**89**, 90

◆ サ　行

再帰的近代化（reflexive modernization）　100
作為（artificiality/invention）　**28**, 171
『ザ・フェデラリスト』（The Federalist Papers）　82
ジェンダー（gender）　106, **162**
自然状態（state of nature）　38
実績原理（merit principle）　52, 53
実存の美学（aesthetic of existence）　**141**
シティズンシップ（論）（citizenship）　222, 227, 228
　——教育　231
　共和主義の——　228
　差異化された——　229

熟議民主主義の——　229
多文化主義の——　230
段階的な——　226
フェミニズムの——　230
ポストナショナリズムな——　232
私的領域（private realm）　164-166, 172, **207**, 208, 210, 211, 224, 225
自発的結社（association）　207, 214, 216
市民社会（civil society, Zivil Gesellschaft）　24, 100, **207**, 214, 216, **229**
市民的権利（civil rights）　**223**, 224, 226
市民的徳（civic virtue）　**222**
市民討議会（citizen deliberation meeting）　100
社会契約説（theories of social contract）　**38**, **133**
社会的協働（social corporation）　**59**, **70**, **71**
社会的権利（social rights）　**223**, 224, 226
社会的なるもの（the social）　**28**
社会的排除（social exclusion）　**225**
社会的連帯（social solidarity）　**209**
自由（freedom, liberty）　44
　消極的——　44, 45
　積極的——　44, 45
集合知（collective intelligence）　**88**-90
集合的（意思）決定（collective decision making）　11, **20**, 24, 25, 27, 121
集合的に拘束する正当な決定の作成　**20**
集団別権利（group-differentiated right）　**230**
十分主義（sufficientarianism）　57, **62**, **68**
自由民主主義（リベラル・デモクラシー，liberal democracy）　82, 83, 110, 223
熟議（deliberation）　**85**, 100, 214
　——システム　101
熟議民主主義（deliberative democracy）　12, **85**, **98**, 100, 102, 105, 108, **123**, 229
　グローバルな——　123
主体（sujet, subject）　138, 152
主体＝臣従化（assujettissement, subjectification）　**152**

承認(recognition)　62, **184**, 185, **200**, 227
情念(passion)　108, 109
自律(オートノミー, autonomy)　**43**, 134, 195, 199
臣従(sujet, subject)　138, 152
新自由主義(neo-liberalism)　182, **208**, 211, **225**, 226, 228
親密圏(intimate sphere)　24, 210
正義(justice)　52
　——論　56, 69, **134**
　グローバル——　66, 67, 72, 75
生-権力(bio-power)　153
政治(politics)　29, 31, 32, 163, 167, 169-174
　——の経験的分析　4, 5
政治思想史(history of political thought)　10
政治的権利(political rights)　223, 224, 226
政治的なるもの(the political)　28-31
政治的リアリズム(political realism)　30
政治哲学(political philosophy)　8
　分析的——　8
　規範的——　8, 9, 12
政治理論(political theory)　3, 4, 6-8, 13, 14
　政治の——　8, 10, 12
正当化(justification)　9
正当性(justness)　22
正統性(legitimacy)　22, 23
政府の中立性(state neutrality)　43
世界市民主義　→コスモポリタニズム
絶対的民主主義論(absolute democracy)　125
潜在能力　→ケイパビリティ
洗練された意見(refined opinions)　100
想像の共同体(imagined communities)　181, 185

◆ タ 行

代表制(representation)　86
代表制民主主義(representative democracy)　116, 121
　ナショナルな——　117, 118

代表制論的転回(representative turn)　86, 87
多元主義(pluralism)　83
多文化共生(multicultural symbiosis)　194
多文化主義(multiculturalism)　48, 192, 194, 195, 200, 201, **230**
　リベラルな——　196
知(真理)(knowledge)　153
直接民主制(direcrt democracy)　81
帝国(empire)　125
敵対性(antagonism)　31, **109**
デザート　→功績
デモクラシー　→民主主義
伝統の創造(invention of trandition)　181
同意理論(consent theory)　39
闘技民主主義(agonistic democracy)　12, 105-110
道具的価値(instrumental value)　41, 88
投票(vote)　89, 99, 179
討論型世論調査(deliberative poll)　100
努力原理(effort principle)　52, 53

◆ ナ 行

内在的価値(intrinsic value)　41
内的制約(internal restrictions)　199
ナショナリズム(nationalism)　106, 116, 178, 180-186, 207, 230
　排外主義的——　213
　パラノイア・——　182
ナッジ(nudge)　47, 159
二回路モデル(two-track model)　100, 104
日常的な話し合い(everyday talk)　102
ネオ・ローマ的理論(neo-roman theory)　45

◆ ハ 行

排外主義(chauvinism)　227
パターナリズム(paternalism)　42
パノプティコン(一望監視施設, panopticon)　138, 151
派閥(党派)(faction)　**81**, 83

パーフェクショニズム →完成主義
万人の万人に対する闘争(the war of all against all) 38
必要原理(need principle) 52, 53
日々の人民投票 178
平等主義(egalitarianism) 56, 57
非理想理論(non-ideal theory) 74
フェミニズム(feminism) 26, 162-167, 170, 173, **230**
不確実性(uncertainty) 31
負荷なき自我(unencumbered self) 136
福祉国家レジーム(welfare state regime) 223
福祉排外主義(福祉ショービニズム, welfare chauvinism) 213
福祉レジーム(welfare regime) **208**
分人(dividual) 142, 143
紛争(conflict) 24, 25, 27
紛争の次元に関する合意 103
分配的正義(distributive justice) 52, 53, **69**, 70, 72
――論 68
暴力(violence) 167
ポスト・デモクラシー(post-democracy) 119

◆ マ 行

マイノリティの権利宣言 193
マルチチュード(multitude) 126
ミニ・パブリックス(mini-publics) **100**
民衆(demos) 119
民主主義(デモクラシー, democracy) 80, 86, **116**, 120, 121, 187, 207
――の内在的価値 91
グローバル―― 120, 123-125, 127
コスモポリタン―― 121, 122
集計型―― 99
直接―― 116
認識的―― 90
無知のヴェール(veil of ignorance) 134
メタ合意(meta-consensus) 103

◆ ヤ 行

優先主義(prioritarianism) 56, 57

◆ ラ 行

ラディカル・デモクラシー(radical democracy) **83**, 120, 123
ラディカル・フェミニズム(radical feminism) 26, **166**, 169, 170, 172
利益団体(interest group) 23
理性的コミュニケーション(rational/reasonable communication) 102, 104
立憲主義(constitutionalism) 82, 90
リバタリアニズム(libertarianism) 46
リバタリアン(libertarian) 200
――・パターナリズム 47, 159
リベラリズム(liberalism) 44, 136, 141, 195, 200, 215, 223, 224, 228-230, 233
完成主義的―― 47, 48
現代―― 48
リベラル-コミュニタリアン論争(liberal-communitarian debate) 42, **195**
リベラル・デモクラシー →自由民主主義
リベラルな国際主義(liberal internationalism) 121
レス・プブリカ(res publica) 206, 214

◆ ワ 行

私(I) 107, 108, 133, 135, 167, 171

人名索引

＊太字（ゴシック体）の数字書体は，本文中で重要人物として表示されている語句の掲載ページを示す．

◆ ア 行

アセモグル（Daron Acemoğlu） **7**
アリストテレス（Aristotelēs） 91, 206
アーレント（Hannah Arendt） **29**, 154, 155
アンダーソン，B.（Benedict Anderson） **180**, 181
アンダーソン，E.（Elizabeth Anderson） **61**, 62
ウィリアムズ（Bernard Williams） 30
上野千鶴子 **167**, 169
ヴェーバー（Max Weber） 23, 155, **168**
ウルピアヌス（Ulpianus） 52
エスピン-アンデルセン（Gøsta Esping-Andersen） **5**, 7
オング（Aihwa Ong） 226

◆ カ 行

カント（Immanuel Kant） 197
キケロ（Marcus Tullius Cicero） 52
キテイ（Eva Feder Kittay） **171**
キムリッカ（Will Kymlicka） **195**, 196, 198-200
クカサス（Chandran Kukathas） **200**
グラムシ（Antonio Gramsci） 214
ケイニー（Simon Caney） 71
ゲルナー（Ernest Gellner） **180**, 181
ゴイス（Raymond Geuss） 30
コーエン（Gerald A. Cohen） 60, 196
コノリー（William E. Connolly） **108**, 110
コンドルセ（Marie Jean Antoine Nicolas de Cariat Condorcet） 89

◆ サ 行

サンデル（Michael J. Sandel） **44**, **215**

シィエス（Emmanuel-Joseph Sieyès） 81
ジェイ（John Jay） 82
シュクラー（Judith N. Shklar） 48
シュミット（Carl Schmitt） **12**, **29**, **109**
シュンペーター（Joseph A. Schumpeter） **83**, 86
シンガー（Peter Singer） **67**, 68, 72
スキナー（Quentin Skinner） 45
鈴木健 142
ストーカー（Gerry Stoker） 27
スミス（Anthony D. Smith） **181**
セジウィック（Eve K. Sedgwick） 106
セン（Amartya Sen） **68**

◆ タ 行

ダール（Robert A. Dahl） **83**, 124
チャーチル（Winston Churchill） 87
テイラー（Charles Taylor） **44**, 136, 137, **195**, 197, 198
デカルト（René Descartes） 132, 133, 135
デリダ（Jacques Derrida） 106
ドゥオーキン（Ronald Dworkin） **43**, **60**, 196, 197
ドゥルーズ（Gilles Deleuze） 143
トクヴィル（Alexis de Tocqueville） 92, 93

◆ ナ 行

ヌスバウム（Martha C. Nussbaum） **68**, 69
ネグリ（Antonio Negri） **125**, 126

◆ ハ 行

バウマン（Zygmunt Bauman） **118**, 140, 141
バーク（Edmund Burke） **85**, 86

ハーバーマス（Jürgen Habermas） **100**,
　103, 104, **123**, **207**, 214
ハミルトン（Alexander Hamilton）　82
バーリン（Isaiah Berlin）　44, 45
ハンチントン（Samuel P. Huntington）
　194
フィシュキン（James S. Fishkin）　99
フィヒテ（Johann G. Fichte）　**179**, 180
フーコー（Michel Foucault）　**138**, 139, 141,
　142, 144, **150**-**156**, 159
フレイザー（Nancy Fraser）　**105**, **123**, 124
ヘイ（Colin Hay）　28
ペイトマン（Carole Pateman）　**173**
ヘーゲル（Georg Wilhelm Friedrich Hegel）
　164
ベック（Ulrich Beck）　**117**
ヘルド（David Held）　**121**, 122
ベンサム（Jeremy Bentham）　41, 138, 139
ホイットマン（Walter Whitman）　92, 93
ポッゲ（Thomas Pogge）　**72**, 73, 75
ホッブズ（Thomas Hobbes）　**10**, 11, **38**, 165
ボードレール（Charles Baudelaire）　141
ホブズボーム（Eric Hobsbawm）　**181**

◆ マ 行

マーシャル（Thomas H. Marshall）　**223**,
　226
マッキンタイア（Alasdair MacIntyre）　44

マディソン（James Madison, Jr.）　**82**, 86
マルクス（Karl Marx）　**150**, 151, **164**
丸山眞男　28
マンスブリッジ（Jane Mansbridge）　**102**
ミラー（David Miller）　74
ミル，J. S.（John Stuart Mill）　**40**-**42**, 136
ミルトン（John Milton）　43
ミレット（Kate Millett）　**167**-169
ムフ（Chantal Mouffe）　**12**, **106**, 108-110

◆ ヤ 行

ヤング（Iris Young）　**102**

◆ ラ 行

ラクラウ（Ernesto Laclau）　28
ラズ（Joseph Raz）　**47**, 48, 196
リンクレーター（Andrew Linklater）　**232**
ルークス（Steven Lukes）　148-153, 155,
　196
ルソー（Jean-Jacques Rousseau）　**81**, 82,
　124, 134, 135, 165, 197
ルナン（Ernest Renan）　178-180
ロック（John Locke）　39, 43, 132, 165
ロドリック（Dani Rodrik）　119
ロビンソン（James Alan Robinson）　7
ロールズ（John Rawls）　**43**, 55, 56, 58-60,
　69-71, 74, 75, **134**, **215**

ここから始める政治理論
Introduction to Political Theory

2017 年 4 月 15 日　初版第 1 刷発行
2023 年 10 月 25 日　初版第 6 刷発行

著者　田村哲樹
　　　松元雅和
　　　乙部延剛
　　　山崎　望

発行者　江草貞治
発行所　株式会社 有斐閣
　　　　郵便番号 101-0051
　　　　東京都千代田区神田神保町 2-17
　　　　https://www.yuhikaku.co.jp/

印刷・大日本法令印刷株式会社／製本・牧製本印刷株式会社
© 2017, Tetsuki Tamura, Masakazu Matsumoto, Nobutaka Otobe, and Nozomu Yamazaki. Printed in Japan
落丁・乱丁本はお取替えいたします。
★定価はカバーに表示してあります。
ISBN 978-4-641-15042-3

JCOPY　本書の無断複写（コピー）は、著作権法上での例外を除き、禁じられています。複写される場合は、そのつど事前に（一社）出版者著作権管理機構（電話03-5244-5088, FAX03-5244-5089, e-mail: info@jcopy.or.jp）の許諾を得てください。

本書のコピー, スキャン, デジタル化等の無断複製は著作権法上での例外を除き禁じられています。本書を代行業者等の第三者に依頼してスキャンやデジタル化することは, たとえ個人や家庭内での利用でも著作権法違反です。